W0062098

HORST KLENGEL

HATTUSCHILI UND RAMSES

KULTURGESCHICHTE
DER ANTIKEN WELT

BAND 95

VERLAG PHILIPP VON ZABERN · MAINZ AM RHEIN

Horst Klengel

Hattuschili und Ramses

Hethiter und Ägypter – ihr langer Weg zum Frieden

VERLAG PHILIPP VON ZABERN · MAINZ AM RHEIN

179 Seiten mit 49 Farb- und 31 Schwarzweißabbildungen

Umschlag: Hattuscha, sog. Löwentor (oben), Abdruck eines Siegels des Hattuschili III.
auf einer Tonbulle (unten links), der große Tempel des Ramses II. in Abu Simbel (unten rechts).

Vorsatz vorne: Tempel Ramses' II. in Abu Simbel.

Vorsatz hinten: Karten von Vorderasien und Unterägypten.

Bibliografische Information der Deutschen Bibliothek

Die Deutsche Bibliothek verzeichnet diese Publikation in der Deutschen Nationalbibliografie;
detaillierte bibliografische Daten sind im Internet über *<http://dnb.ddb.de>* abrufbar.

© 2002 by Verlag Philipp von Zabern, Mainz am Rhein
ISBN 3-8053-2917-2
Satz und Gestaltung: Lothar Bache, Verlag Philipp von Zabern, Mainz
Lithos: Das Reprohaus, Offenbach
Alle Rechte, insbesondere das der Übersetzung in fremde Sprachen, vorbehalten. Ohne
ausdrückliche Genehmigung des Verlages ist es auch nicht gestattet, dieses Buch oder Teile daraus
auf photomechanischem Wege (Photokopie, Mikrokopie) zu vervielfältigen oder unter Verwendung
elektronischer Systeme zu verarbeiten und zu verbreiten.
Printed in Germany by Philipp von Zabern
Printed on fade resistant and archival quality paper (PH 7 neutral) · tcf

Prof. Dr. Elmar Edel zum Gedenken

Inhalt

Vorwort

Im Frühjahr 2000 hielt der Verfasser eine Reihe von Vorträgen über die hethitisch-ägyptischen Beziehungen und den Friedensvertrag zwischen dem hethitischen Großkönig Hattuschili III. und Pharao Ramses II. Das Interesse mit dem sie aufgenommen wurden, hat ihn dazu ermutigt, das Thema weiter zu bearbeiten und die Ergebnisse einem breiteren Leserkreis vorzustellen.

Erleichtert wurde diese Arbeit vor allem dadurch, daß die ägyptisch-hethitische Korrespondenz sowie der ägyptisch-hethitische Friedensvertrag von Elmar Edel 1994 bzw. 1997 vollständig und kommentiert herausgegeben worden sind. Er hat damit wesentlich dazu beigetragen, diese wichtigen Dokumente zur Geschichte des ramessidischen Ägypten auch einem breiteren Kreis von Interessenten zugänglich zu machen. Leider konnte Elmar Edel das Erscheinen seines Werkes über den Staatsvertrag nicht mehr erleben. Dieses kleine Buch kann daher nur noch seinem ehrenden Andenken gewidmet werden. Besonders hinzuweisen ist ferner auf die Publikation, Übersetzung und Kommentierung der ramessidischen Inschriften durch Kenneth A. Kitchen (1996; 1999), wodurch auch allen, die sich von anderen Fachgebieten oder Fragestellungen her der Problematik überregionaler Beziehungen im alten Orient widmen, ein verläßliches Arbeitsmittel an die Hand gegeben wurde. Um die geschichtlichen Vorgänge, die zunächst zur berühmten Schlacht von Qadesch und später zu „Frieden und Brüderschaft" führten, verständlicher zu machen, mußte jedoch zeitlich weiter zurückgegriffen werden – bis in jene Periode nach der Mitte des 14. vorchristlichen Jahrhunderts, in der sich Hethiter und Ägypter erstmals in Syrien direkt gegenüberstanden.

Die Briefkorrespondenz zwischen Hatti und Ägypten wird im folgenden oft im wörtlichen Zitat wiedergegeben, um einen Eindruck von der Ausdrucksweise und dem Selbstverständnis dieser Zeit zu vermitteln. Es ist dabei im Hinblick auf eine bessere Lesbarkeit darauf verzichtet worden, Textergänzungen zu markieren, wie das bei E. Edels und K. A. Kitchens philologischen Bearbeitungen notwendig war. In den Anmerkungen wird auf die entsprechende Fachliteratur verwiesen, um die Darstellung zu belegen und darüber hinaus die Möglichkeit zu geben, zusätzliche Informationen zu erlangen. Schließlich werden Indizes beigefügt, die ein rasches Auffinden von Namen erleichtern sollen.

Danken möchte der Autor vor allem dem Vorderasiatischen Museum sowie dem Ägyptischen Museum in Berlin, deren Bibliotheken er für seine Studien wiederum benutzen konnte, sowie dem Verlag Philipp von Zabern (Mainz) für die gute Zusammenarbeit. Schließlich danke ich auch meiner Frau, die den Text kritisch gelesen hat, sowie Herrn Dr. P. Neve und anderen Fachkollegen, die freundlicherweise einige Abbildungsvorlagen zur Verfügung stellten.

Berlin, im Sommer 2002
Horst Klengel

Die Protagonisten:
Ramses II. und Hattuschili III.

WIE SAHEN RAMSES II. UND HATTUSCHILI III. AUS?

Am 21. November des Jahres 1259 vor dem Beginn unserer christlichen Zeitrechnung, im 21. Regierungsjahr des Ramses II., wurde zwischen diesem wohl bedeutendsten ägyptischen Pharao[1] und dem hethitischen Großkönig Hattuschili III.[2] ein Vertrag des Friedens und der „Brüderschaft" geschlossen. Es handelt sich dabei um den einzigen paritätischen Staatsvertrag zwischen zwei Herrschern des Alten Orients, der uns bislang in seinem genauen Wortlaut überliefert ist. Am Haupteingang des Sicherheitsrates der Vereinten Nationen in New York wurde daher ein Hinweis darauf angebracht. Anders als bei den zahlreichen Verträgen einer Unterordnung/Subordination – oft auch weniger glücklich als „Vasallenverträge" bezeichnet, die altorientalische Könige mit besiegten Fürsten schlossen, handelt es sich in diesem Fall um Herrscher, die beide den gleichen Rang beanspruchten und daher bei den Formulierungen und Festlegungen streng auf eine Parität achteten – selbst wenn die historische Situation zur Annahme führen darf, daß es der hethitische Großkönig Hattuschili III. war, der den ersten Schritt zu Frieden und Ausgleich getan hat.

Ramses, ägyptisch Riamaschescha, war der zweite Herrscher auf dem Pharaonenthron, der diesen Namen trug. In Respekt vor ihm und seinen Leistungen haben dann noch weitere neun Könige der 19. und 20. ägyptischen Dynastie diesen königlichen Namen geführt. Keiner von ihnen hat jedoch jene Bedeutung erlangt, wie sie Ramses während seiner 67jährigen Herrschaft errang. Entsprechend unserer heutigen Zeitrechnung regierte er von 1279 bis 1213 v. Chr.; er weist damit die längste Regierungszeit auf, die ein ägyptischer Pharao je erreichte, und seine Leistungen haben ihm in der Geschichtsschreibung zuweilen den Beinamen „der Große" eingebracht. Als Bauherr hinterließ er zahlreiche Tempel, Statuen, Reliefs und andere Denkmäler, die in ihren Inschriften seinen königlichen Namen nennen und rühmen, darunter auch solche, die eigentlich von seinen Vorgängern stammten und dann von ihm durch seine Inschrift umgewidmet wurden. Seine Monumente sind von Nubien im Süden bis ins Nildelta im Norden anzutreffen, und einige seiner Inschriften stammen sogar aus dem von ihm beherrschten Palästina und südlichen Syrien. Daß auch weiterhin mit der Entdeckung von Denkmälern seiner langen Herrschaft zu rechnen ist, haben jetzt vor allem die Forschungen gezeigt, die in seiner Residenzstadt Piramesse sowie auch in Bubastis durchgeführt werden.

Abb. 1a.b

Abb. 1a und b   Monumentalstatue des Ramses II. in Memphis. Das ursprünglich wohl 13 m hohe idealisierte Bildnis gehört zu den zahlreichen Denkmälern, die von Ramses überliefert sind. Die umgestürzte Statue liegt jetzt in einem Schutzhaus mit einer Besuchergalerie.

Die offiziellen Darstellungen seiner Person folgten dabei jenem strengen Konzept, das sich für die ägyptischen Pharaonen im Laufe vieler Jahrhunderte entwickelt hatte und dann bis in jene Zeit fortlebte, als Alexander der Große und die ptolemäischen Könige das Niltal beherrschten. Daher erlauben auch diese Bildnisse des Ramses II. kaum Rückschlüsse auf seine wirkliche Gestalt, seine Körpergröße oder gar seine Gesichtszüge. Bestattet wurde Ramses II. im „Grab 7" des Wadi Biban el-Muluk, d. h. im „Tal der Könige" auf dem westlichen Ufer des Nil – dort also, wo aus der Sicht der Flußtalbewohner die Sonne unterging und das Totenreich lag. Die Grabanlage ist seit 1817 von mehreren wissenschaftlichen Expeditionen untersucht worden.[3] Sie befand sich in einem ziemlich schlechten Zustand; Feuchtigkeit hatte dazu geführt, daß von der ursprünglichen, prachtvollen Ausmalung nicht mehr viel erhalten blieb. Nur wenige Funde wurden in der ausgedehnten Anlage gemacht, so etwa Grabfiguren (sog. Uschebtis), d. h. magische Figürchen aus Stein, Fayence oder Holz, die dem verstorbenen König im Jenseits dienen sollten. Aber es fehlte in dieser Grabanlage der königliche Tote selbst. Dieser wurde jedoch in einem Felsengrab des Deir el-Bahari entdeckt, wohin der mumifizierte Leichnam – wohl aus Sorge vor Grabräubern – später verbracht

Abb. 1a.b

Abb. 2

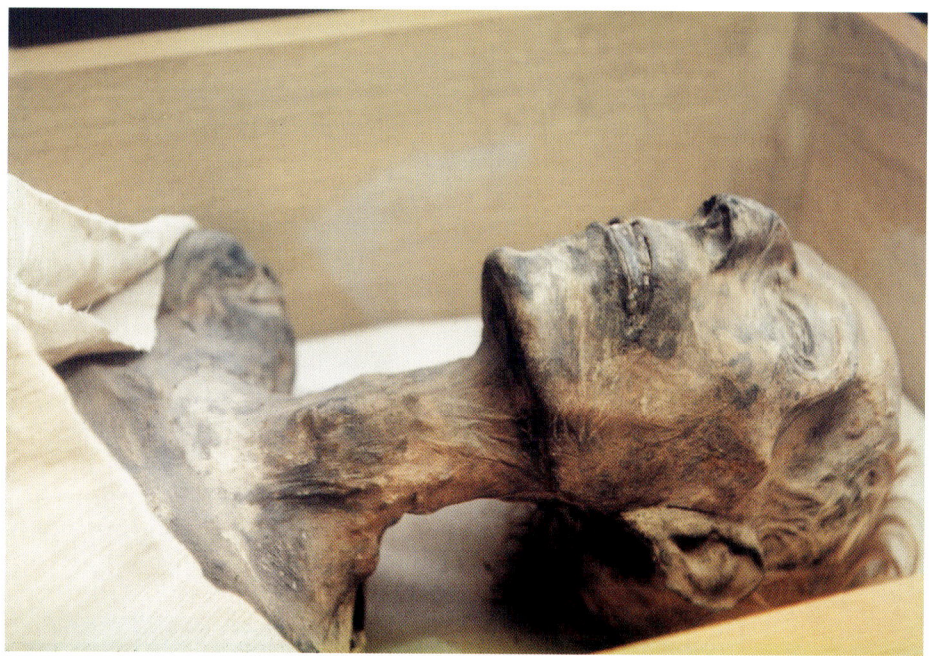

Abb. 3   Mumie Ramses' II. im Ägyptischen Museum Kairo. Sie vermittelt noch einen Eindruck
vom Aussehen, das der lange regierende Herrscher in hohem Alter hatte.

worden war. Die Mumie des Ramses lag in einem hölzernen anthropomor-
phen Sarg, der wohl aus seiner Zeit stammen dürfte.

    Heute befindet sich die Mumie des bedeutenden Pharao im Ägyptischen
Museum in Kairo und zeigt den Zustand nach ihrer Auswicklung, die am
3. Juni 1886 durch G. Maspero in Bulaq unter Anteilnahme einer größeren Öffentlichkeit vorgenommen worden war, sowie einer nachfolgenden konserva-
torischen Behandlung. Ihre bislang letzte Reise unternahm die Mumie im September 1976 nach Paris, wohin sie mit einer Maschine der französischen Luft-
waffe gebracht worden war. Ramses II. wurde bei seiner Ankunft als Gast der
Stadt Paris mit allen Ehren empfangen und der Staatspräsident Frankreichs,
Valéry Giscard d'Estaing, stattete dem toten König einen Besuch ab. Später
wurde Ramses im Centre d'Études Nucléaires de Saclay einer radioaktiven
Bestrahlung unterzogen.[4] Wie es sich herausstellte, litt Ramses an kranken
Zähnen sowie an einer Gelenkentzündung, die seine Gehfähigkeit im Alter
eingeschränkt haben dürfte. Seine Haare werden als einst seidig beschrieben
und waren bei seinem Tode weiß. Ursprünglich rötliche Haare, wie sie für den
aus Vorderasien stammenden Wettergott Seth angenommen werden, sind aufgrund der Nackenhaare vermutet worden, die bei der Mumifizierung nicht

Abb. 3

Abb. 2   Blick in das »Tal der Könige« auf dem westlichen Nilufer in Mittelägypten, in dem zahl-
reiche Pharaonen bestattet wurden. Ramses wurde hier in Grab 7 beigesetzt.

mit Henna behandelt worden waren. Heute zeigen die Haare des Pharao eine durch konservierende Chemikalien hervorgerufene gelbliche Färbung. Nase und Mund waren mit einer schwarzen harzigen Paste gefüllt, wohl jenem Baumharz vor allem aus dem Libanon, das als notwendig für die Mumifizierung wenigstens der vornehmen Ägypter auch durch das inschriftliche Zeugnis überliefert ist.[5] Das Profil des Ramses ist sehr beeindruckend und vermag noch heute einen Eindruck von der Würde seines hohen Alters auszustrahlen.

Es war dieser ägyptische, aus Vorderasien nicht bezeugte Brauch der Balsamierung, der den Körper des Pharao so gut erhielt. Bei dieser Prozedur wurde dem Verstorbenen mittels eines Hakens zunächst das Gehirn entfernt, dann der Bauch mit einem Steinmesser aufgeschnitten, um die inneren Organe zu entnehmen – außer Herz und Nieren, die als in einer besonderen Beziehung zum Toten stehend betrachtet wurden. Die Eingeweide wurden in Leinentücher gehüllt. Der Körper wurde mit trockenem Natron bedeckt und dann 35 Tage lang liegen gelassen. Dabei kam es normalerweise zu einer Dunkelfärbung der Haut; dennoch läßt sich bei Ramses auch noch ein Teil seiner natürlichen Hautfarbe erkennen. Die Hände wurden mit Henna bestrichen und erhielten dadurch eine etwas rötliche Färbung. Männliche Körper sind zudem oft mit rotem, weibliche mit gelbem Ocker behandelt worden. Den Unterleib füllte man mit Leinen, Flechten, Lehm, Sägemehl oder gehacktem Stroh. Der Einschnitt in den Körper wurde dann vernäht, oft aber auch mit einem Wachs- oder Metallplättchen bedeckt. Nach dem Austrocknen des Leichnams kamen dann Harze, Wachs, Fette, Zedern- und Olivenöl, Honig, Myrrhe, Weihrauch oder andere Ingredienzien zur Anwendung. Für die Gewinnung solcher konservierenden Mittel war vor allem der Zugang zu den Wäldern des Libanon-Gebirges und den Ländern am Roten Meer von Bedeutung – beide Gebiete spielten nicht zufällig auch in der schriftlichen wie bildlichen Überlieferung eine Rolle.[6] Diese Behandlung des verstorbenen Königs hat uns bis heute seinen Körper und vor allem sein Antlitz so gut erhalten, daß wir eine gewisse Vorstellung von seinem persönlichen Erscheinungsbild gewinnen können. Diese aufwendige und auch kostspielige Behandlung des Leichnams, wie sie hier beschrieben wurde, ist allerdings vor allem bei Pharaonen und anderen hochgestellten Persönlichkeiten vorgenommen worden. Es gab jedoch daneben auch weniger teure Balsamierungsverfahren, wie sie vor allem bei Verstorbenen aus der einfachen Bevölkerung angewandt worden sind. Darüber hat um 450 v. Chr. der griechische Historiker Herodot in seinem großen Geschichtswerk (2. Buch, Abschnitte 85–89) berichtet.

Abb. 4   Was den hethitischen Großkönig Hattuschili III. betrifft, den Zeitgenossen und Vertragspartner des Ramses II., so ist es heute nicht mehr möglich, einen auch nur annähernden Eindruck von seinem persönlichen Erscheinungsbild zu gewinnen – was übrigens auch für alle anderen Herrscher des hethitischen Reiches gilt. Wir besitzen von ihnen bislang keine Statuen oder Reliefs, die ihr wirkliches Äußeres erkennen ließen. Die Wiedergabe der Könige folgte vielmehr einer Tradition, die oft nur aufgrund entsprechender Attribute oder Bei-

Abb. 4   Felsrelief von Firaktin im südöstlichen Anatolien, Ausschnitt. Großkönig Hattuschili, der ein kurzes Gewand und eine Hörnerkappe trägt, die ihn in die Nähe der Götter rückt, bringt vor einem Altar ein Ausgießungsopfer dar.

schriften das Königsbild einem bestimmten Herrscher zuweisen läßt. Das Felsrelief von Firaktin in Anatolien, das ihn und seine Gemahlin Puduchepa während einer Opferhandlung darstellt, zeigt ihn gerade einmal in seinen Umrissen und ohne Angabe von Details; er ist hier mit einem kurzen Rock be-   *Abb. 5*

Abb. 5   Umzeichnung des Reliefs von Firaktin, die wegen des nicht mehr so deutlich erkennbaren Originals notwendig wurde.

kleidet und trägt auf dem Kopf eine spitze Hörnerkappe. Auch andere Felsre-
liefs geben kaum etwas von seiner Individualität preis. Der Siegelabdruck
Hattuschilis III. auf der silbernen Tafel des Ramses-Vertrages hat ihn, der textlichen Erläuterung zufolge, an der Hand seiner Schutzgöttin dargestellt, wobei die Szene wie eine Umarmung durch die Gottheit wirkt; ein solches Siegel
ist bislang jedoch weder als Abdruck noch gar als Siegelstock selbst überliefert. Aber auch dann würde das infolge einer von der Tradition geprägten,
unpersönlichen Wiedergabe des Großkönigs keinerlei Rückschlüsse auf sein
Antlitz und seine wirkliche Gestalt erlauben. Auf seinem auf Tonbullen abgedrückten Siegel, das in seiner Residenzstadt Hattuscha, dem heutigen
Boghazköy (bzw. seit 1960: Boghazkale) im zentralen Anatolien bei Ausgrabungen entdeckt wurde, fehlt bislang – im Unterschied zu den Siegeln seiner
Nachfolger – selbst eine konventionelle figürliche Darstellung des großköniglichen Inhabers. Hattuschili besaß also mindestens zwei persönliche Siegel,
was durchaus nicht ungewöhnlich war, und darüber hinaus noch ein gemein-
sames Siegel mit seiner Gemahlin Puduchepa. Obwohl die Hörner an seiner
Königsmütze darauf verweisen, daß er als Großkönig den Göttern nahestand,
ist er jedoch – wie die anderen hethitischen Herrscher auch – niemals selbst
als ein Gott verehrt worden. Erst bei dem Tode eines hethitischen Großkönigs
hieß es, daß er nunmehr „Gott geworden" sei.

Die im oberägyptischen Abu Simbel gefundene sog. Hochzeitsstele, die
Hattuschili bei der Übergabe seiner Tochter an ihren bereits anverlobten künftigen Gemahl Ramses darstellt, ist ganz im ägyptischen Stil gehalten. Das war
bei der Prinzessin auch berechtigt, da sie vor ihrer Begegnung mit Ramses gewiß ägyptische Gewänder erhalten hatte. Hattuschili selbst, der ja die Tochter
nicht wirklich bis Ägypten begleitet hat, ist nur durch seine Kopfbedeckung –
die spitze Königsmütze – und seinen langen Mantel als Nicht-Ägypter ausgewiesen. Auch hier fehlen jedoch Hinweise auf seine wirkliche Gestalt. Der
ägyptische Steinmetz, der die Stele von Abu Simbel anfertigte, besaß selbst
zweifellos keine genauere Vorstellung von dem Erscheinungsbild des hethitischen Großkönigs. Es gab zwar in der ägyptischen Tradition nicht nur für die
Nubier, die „Asiaten" und Angehörige der sog. „Seevölker", sondern auch für
die Hethiter eine charakteristische, typisierte Darstellung, doch bietet sie gewiß keinen Hinweis auf die persönliche Erscheinung des Hattuschili. Noch
weniger aufschlußreich als die Szene der sog. Hochzeitsstele ist die Darstellung Hattuschilis III. auf einer monumentalen Statue des Ramses II., die im
unterägyptischen Tanis entdeckt wurde und die den hethitischen Herrscher,
den „großen Fürsten von Cheta", wie ihn die Ägypter bezeichneten, nur als
eine winzige, gebeugte Gestalt mit abgespreizten Armen dem großen Ramses zu-
und unterordnet.[7] Da in Anatolien die toten Könige nicht einbalsamiert, sondern verbrannt und dann in einer Grabkammer beigesetzt wurden,[8] sind uns
auch ihre Gebeine nicht erhalten geblieben, und es konnten bisher trotz inten-
siver Nachforschungen noch nicht einmal ihre Grabstätten entdeckt werden.
Unklar ist überdies, ob die Königsgräber überhaupt in oder nahe der Hauptstadt Hattuscha zu suchen sind.

Das schriftliche Zeugnis

Dieser Mangel hinsichtlich einer Rekonstruktion des tatsächlichen Erscheinungsbildes Hattuschilis III. wird allerdings ein wenig ausgeglichen durch die umfangreiche schriftliche Hinterlassenschaft aus seiner Regierungszeit, die zumindest erkennen läßt, wie er selbst und seine Regierung gesehen werden sollten.[9] Sie vermag sogar trotz – oder vielleicht gerade wegen – ihrer propagandistischen Absicht seine Persönlichkeit besser einschätzen zu lassen als die des Pharao Ramses II., der seine Taten entsprechend einer langen pharaonischen Tradition in Stein meißeln ließ, die die Begebenheiten eher verschleierte als wahrheitsgemäß darstellte.[10] In der hethitischen Residenzstadt Hattuscha sind bei den im Jahre 1906 aufgenommenen und nach Unterbrechungen durch Kriegs- und Nachkriegszeiten noch heute fortgesetzten Ausgrabungen Tausende von Tontafeltexten zutage gekommen, die teilweise auch der Regierungszeit Hattuschilis III. entstammen. Sie verdanken ihr Überdauern der Tatsache, daß sie auf ein dauerhaftes Material geschrieben wurden, das selbst Brände überstehen konnte – d. h. auf Tafeln, die aus Ton geformt worden waren. Die größeren dieser Tontafeln waren allerdings oft in mehrere Stücke zerbrochen, doch konnten sie aufgrund ihrer Form oder ihres Inhalts häufig wieder zusammengefügt werden – eine Arbeit der Philologen, die heute auch als die Herstellung eines „Join" bezeichnet wird. Gerade die „historischen" Dokumente, wie etwa Staatsverträge oder annalistische Berichte, mußten von den Wissenschaftlern oft wieder aus einer größeren Zahl von Fragmenten zusammengesetzt werden. Die Sprache dieser Tradition ist vorwiegend das „Hethitische", die bislang älteste schriftlich überlieferte indoeuropäische Sprache, doch sind zahlreiche Texte auch in babylonischer Sprache verfaßt, das der Gruppe der semitischen Sprachen zugehört. Das geschah insbesondere dann, wenn es sich um Verträge oder auswärtige Korrespondenz handelte, wie etwa den Briefwechsel zwischen den Höfen des Hattuschili III. und Ramses' II. Texte von historischem Interesse oder Weihinschriften haben sich zudem auch auf Felswänden erhalten, angebracht etwa an wichtigen Routen im Taurusgebiet und in anderen Bergregionen; sie suchten also ein gewisses öffentliches Interesse und markierten zugleich einen Herrschaftsanspruch.

Abb. 6

Ein weiterer Schriftträger waren Holztafeln, wie sie vor allem für die innerhethitische Verwaltung benutzt wurden. Allerdings waren sie für die dreidimensionale, ja auch eine Tiefe besitzende Keilschrift nicht geeignet – es sei denn, man trug eine Beschichtung mit Wachs auf die Tafel aus Holz (oder Elfenbein) auf. Solche Holztafeln werden zwar des öfteren in den Tontafeltexten bezeugt, haben jedoch offenbar das Klima Anatoliens nicht überdauert. Eine Holztafel, die in einem vor der südanatolischen Küste gesunkenen bronzezeitlichen Schiff entdeckt worden ist, besaß zwei aufgeraute Flächen, die mit einem Scharnier verbunden und dadurch zusammenklappbar waren.[11] Ob wir uns auch die im hethitischen Anatolien gebräuchlichen Holztafeln in dieser Art vorstellen dürfen, ist allerdings nicht sicher. Auf Holztafeln sind jedenfalls meist Angelegenheiten der Wirtschaft und Verwaltung niedergeschrie-

*Abb. 6   Holztafel mit einem Scharnier aus Elfenbein, gefunden im Wrack eines bronzezeitlichen
Schiffes, das im 14. Jh. v. Chr. bei Uluburun vor der anatolischen Südküste unterging. Die Tafel ist
zusammenklappbar (Diptichon) und zeigt flache Vertiefungen mit Einritzungen, die für das Beschriften eine Wachsschicht trugen. Ob die hethitischen Holztafeln ähnlich aussahen, ist jedoch
noch unklar.*

ben worden, eben wohl in der sog. „hieroglyphischen" Schrift, wie sie auch in
Siegel geschnitten oder in Stein bzw. Felsen gemeißelt wurde. So fehlen uns
gerade für eine Untersuchung der hethitischen Wirtschaftsorganisation die
wesentlichen Dokumente. Auch der in Ägypten übliche Papyrus hätte das
feuchtere anatolische Klima wohl kaum überdauert – selbst wenn es dort in
gleichem Maße wie im Niltal die Papyrusstauden gegeben hätte, die zur Herstellung des Schreibstoffs benutzt wurden.

Ramses' Residenzstadt Piramesse, in der gegenwärtig archäologische
Forschungen durchgeführt werden, lag beim heutigen ägyptischen Dorf el-
Qantir am „pelusischen" Nilarm, im östlichen Delta. Der Grundwasserstand
ist hier außerordentlich hoch, so daß selbst Tontafeln nur geringe Chancen

hatten, bis heute zu überdauern. Daß es sie dereinst in Piramesse gab, bezeugt nicht zuletzt die Korrespondenz, die die Hofhaltungen von Ramses und Hattuschili miteinander austauschten; in ihr wird immer wieder auf den Eingang von Tontafeln hingewiesen. So stammen also die wesentlichen Erkenntnisse zur Geschichte der ägyptisch-hethitischen Beziehungen, die zu dem Friedensvertrag führten und danach zu zwei dynastischen Ehen, vor allem von den hieroglyphischen Inschriften in den ägyptischen Zentren sowie – im hethitischen Anatolien – fast ausschließlich von den Tausenden von Tontafeln, die während der deutschen Ausgrabungen in der großköniglichen Residenz- und Kultstadt Hattuscha beim heutigen Dorf Boghazköy/Boghazkale entdeckt wurden. Hier befanden sich auch die Archive bzw. Tontafelablagen für die „diplomatische" Korrespondenz und die kultische sowie historische Tradition. Diese führen bis in jene Zeit zurück, als Großkönig Hattuschili I., der Begründer des hethitischen Reiches, über die Tauruspässe in das nördliche Syrien vordrang – ein Gebiet, das damals bereits im Interessenfeld auch der ägyptischen Pharaonen lag – und von dort (erneut) die Keilschrift auf Tontafeln als Mittel der Kommunikation und Überlieferung einführte.

Diese unterschiedlichen Schrifttraditionen stehen also auch in einem Zusammenhang mit der grundverschiedenen Naturausstattung Anatoliens bzw. Ägyptens: Der Nil verband die einzelnen Bereiche des Landes und war zu-

Abb. 7

Abb. 7   Unterägyptische Landschaft bei Memphis, gekennzeichnet durch Palmenhaine und einen hohen Grundwasserstand, der archäologische Forschungen erschwert.

gleich Lebensspender sowie zentrale Ader der Kommunikation. Gegner, die auf ägyptisches Territorium vorzudringen vermochten, gab es hier bis um die Mitte des 2. Jts. v. Chr. vor allem im Süden – am oberen Nil, in Nubien, wo sich das Reich von Kusch entwickelt hatte, das zeitweilig bis in die Gegend von Assuan am ersten Katarakt herrschte. Das Klima war in Ägypten völlig anders als das Anatoliens und selbst im Winter mild. Landwirtschaft war durch die jährliche Überschwemmung des Stromes, die durch die starken Sommerregen in seinem Ursprungsgebiet, d. h. dem äthiopischen Hochland verursacht wurde, sowie durch die Ableitung von Nilwasser kontinuierlich möglich. Bevor der Staudamm von Assuan gebaut wurde, trat die Nilschwelle dort etwa Ende Juni in Erscheinung und erreichte bis September schließlich das Gebiet von Kairo. In jedem Jahr wurde dadurch erneut fruchtbarer Boden abgelagert. Das gestattete die Ernährung einer weit größeren Bevölkerung, als das etwa im hethitischen Anatolien möglich war. Das Niltal bestimmte zugleich die Hauptrichtung der überregionalen Kommunikation, orientiert auf Nubien im Süden und das Mittelmeer im Norden. Das anatolische Hochland hingegen war auf die meist nicht sehr ergiebigen Regenfälle und das Schmelzwasser im Frühjahr angewiesen, und die Flüsse, die in das Schwarze Meer, in das Ägäische Meer oder das Mittelmeer mündeten, be-

Abb.8.9

Abb. 8   Die zentralanatolische Hochebene mit dem Blick auf den Erciyes-Dagh, dessen Gipfel 3916 m hoch aufragt. Im Vordergrund abgeerntete Felder.

saßen weder als Verkehrsrouten noch als Wasserspender für die Felder eine
größere Bedeutung. Gebirgszüge kammerten zudem das Relief in unterschiedliche Bereiche auf und erschwerten die Kommunikation zwischen deren Bewohnern. Diese ganz verschiedene Naturausstattung Ägyptens und
Anatoliens hat sich auch auf die geschichtlichen Entwicklungen dieser Regionen
ausgewirkt, hat Kontakte erleichtert oder eingegrenzt und auch politische
Entscheidungen beeinflußt. Als geographischer Raum, in dem sich Ägypter
und Hethiter als friedliche Händler oder mit ihren Heeren begegnen konnten,
kam vor allem Syrien in Betracht.

PROBLEME DER CHRONOLOGIE

Das schriftliche Zeugnis sowohl aus Ägypten als auch dem hethitischen Anatolien bietet unterschiedliche Möglichkeiten, die Regierungszeiten der jeweiligen Herrscher mit absoluten Jahreszahlen anzugeben (vgl. die Zeittafel). Was
Ägypten betrifft, so sind königliche Annalen überliefert, chronologische Listen, antike Überlieferungen – letztere fehlen bei den bronzezeitlichen Hethitern, die nach dem Ende ihres Reiches ganz aus dem historischen Gedächtnis

Abb. 9   Verschneite Berglandschaft im zentralen Anatolien bei Sivas, aufgenommen im Mai(!).
Das Bild veranschaulicht, weshalb die hethitische »Kampfsaison« relativ kurz bemessen und
die ständige Kontrolle der anatolischen Territorien schwierig war.

verschwanden – sowie astronomische Daten, schließlich auch datierende naturwissenschaftliche Untersuchungen, wie sie vor allem mittels der Radiocarbon-Methode vorgenommen werden. Was möglich und daraus ablesbar ist, hat vor allem J. von Beckerath zusammengetragen und ausgewertet, dessen Jahresangaben für die Herrschaftszeiten der Pharaonen, die auch in der Fachliteratur zuweilen noch unterschiedlich angesetzt werden, hier gefolgt wird.[12] Daß es trotzdem des öfteren noch Unsicherheiten gibt, muß nicht jeweils ausdrücklich notiert werden.

Hinsichtlich der hethitischen Geschichte, insbesondere der Regierungsdaten der Großkönige ist die Lage noch wesentlich komplizierter.[13] Zur Verfügung stehen – falls überhaupt – nur Synchronismen, d. h. nachweisbare Gleichzeitigkeiten von Regierungen und Ereignissen; Jahreszahlen lassen sich daher nur in wenigen Fällen mit einiger Sicherheit angeben. Zudem ist – wenigstens für die Zeit vor Schuppiluliuma I., d. h. vor der Mitte des 14. Jhs. v. Chr. – sogar die Abfolge der einzelnen Herrscher nicht immer völlig geklärt. Die eigene schriftliche Tradition der Hethiter reicht also für die Erstellung einer absoluten, in Daten erfaßbaren Chronologie nicht aus. Selbst die sog. Königslisten helfen hier nicht immer weiter, zumal sie für den Ahnenkult zusammengestellt wurden, Auslassungen aufweisen oder Namen einbeziehen, die nicht wirklich zugehörig sind. So bleiben vor allem die belegten Gleichzeitigkeiten von Regierungen oder Ereignissen, also die Synchronismen als Hilfsmittel, um die Regierungszeiten hethitischer Herrscher wenigstens ungefähr zu bestimmen.

Dabei spielt neben der schriftlichen Überlieferung Babyloniens und Assyriens auch die reiche Tradition Ägyptens eine Rolle. Wenn also akzeptiert wird, daß Ramses von 1297 bis 1213 v. Chr. regierte, so ist das auch für die hethitische Chronologie ein wichtiger Hinweis, und die in Inschriften bezeugten Aktivitäten der assyrischen und babylonischen Herrscher bieten dann oft noch eine zusätzliche Möglichkeit, einige Präzisierungen vorzunehmen. Die meisten zeitlichen Überschneidungen hinsichtlich der „historischen" Berichterstattung aus den Bereichen Ägypten, Hethiterstaat (d. h. Hatti), Assyrien und Babylonien sind für das 14., 13. und frühe 12. Jh. v. Chr. überliefert – also gerade für den Zeitraum, dem im folgenden die besondere Aufmerksamkeit gelten soll.

Ägypter und Hethiter in Syrien

SYRIEN IM BLICKPUNKT ÄGYPTISCHER INTERESSEN

Bevor der hethitische Großkönig Hattuschili I. um 1650 v. Chr. die Burg von Hattusch(a) und die darunter gelegene Siedlung zu seinem Residenzort machte und sich nach ihr „der von Hattuscha" nannte, hatte dieser Ort schon eine Rolle als Wohnsitz von Fürsten sowie als Platz einer Niederlassung von Händlern aus der fernen, am oberen Tigris gelegenen Stadt Assur gespielt. Hattuscha war bereits im frühen 2. vorchristlichen Jahrtausend Zentrum eines agrarischen Bereiches, Sitz von Handwerkern und – vor allem – ein wichtiger Kultort. Mit seiner befestigten Burg auf dem felsigen, schwer zu erobernden Büyükkale war Hattuscha der geeignete Platz, von hier aus Ansprüche auf die Herrschaft auch über die weitere Umgebung geltend zu machen.[14]

Gegenüber den zu dieser Zeit blühenden städtischen Zentren Mesopotamiens und Syriens war das hethitische Hattuscha jedoch noch unbedeutend, erst recht, wenn man es mit den Residenzen des fernen Ägypten vergleicht, das seinen Einfluß bereits seit langem auch auf den syrischen Raum ausgedehnt hatte. Schon die ägyptischen Pharaonen des sog. Alten Reiches (3.–6. Dynastie, ca. 2657–2166 v. Chr.) hatten Handelsbeziehungen vor allem zum Libanon-Gebiet aufgenommen, um von dort Bauholz und das für die Mumifizierung benötigte Baumharz in das Niltal zu holen oder den Austausch mit syrisch-mesopotamischen Zentren zu pflegen. Im nordsyrischen Ebla (heute Tell Mardich), einem wichtigen Wirtschafts- und Kultzentrum etwa 60 Kilometer südwestlich des heutigen Halab/Aleppo, haben die italienischen Ausgrabungen auch eine Topfscherbe mit dem hieroglyphisch geschriebenen Namen des Pharao Phiops I. zutage gebracht, der der 6. Dynastie angehörte und wohl von 2335 bis 2285 v. Chr. regierte.[15] Wie dieser Fund zu bewerten ist, bleibt noch unsicher. Doch hatte zu jener Zeit auch im nördlichen Syrien eine Urbanisierung stattgefunden, waren Städte sowohl westlich wie östlich des Euphrat als zugleich auch regionale Zentren entstanden, die zueinander Kontakt hatten.

Abb. 10

Es gab hier im 3. Jt. v. Chr. bereits einen überregionalen Austausch von Gütern und von Wissen, der sich auch im archäologischen Befund widerspiegelte. Eine Rolle spielte dabei Lapislazuli, jener wertvolle Edelstein, der zu dieser Zeit – wie noch heute – im afghanischen Badachschan gewonnen wurde.[16] Von hier führte ein Weg durch den nördlichen Iran oder zum Persischen Golf; Werkstätten sorgten unterwegs dafür, daß dieser Edelstein von anderen Einschlüssen befreit und in Formen gebracht wurde, die somit auf geringem

*Abb. 10   Ebla (Tell Mardikh)
in Nordsyrien: Fragment eines
ägyptischen Gefäßes mit der
Inschrift des Pharao
Phiops/Pepi I. aus der
6. Dynastie, um 2300 v. Chr.
Das Gefäß fand seinen Weg
nach Ebla vielleicht über
Gubla/Byblos.*

Raum einen hohen Wert verkörperten. Über Mesopotamien gelangte, den Euphrat aufwärts, dieser Edelstein auch in das nördliche Syrien, wo sich insbesondere in Ebla nicht nur Gegenstände aus Lapis bzw. mit diesem zusammen
verarbeitet gefunden haben, sondern auch Stücke von rohem Lapislazuli, die
erst an ihrem Bestimmungsort weiterverarbeitet wurden. Obwohl der Weg
des Lapis nicht genauer zu verfolgen ist, muß dieser Edelstein bereits damals
bis Ägypten gelangt sein; Analysen haben gezeigt, daß der in Ägypten gefundene
Lapislazuli wohl seine Herkunft ebenfalls in Badachschan hatte. Innerafrika-
nische Vorkommen waren zu dieser Zeit offenbar noch nicht erschlossen bzw. im
mediterranen Raum noch unbekannt. Der erwähnte, auch in Ebla bezeugte
Pharao Phiops I. wird in einem Text seiner Sargkammer einmal als „Ring, der

*Abb. 11   Gubla/Byblos. Die Hafenstadt am Libanon-Gebirge spielte sowohl für die ägyptischen
Holzexpeditionen als auch die Anlandung und Versorgung ägyptischer Truppen eine Rolle. Das
Photo zeigt Ruinen der alten Stadt unweit des Hafens.*

*Abb. 12   Gubla/Byblos. Blick auf den Hafen von Byblos, der der Stadt ihre besondere historische
Rolle verlieh.*

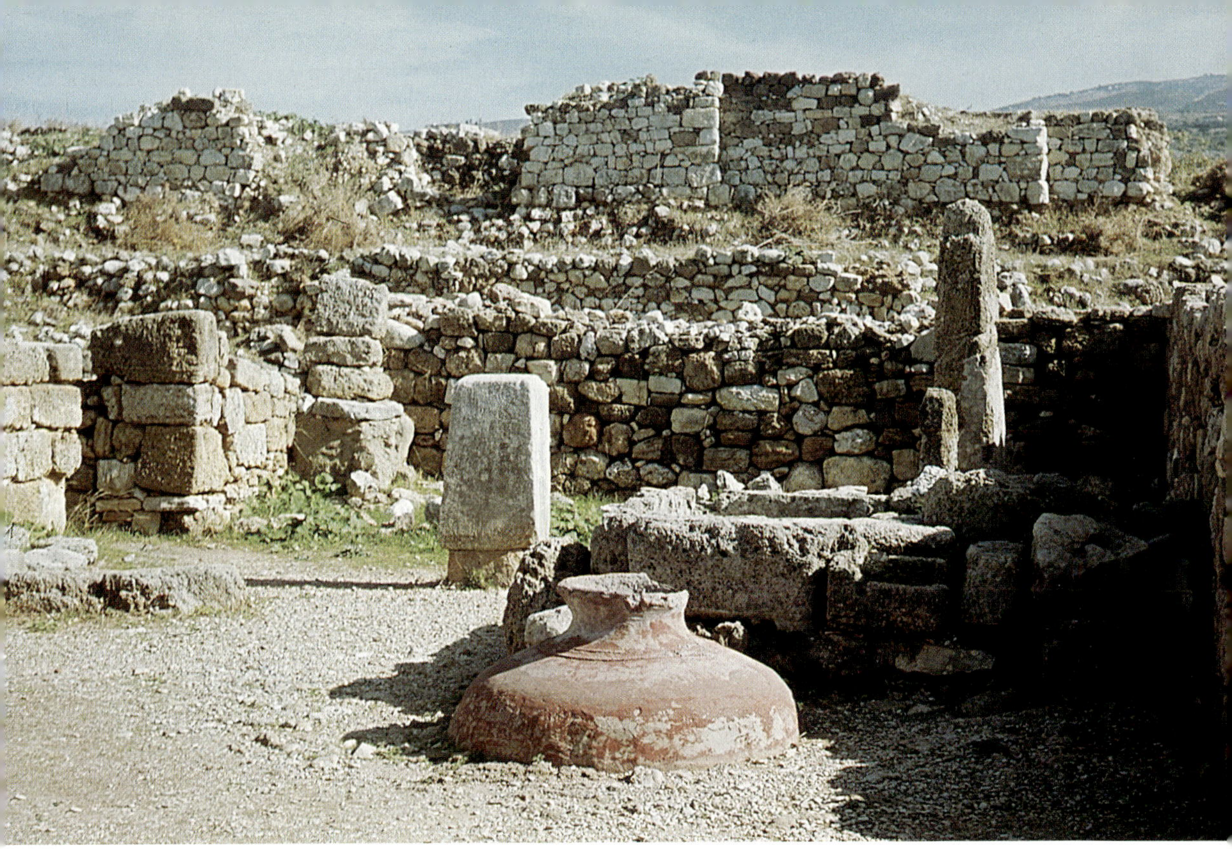

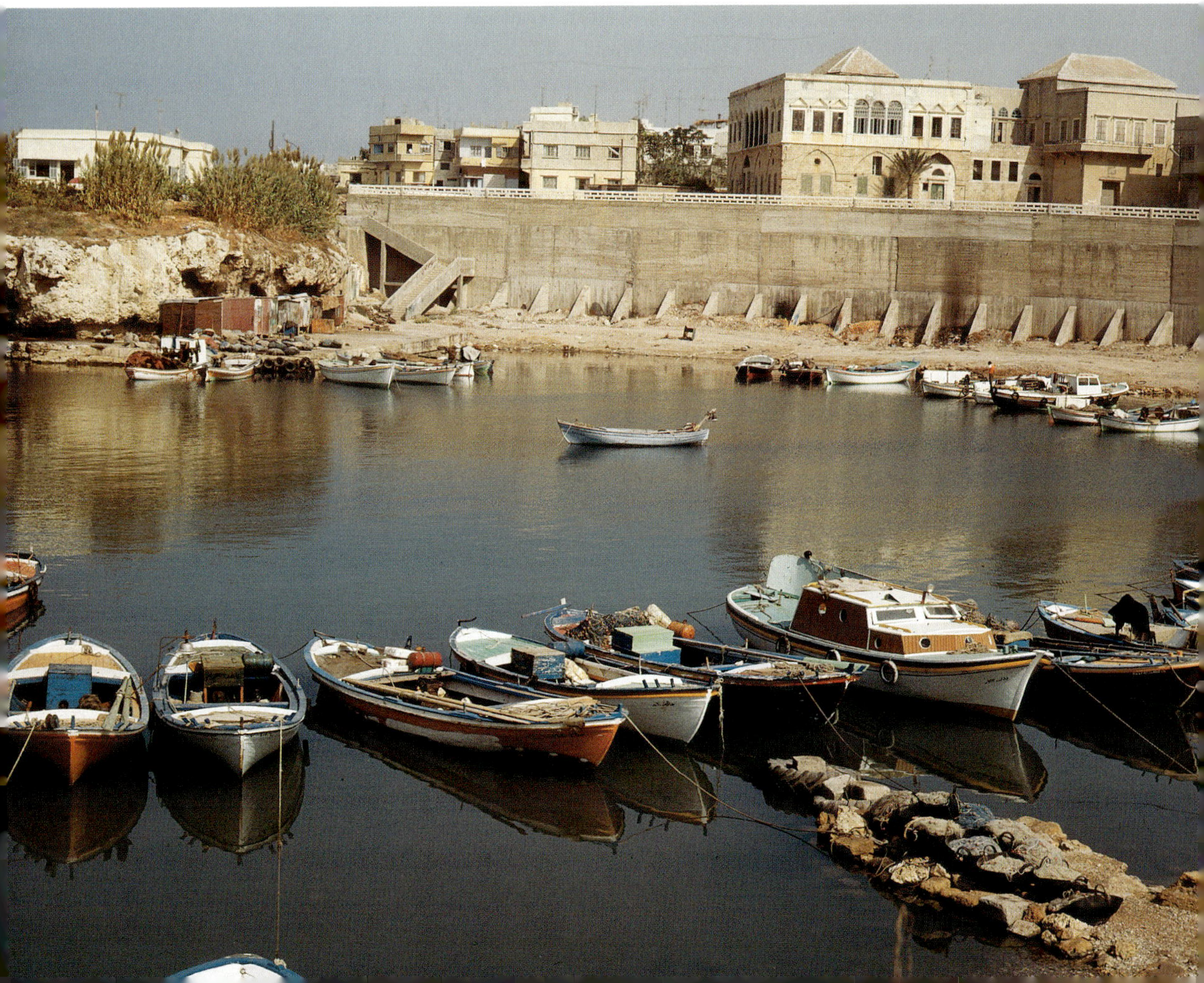

die Inseln umgibt", bezeichnet, was auch einen Austausch mit den ostmediterranen Inseln anzeigen könnte.[17]

Nach dem Ende des ägyptischen Alten Reiches folgte eine Periode, die sogenannte „Zweite Zwischenzeit", während der es zu einer Krise in den ägyptisch-vorderasiatischen Beziehungen kam. Die auf das 20. Jh. v. Chr. zurückgehende „Lehre für Merikare"[18] gibt nicht nur den guten Rat, den „Wohlgeborenen" nicht dem „gemeinen Mann" vorzuziehen, sondern verweist auch auf die unsicher gewordenen Wege in Asien: „Der Asiat ist ein Krokodil der (syrischen) Wüste. Er schnappt zu auf dem einsamen Weg, kann aber nicht (jemanden) aus einer volkreichen Stadt wegreißen." Und eine literarische hieroglyphische *Abb. 11. 12* Überlieferung klagt: „Niemand fährt mehr nach Norden nach Byblos heutzutage! Was können wir wegen des Zedernholzes tun für unsere dahingeschiedenen ‚Edlen'? Pflegte man doch die ‚Reinen' mit seinen Importen zu bestatten und die ‚Edlen' mit seinem Pech zu balsamieren, damit sie überdauern!"[19]

Die Pharaonen des sog. Mittleren ägyptischen Reiches (11.–13. Dyn., 2119–1794 v. Chr.) haben dann jedoch den syrischen Raum wieder zu ihrem besonderen Interessenfeld gemacht. Hier waren eine Reihe neuer Zentren entstanden, deren Fürsten amurritisch-westsemitische Namen tragen, was auf die verstärkte Zuwanderung einer Bevölkerung aus dem nordsyrisch-obermesopotamischen Gebiet weisen dürfte. Ugarit, beim heutigen Latakia an der nordsyrischen Küste gelegen, wurde dabei im frühen 2. Jt. v. Chr. wiederbesiedelt.[20] Diese Hafenstadt, die auch über ein größeres landwirtschaftliches Territorium verfügte, entwickelte sich dann zu einem der wichtigsten Hafenorte des Vorderen Orients und spielte auch als Platz eine Rolle, über den jetzt kyprisches Zinn gehandelt wurde. Dieser für die Herstellung von Bronze wichtige Rohstoff war bislang aus Bereichen östlich von Mesopotamien bezogen worden. Sowohl Hethiter als auch Ägypter unterhielten dementsprechend wirtschaftliche und politische Beziehungen zu Ugarit. Im nördlichen Syrien fanden sie zugleich Anschluß an die Handelswege, die von Mesopotamien her nun immer stärker in Richtung auf das Mittelmeer begangen wurden. Der Schwerpunkt des überregionalen Handels verlagerte sich jetzt aus dem Raum des Persischen Golfes und dem südlichen Mesopotamien immer mehr in Richtung auf die Ostküste des Mittelmeeres, die aus späterer europäischer Sicht auch als Levante, d. h. Gebiet, in dem die Sonne aufgeht, bezeichnet worden ist.[21]

Auf verschiedenen Routen, die vom Euphrat her nun die syrische Wüstensteppe via Tadmur (Palmyra) durchquerten, wurde im 18. Jh. v. Chr. das mittelsyrische Qatna erreicht, von wo Handelsgut über Seehäfen der Küste oder auf dem Landweg auch bis Ägypten gelangte.[22] Es kam also zu einem erneuten engeren Kontakt Ägyptens zu Vorderasien, dessen westlicher Teil sich während der frühen Mittleren Bronzezeit immer mehr zu einem bedeutenden Handels- und Kulturraum entwickelte. Zeugnisse für eine ägyptische Präsenz haben sich an verschiedenen Orten gefunden, darunter vor allem Sphingen,[23] während sich andererseits immer mehr „Asiaten" in Ägypten, insbesondere im nordöstlichen Nildelta ansiedelten. Eine in einem Grab in Ebla entdeckte

Abb. 13   Ebla in Nordsyrien.
Zeremonialkeule
des Pharao Hotep-ibre
(13. Dynastie, 1. Hälfte
des 18. Jhs. v. Chr.).
In seiner offiziellen Titulatur,
wie sie aus Avaris (Tell el-
Dab'a im östlichen Delta)
überliefert ist, wird Hotep-
ibre als „Sohn eines Asiaten"
bezeichnet.

Zeremonialkeule mit dem eingelegten Namen des Hotep-ibre,[24] Einlegeplätt-   *Abb. 13*
chen aus Nilpferd-Elfenbein in Form ägyptischer Gottheiten und andere
Funde weisen deutlich auf die Beziehungen hin, die damals zwischen dem
nördlichen Syrien und Ägypten bestanden.[25]

Es gibt zahlreiche Anzeichen dafür, daß sich zu dieser Zeit, d. h. im 18. Jh.
v. Chr., die ägyptischen Interessen auch im mittleren und nördlichen Syrien
deutlicher artikulierten. Eine aus Syrien stammende Dynastie, in der ägyptischen Tradition als „Hyksos" (*heqa chasut,* „Herrscher der Fremdländer") bezeichnet, hat dann sogar einige Zeit Ägypten beherrscht (15. und 16. Dyn.)
und in Avaris (heute Tell Dab'a) residiert.[26] Sie stützte sich vor allem auf Zuwanderer, die zur Zeit, als die zentrale Macht in Ägypten schwach war, ins

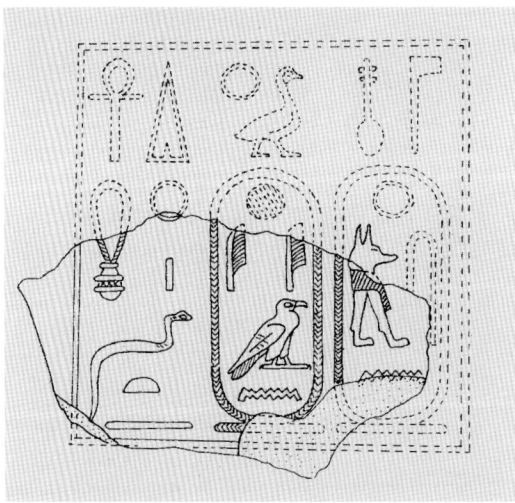

Abb. 14 In Boghazköy (Hattuscha) gefundener Gefäßrand mit der noch teilweise erhaltenen Kartusche des Hyksos-Königs Chajan/Chian (15. Dynastie, um 1600 v. Chr.); bereits der Name weist auf einen nicht-ägyptischen Ursprung dieses Pharao.

nördliche Ägypten einwanderten. Ihre Könige trugen dementsprechend nicht-ägyptische Namen, und in den Gräbern, den Tempeln und Siedlungen fanden sich, vor allem in Avaris selbst, zahlreiche Gegenstände, die in Palästina und Syrien ihren Ursprung hatten. Bei den Ausgrabungen in Hattuscha wurde nahe dem sog. Haus am Hang (des Burgberges) eine Obsidianscherbe

Abb. 14   mit der ägyptischen Inschrift des Hyksos-Königs Chian (Chajan) entdeckt.[27] Es ist möglich, daß der entsprechende Gegenstand, von dem sie stammte, bei dem Vordringen der Hethiterkönige Hattuschili I. oder Murschili I. als Beute

Abb. 15   Siegel aus Tell el-Dab'a/Avaris im östlichen Nildelta, gefunden im Palast der frühen 13. Dynastie. Es zeigt den nordsyrischen Wettergott, der auf zwei Bergen steht und eine Keule sowie eine Fensteraxt schwingt. Eine Schiffsdarstellung weist auf die besondere Bedeutung dieses Gottes für die Seefahrt hin.

in hethitischen Besitz gelangte; daß es ein Geschenk dieses ‚Hyksos'-Königs an den hethitischen Großkönig war, läßt sich jedenfalls bislang nicht nachweisen.

Als Hauptgott wurde von den ‚Hyksos' der Wettergott Seth (ägypt. Sutech) verehrt, der mit dem Wettergott Syriens gemeinsame Züge besaß und dort unter dem Namen Adad / Addu, später als Baal eine große Rolle spielte; aber auch die syrischen Gottheiten Anat und Astarte haben in Ägypten kultische Verehrung genossen. Daß der den Fruchtbarkeit schaffenden Regen bringende, mit Donner und Blitz verbundene Wettergott speziell Nordsyriens auch im Nildelta bekannt war, zeigt der Fund eines Siegels in Tell el-Dab'a / Avaris; es stellt den schreitenden und mit Keule und Blitzen bewaffneten Gott in einer Weise dar, die deutlich auf Verbindungen zum nordsyrischen Raum, vor allem zur Hafenstadt Ugarit, hinweist;[28] denn zur ‚Hyksos'-Zeit wanderten offenbar zahlreiche Asiaten amurritischen Ursprungs aus Syrien in das östliche Delta ein. Damals gewann auch die Verwendung von Pferden eine größere Bedeutung – jener vor allem für die Bespannung von Streitwagen trainierten Tiere, die dann bei den künftigen kriegerischen wie friedlichen Kontakten zwischen Ägypten und Vorderasien noch eine große Rolle spielen sollten. Insbesondere das Bergland des südöstlichen Taurus stellte damals bereits ein wichtiges Zuchtgebiet für Pferde dar.

Abb. 15

Die Hethiter überqueren den Taurus

Für den zu dieser Zeit noch unbedeutenden Hethiterstaat um Hattuscha, der sich im späten 17. Jh. v. Chr. im zentralen Anatolien herausgebildet hatte, war es zur weiteren Festigung der Macht des Königshauses wesentlich, an der fortgeschrittenen wirtschaftlichen Entwicklung im syrischen Raum teilzuhaben und durch entsprechende militärische Unternehmungen an Prestige und materiellen Mitteln zu gewinnen. Dazu mußte der Taurus überquert werden, der vor allem in der kalten, oft schneereichen Jahreszeit ein schwer zu bewältigendes Hindernis darstellte, bevor man die syrischen Ebenen erreichen konnte. Hattuschili (um 1630) unternahm dieses Wagnis und wurde dafür später in der literarischen Tradition entsprechend gefeiert, von der noch jüngere Abschriften in babylonisch-assyrischer (akkadischer) und hethitischer Sprache Zeugnis ablegen.[29] Ziel war vor allem die Stadt Halab, das heutige Aleppo, dessen Herrscher großen Einfluß im nördlichen Syrien besaßen, über eine reiche agrarische Region verfügten, Handelswege zwischen Mesopotamien und dem Mittelmeer kontrollierten und zudem in ihrer Residenzstadt ein bedeutendes Kultzentrum des Wettergottes hatten – eben jenes mit Donner und Blitz ausgestatteten Gottes, der die Regen spendenden Wolken herantrieb und daher weithin Verehrung genoß – auch im regenarmen Anatolien. Nicht zufällig soll es gerade der Wettergott gewesen sein, der mit den Hörnern seines Symboltieres, des Stieres, den Hethitern den Weg über den Taurus nach Syrien öffnete. Dieser Marsch nach Süden mit Hilfe des göttlichen Stieres war aber so schwierig, daß sich dessen Hörner beim Wegschieben des Gebir-

Abb. 16

Abb. 17. 18

Abb. 16   Paß über den Antitaurus (Alaydagh) bei Hanyeri, etwa 70 km südöstlich von Kayseri. Das hier angebrachte, jetzt nur noch schwer erkennbare Relief zeigt einen Mann mit Bogen und Lanze vor zwei Stieren, auf denen Berggötter stehen.

ges verbogen haben sollen: „…Warum ist sein Gehörn so verbogen? Folgendermaßen (antwortete) er (d. h. der Gott): „Wann auch immer ich auf einen Feldzug zog, lag uns das Gebirge im Wege. Siehe, da war der Stier zur Stelle; als der kam, hob er jenes Gebirge auf und schob es beiseite. Und auch das Meer haben wir bezwungen. Und deshalb ist sein Gehörn verbogen."[30] Hattuschili gelang zwar nicht die Eroberung der festen Stadt Halab selbst, er vermochte aber seine Macht im nordsyrischen und, wie wir jetzt durch einen von ihm verfaßten Brief wissen, auch im obermesopotamischen Raum zur Geltung zu bringen.[31] Auch wenn von ihm und dann vor allem in der späteren schriftlichen Tradition der religiöse Aspekt, also der Auftrag des Wettergottes in den Vordergrund gerückt wurde, so war es doch eine auf königliches Prestige – auch im heimatlichen Anatolien selbst – und auf Beute gerichtete Unternehmung.

Hattuschili kam südlich des Taurus mit einem Bereich in Kontakt, in dem man mittels der Keilschrift in Babylonisch miteinander kommunizierte; er hat diese Tradition, die sich des billigen und dauerhaften Tons als Schreibmaterial

Abb. 17   Der Hügel der Zitadelle von Halab/Aleppo, auf dem kürzlich ein Tempel des Wettergottes aus dem frühen 1. Jt. v. Chr. entdeckt wurde.

bediente, auch in seinem anatolischen Herrschaftsbereich wieder zur Geltung gebracht. „Wieder" deshalb, weil hier bereits zur Zeit der altassyrischen Han-
delskolonien, um etwa 2000 v.Chr, die Keilschrift und Tontafeln nicht nur zwischen den assyrischen Händlern, sondern auch von lokalen Herrschern verwendet wurden. Nach dem Niedergang der Ansiedlungen der aus dem nord-
mesopotamischen Assur am Tigris stammenden Kaufleute war dieses Mittel
der Kommunikation zunächst wieder verschwunden; offenbar bestand kein
wirklicher Bedarf bei der ortsansässigen Bevölkerung. Zur Zeit des Staats-
gründers Hattuschili I. ist die Keilschrift also erneut in Anatolien eingeführt   *Abb. 19*
worden – zur Niederschrift von historischen Ereignissen, wirtschaftlichen
Vorgängen, literarischen Traditionen sowie vor allem religiös-kultischem
Brauchtum. Schriftliche Fixierung wurde fortan – sei es in hethitischer, babylonischer oder auch der vor allem im nordmesopotamisch-nordsyrischen
Raum verbreiteten hurritischen Sprache – ein Mittel nicht nur der Kommunikation, sondern auch der staatlichen Verwaltung.[32]

Als Hattuschili starb, wurde sein Enkel Murschili (um 1600 v. Chr.) Herrscher im Hethiterland. Er setzte die Unternehmungen südlich des Taurus fort,
eroberte dabei sogar die Stadt Halab/Aleppo und brachte damit die als agra-
rischer Raum und Durchzugsgebiet von Handelskarawanen wichtige nordsyrische Ebene wenigstens zeitweilig unter seine Kontrolle. Eine Konfrontation
mit ägyptischen Truppen wird – im Gegensatz zu den Auseinandersetzungen mit
hurritischen Fürsten Obermesopotamiens – nicht überliefert und hat wohl
auch nicht stattgefunden, da Ägypten zu dieser Zeit noch unter der Herrschaft der ‚Hyksos'-Könige stand und seine syrischen Eroberungszüge noch
nicht begonnen hatten. Da der Hethiterstaat im späteren 16. und im 15. Jh.
v. Chr., nach dem Tode des Murschili I., von einer Folge schwacher Herrscher
regiert wurde und Auseinandersetzungen innerhalb der Aristokratie zu einer
Reihe von Königsmorden führten, verlor Hatti wieder seinen Einfluß auf die
Gebiete südlich des Taurus.

Die hier erwähnte „hurritische" Bevölkerung wird in den Quellen faßbar
durch ihre Namen, dann auch durch keilschriftlich tradierte Texte in einer
Sprache, die sich von der der semitischen und hethitischen Bevölkerung unterschied.[33] Sie war verwandt mit dem späteren, im armenischen Hochland
benutzten und in Keilschrift überlieferten Urartäischen; historisch faßbar
wird sie in den Quellen bislang vor allem in Obermesopotamien und Südostanatolien. Mit den Hurritern hatten sich auch die Hethiter militärisch auseinanderzusetzen, doch haben diese andererseits Vieles aus der hurritischen Kultur und Religion übernommen. Texte in hurritischer Sprache gehören daher
auch zur literarischen und kultischen Tradition Anatoliens. Politisch wurden
diese Beziehungen vor allem relevant, als sich in Obermesopotamien aus einzelnen, hurritisch dominierten Fürstentümern und unter Mitwirkung von
indo-arischen Gruppen ein Staat entwickelte, Mittan(n)i,[34] der bald auch in

*Abb. 18 Der Aufgang zur Zitadelle von Halab/Aleppo, ein gutes Beispiel arabisch-islamischer
Festungsbaukunst.*

Abb. 19 Brief des hethitischen Großkönigs Hattuschili I. an den Fürsten des obermesopotamischen Landes Tikunani. Er ist ein frühes Beispiel für die Verwendung der babylonischen Keilschrift in der Verwaltung des hethitischen Staates.

Richtung Nordsyrien und Mittelmeerküste expandierte.[35] Die Unterwerfung der verschiedenen Kleinfürstentümer im nördlichen Syrien machte nun den Mittani-Staat zu einem Rivalen nicht nur für die hethitischen, sondern auch die ägyptischen Interessen.

ÄGYPTISCHE FELDZÜGE BIS ZUM EUPHRAT

Die Verfolgung seiner Ziele im asiatischen Norden, d. h. jenseits des Nildeltas, wurde Ägypten vor allem dadurch erleichtert, daß etwa um 1500 v. Chr. im nubischen Süden die Bedrohung durch den Staat von Kerma entfiel, der zeitweilig bis in die Gegend des 1. Nilkataraktes geherrscht hatte.[36] Denn es gelang den Ägyptern nach der Entmachtung der Hyksos-Dynastie, das Kerma-Reich zu zerschlagen und dann eine Eroberungspolitik im westlichen Vorderasien einzuleiten.[37] Ahmose, der 1. Pharao der 18. Dynastie, der schon als Kind auf den Pharaonenthron gelangte und bereits im Alter von 35 Jahren verstarb,

Abb. 20

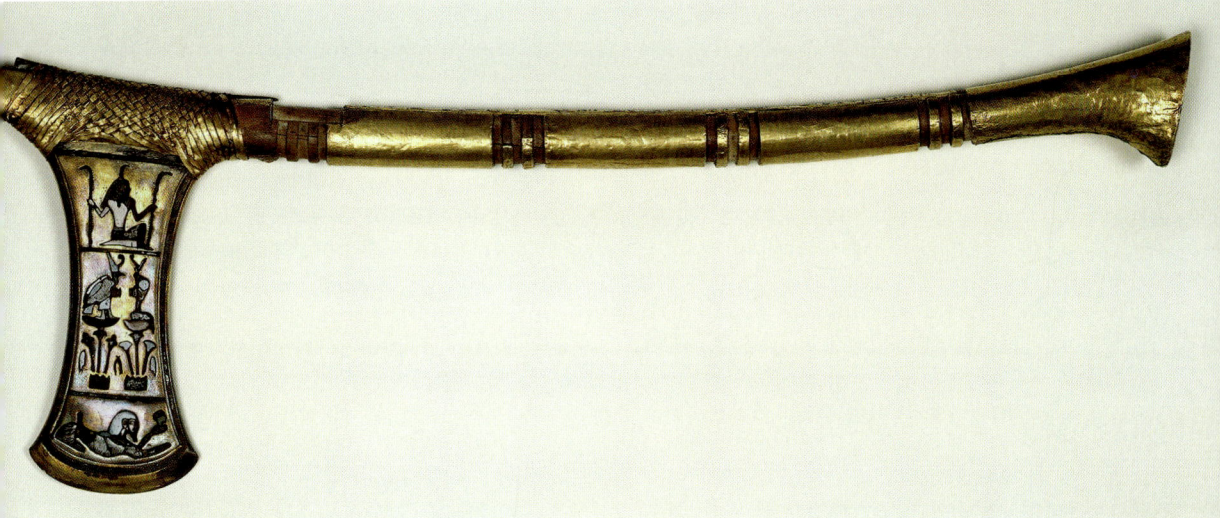

Abb. 20 *Zeremonialaxt des Pharao Ahmose/Amosis, erster König der 18. Dynastie. Die Axt ist aus Holz und Kupfer gefertigt und wurde mit Elektron und Edelsteinen versehen. Länge insgesamt 47 cm. Gefunden im thebanischen Grab der Königin Ahhotep. Die Niederschlagung eines asiatischen Feindes (mittleres Feld der anderen Seite des Axtblattes) weist auf die jetzt beginnende Expansion des ägyptischen Herrschaftsgebietes nach Vorderasien; sie wurde durch die nunmehr erfolgte Wiedervereinigung von Ober- und Unterägypten ermöglicht.*

verfolgte die Hyksos bis in das südliche Kana'an/Kinachi, wie der Bereich südlich des späteren Damaskus genannt wurde. Eine Zeremonialaxt symbolisiert durch die auf ihr angebrachten Darstellungen diesen Akt der Befreiung von einer Fremdherrschaft und damit zugleich die Wiedervereinigung Ober- und Unterägyptens. Ahmose erneuerte dadurch auch den ägyptischen Anspruch auf die Vorrangstellung an der südsyrischen Küste. Thutmosis I. (1504–1492 v. Chr.) konnte dann sogar bis an den Euphrat vorstoßen; dort hat er – so wird später von Thutmosis III. überliefert – als Zeichen seines Erfolges eine Stele errichten lassen. Wie es in dem Siegesbericht des Pharao heißt, lag auf der anderen Seite des Stromes zu dieser Zeit „ein Land, das Mittani genannt wird". Damit erschien für Ägypten eine Macht am Horizont, die in den folgenden Jahren ihr Gebiet auch auf die nordsyrischen Regionen westlich des Euphrat ausdehnte. Eine aus dem frühen 15. Jh. v. Chr. stammende Stele mit dem Sitzbild des Idrimi von Alalach, deren Inschrift Einblick in das Leben dieses Fürsten vermittelt, sowie eine Reihe von Texten aus diesem „Mukisch" genannten Fürstentum bezeugen, daß Idrimi und seine Nachfolger durch eine Eidesleistung den Mittani-Königen unterworfen waren.[38] Mittani beherrschte nunmehr Syrien bis zur Ebene um das heutige Homs und wurde damit zum Nachbarn des ägyptischen Neuen Reiches. Die „Grenze" zwischen Ägypten und Mittani – sie war wohl nicht genauer markiert, sondern hing von der jeweilig dominierenden mittanischen oder ägyptischen militärischen Präsenz ab – verlief etwa von der Küste durch die Senke zwischen dem Libanon und den nordsyrischen Küstengebirgen des Dschebel Anserije, ohne jedoch die Hafenstadt Ugarit oder das an der mittelsyrischen Küste entstandene Fürstentum Amurru direkt in den ägyptischen Bereich einzuschließen.[39]

Ägyptens Könige der frühen 18. Dynastie mußten sich dementsprechend nun mit Mittani auseinandersetzen, wenn sie ihren Einfluß in Syrien nicht nur erhalten, sondern noch weiter nach Norden ausdehnen wollten. Die Situation war dafür insofern günstig, als es – wie schon erwähnt – den Pharaonen der frühen 18. Dynastie im oberen Niltal, also an der südlichen Reichsgrenze, gelungen war, die Macht des Reiches von Kusch zu brechen; man konnte sich nun stärker auf den Norden konzentrieren. Sowohl Thutmosis III. (1479–1427 v. Chr.) als auch sein Sohn und Nachfolger Amenophis II. (1427–1401 v. Chr.) haben im mittanischen Syrien gekämpft und darüber in ihren Inschriften berichtet. Thutmosis III. ließ die ägyptische Siegesstele, die von Thutmosis I. (1504–1492 v. Chr.) auf dem westlichen Euphratufer aufgestellt worden war, sogar auf die östliche Seite des Stromes bringen: „Dann fuhr Meine Majestät zu den Enden Asiens. Ich ließ viele Lastschiffe aus Zedernholz zimmern auf den Bergen des Gotteslandes (d. h. im Libanon) in Gegenwart der Herrin (d. h. Göttin) von Gubla/Byblos, die dann auf Wagen gelegt wurden, und Rinder zogen sie. Sie fuhren vor Meiner Majestät, um jenen großen Fluß zu überqueren, der zwischen diesem Fremdland (d. h. Syrien) und Nahrina (d. i. Obermesopotamien/Mittani) liegt..... Da stellte Meine Majestät auf jenem Berg von Nahrina (d. h. Obermesopotamien) eine Stele auf, die dazu vom Westufer des Euphrat genommen worden war. Nicht gibt es (jetzt) einen Gegner in den Südländern (wie zuvor Kusch), und die Nordländer kommen in gebeugter Haltung vor meine Macht. Gott Re ist es, der sie mir anbefiehlt. Ich habe alles, was mein Auge umkreist, numehr zusammengefaßt."[40] Wie weit wir den Siegesberichten der Pharaonen jeweils im einzelnen folgen dürfen, ist allerdings noch nicht sicher; denn es fehlen für diese Zeit bislang entsprechende Zeugnisse der mittanischen Gegenseite. Jedenfalls waren die Erfolge des Thutmosis III. für eine Reihe von Fürsten Vorderasiens Anlaß, dem Pharao ihre Glückwünsche zu übermitteln und Geschenke zu senden, die dieser dann als Tribut notierte. Es ist bemerkenswert, daß als „Tribut" dabei auch eine Sendung des hethitischen Großkönigs genannt wird, bestehend u. a. aus Silber, wertvollen Steinen und gutem Holz (d. h. wohl Edelholz?).[41] Die Hethiter, damals noch in innere Auseinandersetzungen verstrickt, hatten zu dieser Zeit offenbar keine Möglichkeit, selbst südlich des Taurus militärisch zu intervenieren. Hatti und Ägypten waren noch keine Konkurrenten um die Vormachtstellung in Syrien, und die Hethiter waren daher offenkundig darum bemüht, ihre freundliche Gesinnung gegenüber dem Pharao durch Geschenke zu bekunden. Daß solche dann gern – zum höheren Ruhme des königlichen Empfängers – als Tributleistungen deklariert wurden, läßt sich noch öfter feststellen.

Das westeuphratische Syrien war nun, um die Mitte des 15. Jhs. v. Chr., zwischen Mittani und Ägypten aufgeteilt. Die dominierenden Mächte organisierten ihre syrischen Territorien jeweils in der Form, die ihnen als besonders bewährt erschien und zugleich ihren eigenen Möglichkeiten zur Kontrolle entsprach: Während Mittani seine Oberherrschaft im wesentlichen durch die Eidesleistung der lokalen Fürsten, Abgaben sowie die Benennung zuständiger Beamter etablierte, also das Prinzip „Herrschaft durch Subordination" anwandte, hat das Neue Reich Ägyptens die eroberten Gebiete Südsyriens und Palästinas enger dem Pharao verbunden und in das Reich integriert – etwa in der gleichen Weise, wie es mit dem Niltal selbst geschehen war.[42] Die ägyptisch-mittanische „Grenze" in Syrien verlief fortan nahe der sogenannten Senke von Homs in Mittelsyrien, in einem Gebiet, dem auch in der Folgezeit für das hethitisch-ägyptische Verhältnis eine besondere Bedeutung zukam. Dabei darf jedoch nicht von genau markierten und stabilen Grenzlinien ausgegangen werden. Die Abgrenzung der Herrschaftsgebiete folgte vielmehr jeweils der konkreten politischen Situation, wie sie durch Unterwerfung oder Abfall der territorialen Autoritäten bestimmt wurde. Das im zentralen Syrien gelegene, an die Küste grenzende Land Amurru war dabei nicht in den pharaonischen Bereich einbezogen und verschaffte damit der Orontes-Stadt Qadesch die Rolle eines ägyptischen Grenzpostens – jener Stadt, die vor allem durch die hethitisch-ägyptische Auseinandersetzung in die Geschichte eingegangen ist, in der später die Heere des Ramses II. und des hethitischen Großkönigs Muwattalli II. aufeinandertrafen.

Stand das obermesopotamisch-nordsyrische Königreich von Mittani somit auf dem Höhepunkt seiner Macht, hatte der anatolische Hethiterstaat dagegen eine Periode innerdynastischer Auseinandersetzungen zu durchleben. Diese Kämpfe innerhalb der großköniglichen Sippe ließen es offenbar nicht zu, südlich des Taurus militärische Unternehmungen durchzuführen. Das von Hattuscha aus regierte Königreich vermochte erst allmählich wieder Kräfte zu sammeln und sich im anatolischen Raum zu stabilisieren. Zudem hatte sich im südwestlichen Taurus-Gebiet ein Königreich entwickelt, das in den hethitischen Quellen als Kizzuwatna bezeichnet wird. Zunächst vertraglich mit den Hethitern verbunden, wurde es schließlich von diesen unterworfen. Damit erhielten um die Mitte des 14. Jhs. v. Chr. die Hethiter auch wieder direkten Zugang nach Syrien, das unter mittanischer Oberherrschaft stand. Und zugleich gewann damit Ägypten fortan eine ganz besondere Bedeutung für die hethitische „Außenpolitik".[43]

Hethiter und Ägypter als Nachbarn in Syrien

Schuppiluliuma, den wir als Vorfahren des gleichnamigen letzten hethitischen Großkönigs als „den Ersten" bezeichnen, hatte sich, wie in einem späteren Bericht seines Sohnes Murschili über die „Mannestaten" des Vaters nachzulesen ist, bereits als Kronprinz durch militärische Taten in Anatolien hervorgetan.[44] Als er auf diese Weise seinen Rücken für einige Zeit sicher wußte, konnte er es wagen, in das nördliche Syrien vorzustoßen und mit dem König von Mittani um Syrien zu kämpfen. Dafür gibt es neben der keilschriftlichen Überlieferung aus Hattuscha selbst auch ein wichtiges Zeugnis aus Ägypten –

Abb. 21   Tontafel-Brief aus el-Amarna in Mittelägypten. Absender dieses Schreibens, das in der damals üblichen „internationalen" Verkehrssprache Babylonisch verfaßt wurde, ist der Fürst des mittelsyrischen Amurru, Aziru/Azira.

Abb. 21   die in den Ruinen der mittelägyptischen Residenzstadt Achet-Aton, heute Tell el-Amarna, entdeckten Keilschrift-Briefe. Sie sind in hethitischer, hurritisch-mittanischer und assyrischer Sprache verfaßt, vor allem aber in Babylonisch, das zu dieser Zeit auch im syrisch-palästinischen Raum als Mittel überregionaler Kommunikation verwendet wurde. Schriftträger sind Tafeln aus Ton, die im trockenen Klima des mittleren Niltales die Jahrtausende zu überdauern vermochten, bis sie im Jahre 1887 durch einen Zufall entdeckt wurden. Es handelt sich dabei vorwiegend um die Korrespondenz vorderasiatischer Könige sowie syrischer und palästinischer Fürsten, die an die Pharaonen Amenophis III. (1388–1351 v. Chr.), Amenophis IV./Echnaton (1351–1334 v. Chr.) und wohl noch Tutanchaton (dann: Tutanchamon, 1333–1323 v. Chr.) gesandt wurden. Zweifellos hat es auch in der mittanischen Hauptstadt Waschu(k)kanni Tontafelarchive gegeben, doch harren diese noch ihrer Entdeckung. Man hat diese Mittani-Hauptstadt an der Stelle des heutigen Tell Fecherije im Quellgebiet des Habur-Flusses vermutet, doch lieferten die bisherigen Untersuchungen weder eine sichere Bestätigung für diese Identifikation noch konnten gar Tontafelarchive entdeckt werden.

Abb. 22

Die verfügbaren schriftlichen Zeugnisse, vor allem aber die im mittelägyptischen Amarna entdeckten Keilschrift-Briefe zeigen jedenfalls deutlich, in welch schwieriger Situation sich die syrischen Fürsten zu dieser Zeit befanden.[45] Das traf vor allem auf jene zu, deren Herrschaftsgebiet im zentralen Syrien lag, also im Grenzbereich zwischen den Mächten. Sie schwankten – je nach der militärischen Situation – zwischen einer Loyalität gegenüber Ägypten oder Mittani. Nunmehr wurden sie mit dem Vorrücken der hethitischen Truppen nach Syrien konfrontiert, was auch zu neuen politischen Orientierungen der syrischen Fürsten führte. Vor allem Aziru, der das Amurru ge-

Abb. 22 Der Ruinenhügel (Tell) Fecherije im Quellbereich des Habur-Flusses (Obermesopotamien). An dieser Stelle wird die Hauptstadt des Mittani-Staates, Waschuk(k)anni, vermutet. Die Belegung durch einen islamisch-arabischen Friedhof erlaubte bisher jedoch keine eingehendere archäologische Erforschung.

nannte Gebiet an der mittelsyrischen Küste regierte, zeigt sich in seinen nach Ägypten gesandten Briefen als ein wahrer „Diener zweier Herren", der versuchte, zwischen den Großmächten zu lavieren – zumindest so lange, bis der Kampf der Mächte endgültig entschieden war.[46] Amurru war bis dahin weder mittanisches noch ägyptisches Territorium geworden; jetzt hatte sich die Situation jedoch gründlich geändert.[47] Der hethitische Großkönig Schuppiluliuma I. eroberte nunmehr den ehemals mittanischen Bereich Syriens und unternahm dabei sogar einen Vorstoß auf ägyptisches Territorium, d. h. in das Land Amka, das am Oberlauf des Orontes in der Ebene zwischen Libanon und Antilibanon lag und zur ägyptischen Nordprovinz Kana'an gehörte. Dieser Übergriff ist später selbst vom Hethiterkönig Murschili II., einem Sohne des Schuppiluliuma, als eindeutiger Rechtsbruch seines Vaters betrachtet worden, der sogar die Götter erzürnt haben soll, die daraufhin eine schreckliche Seuche entstehen ließen. Der Pharao, wohl Tutanchamon, protestierte zwar gegen die hethitische Attacke; sein früher Tod und interne Auseinandersetzungen um die Macht in Ägypten ließen es aber offenbar nicht mehr zu ägyptischen Gegenmaßnahmen kommen. Für den Fürsten von Amurru, Aziru, war die Machtsituation nun jedenfalls eindeutig, und so schloß er mit Schuppiluliuma einen Vertrag der Unterwerfung, von dem sowohl die babylonische als auch die hethitische Fassung überliefert sind. Die „historische" Einleitung des Vertrages stellt die Situation freilich bereits ganz aus hethitischer Sicht dar, d. h. im Sinne des neuen Oberherrn.[48] Die am Orontes gelegene Stadt Qadesch blieb zwar weiterhin der wichtigste Stützpunkt Ägyptens an der Nordgrenze – nunmehr aber gegenüber den Hethitern.

Der ägyptisch-hethitische Friedens- und Bündnisvertrag zwischen Ramses II. und Hattuschili III. erwähnt später zwei ältere Abkommen zwischen Ägypten und Hatti, eines davon wohl schon aus der Zeit vor Schuppiluliuma. Vielleicht stand es in einer Verbindung mit der Umsiedlung von Ägyptern aus dem nordanatolischen Kuruschtama auf ägyptisches Territorium in Syrien? Zur Einsichtnahme mußte sich der Hethiterkönig die entsprechende Tafel jedenfalls erst aus dem Archiv kommen lassen – doch darauf soll später noch einmal zurückgekommen werden. Es scheint jedenfalls sicher, daß es hethitisch-ägyptische Kontakte bereits vor der Zeit gegeben hat, in der beide Mächte in Syrien zu unmittelbaren Nachbarn wurden.

Nachdem die Hethiter im Kampf gegen Mittani das begehrte Syrien bis in die Gegend des heutigen Homs erobert hatten, wurden sie vor die Aufgabe gestellt, diese neuen Territorien in ihr Herrschaftssystem einzugliedern. Entsprechend ihren eigenen Erfahrungen und Möglichkeiten organisierten sie nun die Verwaltung in einer Weise, die sich von der ägyptischen im südlichen Syrien und in Palästina wesentlich unterschied.[49] Die ägyptischen Pharaonen behandelten die unterworfenen „Asiaten" etwa so, wie sie es seit vielen Jahren mit den lokalen Chefs des Niltales getan hatten. Es gab keine wechselseitige Treueverpflichtung, sondern die Unterordnung dieser Autoritäten wurde durch Eidesleistung vollzogen. Dabei blieben die einzelnen Verwaltungseinheiten im wesentlichen in ihren bisherigen Grenzen bestehen. Die Treuepflicht wurde gelegentlich mit einer Überstellung von Familienangehörigen zur Ausbildung verbunden, die damit praktisch als Geiseln dienten. Die Chefs mußten regelmäßig Bericht erstatten, Steuern einziehen und an die pharaonische Verwaltung abführen sowie auch bestimmte Arbeitsleistungen für den Staat erbringen. Einige Territorien und Güter unterstanden der direkten Kontrolle des Pharao, der – ebenso wie Angehörige seiner Familie – auch Ländereien besitzen und bewirtschaften lassen konnte. Kommunikationsprobleme gab es dabei kaum: Die in Küstennähe verlaufenden Straßen waren gut ausgebaut und durch feste Stationen gesichert, und der Verkehr wurde nicht durch ein schwieriges geographisches Relief behindert. An strategisch wichtigen Plätzen wurden Garnisonen stationiert, und in Orten wie Gaza, Sumura (heute Tell Kazel in der Küstenebene zwischen Libanon und Dschebel Anserije) sowie Kumidi (heute Kamid el-Loz am Litani zwischen Libanon und Hermon) wurde die Autorität des Pharao durch 'Kommissare' vertreten. Königsboten informierten und kontrollierten die lokalen Instanzen und erstatteten dem König entsprechend Bericht.

Die Hethiter befanden sich in Syrien in einer ganz unterschiedlichen Situation. Sie wurden mit einem geographisch anders als Anatolien strukturierten, ökonomisch wie politisch unterschiedlich orientierten Bereich konfrontiert, der zudem vor allem im Winter von Anatolien durch hohe und verschneite Gebirge abgesondert war. Um dieses Gebiet unter Kontrolle zu halten, wurde nun ein System weiterentwickelt, das bereits im geographisch ebenfalls komplizierter gegliederten Anatolien angewendet worden war und den Möglichkeiten hethitischer Verwaltung entsprach: Es wurden Verträge einer Unterordnung – in der Forschung oft auch als „Vasallenverträge" bezeichnet – mit den lokalen Fürsten abgeschlossen, die auf dem persönlichen Treueschwur des jeweiligen Fürsten basierten und diesem Verpflichtungen hinsichtlich Heeresfolge und Tributen auferlegten.[50] Ihre Oberhoheit über lokale Könige machte die hethitischen Herrscher nunmehr zu Großkönigen. Die Kontrolle dieses Herrschaftssystems lag mehr und mehr in den Händen des Königs von Karkamisch; Schuppiluliuma hatte hier einen seiner Söhne als König eingesetzt und mit besonderem Rang und Vollmachten – etwa der Gegensiegelung von Abmachungen mit syrischen Fürsten – ausgestattet.[51] Dieses System ist dann im wesentlichen bis zum Zusammenbruch des hethitischen Staates in Anatolien beibehalten worden.

DER ERSTE VERSUCH EINER DYNASTISCHEN VERBINDUNG

Schuppiluliuma I. hatte bei seinen militärischen Unternehmungen in Syrien alle nordsyrischen Fürsten unterworfen und schließlich auch die Stadt Karkamisch – als letzte mittanische Bastion im westeuphratischen Syrien – nach längerer Belagerung erobert. Dieser Anschluß syrischer Territorien bis etwa in die Gegend des heutigen Homs wird in den Keilschriftbriefen reflektiert, die im mittelägyptischen el-Amarna durch Zufall entdeckt wurden.[52] Wie es

Abb. 23   Pharao Tutanchamon und Königin Anches-en-Amon, in vertrautem Beieinander auf einem goldenen Schrein dargestellt, der im Grab des Tutanchamon gefunden wurde. Ob es Anches-en-Amon war, die das Angebot einer dynastischen Verbindung mit einem Sohn des Hethiterkönigs Schuppiluliuma sandte, ist allerdings noch nicht gesichert.

scheint, ist diese offenbar gut befestigte Stadt am Euphrat von einem mittanischen Kommandanten befehligt worden; über einen lokalen Fürsten wissen jedenfalls die schriftlichen Quellen bislang nichts zu berichten. Damit war Mittani als Mitbewerber um die Herrschaft in Syrien ausgeschieden und zugleich auch nicht mehr ein Nachbar Ägyptens. An seine Stelle war nun Hatti getreten, und in Ägypten trug man diesem Faktum offenbar Rechnung.

Noch während der Belagerung von Karkamisch, d. h. noch vor dem Ende der für die Hethiter im Herbst endenden Kampfsaison, empfing der hethitische Großkönig ein Schreiben der ägyptischen Königinwitwe, dessen Wortlaut später vom Sohne Schuppiluliumas, Murschili II., überliefert wurde. Wie Murschili II. schreibt, war es sowohl von der Angst nach dem hethitischen *Abb. 23*   Angriff auf das von Ägypten kontrollierte Land Amka als auch dem frühen

Tode des Pharaoh Nipchururia (*Nb-ḫprw-rʾ*, wohl Tutanchamon) geprägt. Vielleicht hatte Schuppiluliuma zuvor bereits ein Beileidsschreiben an die Witwe des Pharao, vielleicht Königin Anches-en-Amon, gesandt? Jedenfalls ist aus Hattuscha das Fragment eines in babylonischer Sprache – der Sprache der Diplomatie zwischen den Fürsten dieser Zeit – verfaßten Briefes überliefert, das zunächst auf den Tod des Ehegatten und das Fehlen eines Sohnes verweist und dann fortfährt:" Siehe, ich bin im Zustand der Familienlosigkeit! Sende einen Sohn von dir, und die zwei großen Länder werden zu einem Lande werden, und du wirst mir deine Geschenke bringen lassen, und ich werde mich über sie freuen; und ich werde dir ebenso meine Geschenke bringen lassen, und du wirst dich über sie freuen!"[53] Da im folgenden dann die Mission des hethitischen Würdenträgers Hattuscha-ziti erwähnt wird, muß es sich um den zweiten Brief der ägyptischen Königinwitwe handeln, denn Schuppiluliumas Sohn Murschili II. hat später über dieses Ereignis in den „Taten des Schuppiluliuma" berichtet, wobei zunächst das erste Schreiben aus Ägypten zitiert wird – natürlich aus dem Babylonischen übersetzt und daher gewiß in einer etwas freieren Wiedergabe: „Mein Ehemann ist verstorben, einen Sohn habe ich nicht. Aber du, so sagt man, hast viele Söhne. Wenn du mir einen deiner Söhne geben würdest, würde er mein Gemahl werden. Niemals werde ich einen meiner Diener wählen und ihn zu meinem Ehemann machen – keinesfalls!" Der Text fährt dann fort: „Als mein Vater das hörte, rief er die Großen zum Rat zusammen (und sprach): Solch eine Sache ist mir in meinem ganzen Leben noch nicht vorgekommen!"

Schuppiluliuma, der die Ernsthaftigkeit dieses Angebots bezweifelte, vielleicht sogar eine Intrige darin sah – immerhin hatten die Hethiter mit ihrem Angriff auf das Land Amka Hoheitsgebiet Ägyptens verletzt – entsandte seinen Kammerherrn Hattuscha-ziti nach Ägypten mit dem Auftrag: „Gehe und bringe mir das wahre Wort zurück!" Sein Mißtrauen ist umso mehr verständlich, als noch zur sog. Amarna-Zeit die Pharaonen Ägyptens als Partner einer dynastischen Verbindung so begehrt waren, daß ein babylonischer König sogar damit zufrieden gewesen wäre, auch nur irgendeine schöne Ägypterin als Gemahlin zu bekommen, die er dann als Tochter des Pharao ausgeben könnte, denn: „Wer würde sagen, sie sei keine Königstochter?"[54] Während der Abgesandte des Großkönigs nach Ägypten reiste, setzte Schuppiluliuma die Belagerung von Karkamisch fort und nahm die Stadt schließlich ein. Damit war endgültig das gesamte westeuphratische Nordsyrien unter seiner Kontrolle. Der Großkönig kehrte dann nach Anatolien zurück und verbrachte dort den Winter. Das entsprach durchaus den Gepflogenheiten der hethitischen Herrscher. In ihren Texten, die sich auf militärische Unternehmungen außerhalb Anatoliens beziehen, findet sich des öfteren die Aussage: „das Jahr ist mir zu kurz geworden" – was soviel heißt, daß die eigentliche Kampfsaison vorüber war. Es empfahl sich dann, wegen des zu erwartenden Wintereinbruchs im zentralen anatolischen Hochland und der damit verbundenen Schwierigkeit, verschneite Gebirgspässe zu überwinden, wieder in die Residenz zurückzukehren. Ohnehin war in diesen Monaten einer Reihe von kultischen Verpflichtungen nachzukommen, die zum Wohle des Staatswesens notwendig erschienen.

Es geschah also dann erst im folgenden Jahr, daß der Abgesandte Schuppiluliumas aus dem fernen Ägypten zurückkehrte: „Aber als es Frühling wurde, kehrte Hattuscha-ziti aus Ägypten zurück. Mit ihm kam Hani, der Abgesandte Ägyptens. Da mein Vater, als er Hattuscha-ziti nach Ägypten entsandte, ihm gegenüber den Verdacht geäußert hatte: Vielleicht haben sie in Wirklichkeit einen Sohn des Pharao? Vielleicht täuschen sie mich und wollen gar nicht meinen Sohn zum König?", schrieb die Königin von Ägypten einen Brief folgenden Inhalts: „Warum hast du in dieser Weise „sie täuschen mich"gesagt? Hätte ich einen Sohn, hätte ich dann – zu meiner eigenen und meines Landes Schande – an ein Fremdland geschrieben? Du hast mir nicht geglaubt und sogar auf diese Weise zu mir gesprochen! Der, der mein Gemahl war, ist (wahrhaftig) verstorben. Einen Sohn habe ich nicht. Niemals werde ich einen meiner Diener nehmen und ihn zu meinem Gatten machen! Und ich habe an kein anderes Land geschrieben, sondern nur dir habe ich geschrieben! Man sagt, daß du viele Söhne hast – so gib mir einen davon! Für mich wird er der Gemahl sein, aber in Ägypten König!"[55] Der Text des Murschili, der in Kenntnis der originalen Schreiben verfaßt worden sein dürfte, berichtet dann weiter: „Da mein Vater (d.i. Schuppiluliuma) freundlich gesonnen war, nahm er sich des Wunsches der Dame an und befaßte sich mit der Angelegenheit eines Sohnes."

Hani bemühte sich natürlich, diese Bedenken des hethitischen Großkönigs zu entkräften: „O mein Herr! Das ist wahrhaftig unseres Landes Schande! Wenn wir einen Königssohn hätten, wären wir dann in ein fremdes Land gekommen, um wegen eines Herrn für uns zu fragen? Nipchururia, der unser Herr war, verstarb. Einen Sohn aber hat er wirklich nicht. Die Gattin unseres Herrn ist tatsächlich alleinstehend! Wir suchen nach einem Sohn unseres Herrn (Schuppiluliuma) für die Königsherrschaft in Ägypten, und für die Frau, unsere Herrin, suchen wir ihn als ihren Ehemann! Und wir sind (in dieser Angelegenheit) in kein anderes Land gegangen – nur hierher kamen wir! Nun, unser Herr, gib uns einen deiner Söhne!"

Der hethitische Großkönig ließ daraufhin in den Archiven von Hattuscha nach Dokumenten betreffend die früheren Verbindungen zu Ägypten suchen; dabei wurde ihm eine Tontafel über ein Abkommen gebracht, das Hethiter und Ägypter miteinander getroffen hatten und aus dem hervorging, daß sie fortan friedlich miteinander gewesen seien. Nachdem man die Tafel vor ihm laut verlesen hatte, wandte sich Schuppiluliuma an die Abgesandten Ägyptens und sagte: „Seit altersher waren Hattuscha und Ägypten (also) friedlich miteinander, und nun ist das wiederum so zwischen uns. So werden das Land Hatti und das Land Ägypten (auch künftig) stets friedlich miteinander sein!"[56]

Für Schuppiluliuma mag es vielleicht etwas peinlich gewesen sein, daß sein Mißtrauen in die Botschaft, die ihm eigentlich zu viel der Ehre schien, in Ägypten offenkundig geworden war. Daß er mehrere Söhne besaß, darüber waren die Ägypter richtig informiert. Zwei von ihnen waren bereits erwachsen und in der Lage, wichtige Ämter im eroberten Syrien zu übernehmen: Pijaschili, der auch den hurritischen Namen Scharri-Kuschuch trug, wurde König von Karkamisch und verwaltete fortan im Auftrage seines Vaters den syrischen Reichsteil. Ein anderer, Telipinu, der eine Ausbildung als Priester des Wettergottes erhalten hatte, wurde mit königlichen Vollmachten Priester des berühmten, auch in Hatti verehrten Wettergottes der Stadt Halab (Aleppo). Denn Halab war schon im 3. Jt. v. Chr. ein bedeutendes Zentrum des Wettergott-Kultes gewesen, und es war dies später auch noch im 1. Jt. v. Chr., als in dem – jetzt durch deutsche Ausgrabungen auf dem Festungshügel von Aleppo wiederentdeckten – Heiligtum sogar ein Herrscher Assyriens diesem Gott huldigte.[57] Ein weiterer, offenbar jüngerer Sohn, der in der Überlieferung Zannanza genannt wird, wurde nun als künftiger Gemahl der ägyptischen Königin auf den weiten Weg in das mittelägyptische Niltal gesandt, um dort Pharao zu werden. Für Ägypten zweifellos eine ganz ungewöhnliche Situation, jedoch nicht aber für Hatti, das sich nunmehr mit dem angesehenen Pharaonenstaat auf eine Stufe stellen konnte. Die geplante dynastische Verbindung stärkte zweifellos die Position des Schuppiluliuma nicht nur gegenüber den Königen Assyriens und Babyloniens, sondern auch den „Großen" des Hethiterstaates.

Doch diese Mission, die eine persönliche Bindung zwischen den Königshäusern in Hatti und Ägypten herstellen sollte, scheiterte und endete offenbar mit dem Tod, vielleicht sogar der Ermordung des hethitischen Prinzen in Ägypten. Denn in den hethitischen Staatsarchiven von Hattuscha wurden Fragmente einer Tontafel entdeckt, deren Text zwar nicht vollständig erhalten ist, aber inhaltlich zweifellos auf diese Affäre bezogen werden kann.[58] Da der Text in der hethitischen Residenzstadt gefunden wurde, handelte es sich wohl – wie oft bei einer „internationalen" Korrespondenz – um eine in Hattuscha verbliebene Kopie. In welcher Weise der vielleicht etwas diplomatischere babylonische Text formuliert worden war, der dem Pharao zugestellt wurde – falls es überhaupt dazu kam – ist nicht bekannt. Der Name des Adressaten ist nicht erhalten, doch dürfte es sich bei ihm wohl um Pharao Eje (Aja, 1333–1319 v. Chr.) handeln, einen früheren General und Verwandten des ägyptischen Königshauses. Ihm wird vorgeworfen, er hätte doch bei seiner Thronbesteigung als Nachfolger des verstorbenen Tutanchamon den hethitischen Prinzen zurückschicken können, und es wird vom Absender sogar vermutet, daß dieser selbst am Mord mitschuldig sei: „Was habt ihr mit meinem Sohn gemacht?…. Ihr habt ihn vielleicht ermordet!" Der Pharao wird dabei mit dem (Horus)-Falken verglichen, mit dem er als Gott ja auch in der ägyptischen Tradition gleichgesetzt wurde[59], der ein einziges Kücken – und damit könnte nur der noch junge hethitische Prinz gemeint sein – getötet habe. Das war auch die Sicht des Schuppiluliuma-Sohnes Murschili II., der in seinen „Pest-Gebeten" später schrieb: „Wie die Ägypter in Furcht gerieten, kamen sie und erbaten von meinem Vater wiederholt" – gemeint ist wohl die erwähnte zweimalige Mission – „einen seiner Söhne zur Königsherrschaft. Und als ihnen mein Vater einen seiner Söhne gab, da brachten sie diesen, als man ihn (nach Ägypten) hinführte, ums Leben".[60] Das heißt, er könnte von einer Gegenpartei sogar noch vor seiner Ankunft in Ägypten getötet worden sein. Vielleicht geben neue Textfunde einmal genauere Aufklärung über diese Affäre, die das Verhältnis beider Staaten zueinander für längere Zeit belastete.

Um den politischen Hintergrund dieses Briefes zu verstehen, wäre ein gesichertes Wissen um die Chronologie der sog. Amarna-Zeit notwendig. Die hethitische Geschichte kann dabei wenig helfen, da wir bislang über keine genaueren Regierungsdaten der entsprechenden hethitischen Großkönige verfügen. Doch auch in der ägyptologischen Forschung herrscht noch keine Übereinstimmung hinsichtlich der politischen Entwicklung im Niltal während dieser Jahre, und es ist kürzlich angenommen worden, daß der hethitische Prinz als Gemahl der Meritaton, Tochter des Amenophis IV./Echnaton, für einige Zeit sogar den Pharaonenthron innehatte.[61] Aber wäre er dann noch das „Kücken" gewesen? Oder starb der hethitische Prinz etwa an der epidemischen Krankheit, die damals im westlichen Vorderasien – von Hatti bis Ägypten – zahlreiche Opfer forderte, selbst in den Fürstenhäusern? Die politische Situation während der Restitution der alten Amon-Religion in Ägypten, die auch zur Zerstörung von Inschriften der Nofretete sowie ihrer Tochter Meritaton führte, wirft immer noch Fragen auf. Hier wird der Meinung der Vorzug gegeben, daß es die Gemahlin des jung verstorbenen Pharao Tutanchamon war, die den Brief mit dem Ersuchen, einen hethitischen Prinzen als ihren Gemahl zu entsenden, schreiben ließ.

DIE GROSSE EPIDEMIE UND IHRE FOLGEN

Die politischen Ereignisse im Ägypten der Amarna-Zeit hätten vielleicht dazu beitragen können, den Hethitern ein erneutes Eingreifen im mittleren Syrien zu erleichtern und den ägyptischen Einfluß dort weiter zurückzudrängen. Das Ende der Regierung des Großkönigs Schuppiluliuma war jedoch bereits geprägt von der Ausbreitung einer Seuche, die selbst die Fürstenhäuser nicht verschonte. Solche Epidemien – in der babylonischen Sprache durch eine Pluralform von „Tod" bezeichnet – haben im 2. Jt. v. Chr. mehrfach den Vorderen Orient heimgesucht, auch in der jüngeren Bronzezeit. In der ägyptischen Tradition wird sogar von „Seuchen des Jahres" gesprochen, die mit dem Nil-Hochwasser zusammenhingen. Kadaver ertrunkener Tiere sowie die in die höhergelegenen Wohnviertel flüchtenden Ratten könnten mit dazu beigetragen haben, die Seuche zu verbreiten und auch auf den Menschen zu übertragen.[62] Keilschrifttexte aus Hattuscha, aus der nordsyrischen Hafenstadt Ugarit und dem mittelägyptischen Amarna, aber auch ägyptische Papyri verweisen ebenfalls auf die schrecklichen Folgen dieser epidemischen Krankheit.[63] Wirtschaftliche Kontakte, aber auch politische Beziehungen oder militärische Aktivitäten konnten davon betroffen werden. Man rief daher die Götter an, rezitierte Beschwörungen oder versuchte, die von der Epidemie heimgesuch-

ten Ortschaften zu verlassen – letzteres etwa ist durch einen in Ugarit entdeckten Brief bezeugt, der aus Tyros oder seiner Umgebung abgeschickt
wurde und darauf verweist, daß man einer in dieser Küstenstadt grassieren-
den Seuche dadurch zu entkommen suchte, indem man sich auf das „Kap von
Tyros" begab, wo das Klima offenbar günstiger und die Ansteckungsgefahr
geringer waren.[64]

In ägyptischen Papyri, die meist als solche medizinischer Art bezeichnet
werden, aber eigentlich Beschwörungen mit begleitenden heilenden Anwen-
dungen sind, erscheint diese Krankheit ab dem 16. Jh. v. Chr. als eine Seuche
der Bewohner des kana'anäischen Syrien, verbreitet vor allem im Küstenbereich und seinem Hinterland.[65] Etwa aus der Mitte des 14. Jhs. v. Chr., also der
Zeit der militärischen Begegnung der Hethiter und Ägypter im mittleren Syrien, stammt ein – jetzt in London aufbewahrter – medizinischer Papyrus,
dessen Beschwörung ursprünglich in der „Sprache der Keftiu (*Kftyw*)", d. h.
der minoischen Bevölkerung Kretas und des östlichen Mittelmeergebietes, abgefaßt war. Die angerufenen Gottheiten weisen dann auch deutlich auf den
vorderasiatischen Raum. Die Epidemie wurde demnach als ein außerägypti-
sches, eher syrisches Problem betrachtet, das von dort sowohl nach Anatolien –
den hethitischen „Pestgebeten" zufolge von ägyptischen Kriegsgefangenen –
als auch nach Ägypten eingeschleppt wurde. In der ägyptischen Tradition
werden auch die Symptome dieser ansteckenden Krankheit beschrieben, etwa
schwarze Flecken auf der Haut, „wie von Holzkohle", sowie eine rötliche Färbung des Urins. Es könnte sich demnach wohl um eine Art „Beulenpest" gehandelt haben?

In den sog. Pest-Gebeten des Murschili II., Nachfolger seines Vaters Schuppiluliuma I. und seines älteren Bruders Arnuwanda II., die beide Opfer dieser
Epidemie geworden waren, heißt es, „... das Land Hatti wurde von der Pest
überaus heftig bedrückt. Und daß es zur Zeit meines Vaters und meines Bruders dahinstarb, und daß es, seit ich der Götter Priester wurde, jetzt auch vor
mir dahinstirbt, das ist nun das zwanzigste Jahr".[66] Murschili, der wegen der
noch zu seiner Herrschaftszeit andauernden Epidemie deutlich zu machen
suchte, daß er den Zorn der Götter, die die Krankheit sandten, nicht durch ein
Fehlverhalten seinerseits verursachte, verweist in einem anderen Gebet[67] darauf, daß er mit der Angelegenheit des ermordeten hethitischen Prinzen nichts
zu tun gehabt habe; denn er sei damals noch sehr jung gewesen: „Der König
des Landes Ägypten starb in jenen Tagen. Da ich aber noch ein Kind war,
wußte ich nicht, ob der König des Landes Ägypten meinem Vater gegenüber
wegen dieser Länder (d. h. vor allem wegen des Angriffs auf das ägyptische
Amka) Einspruch erhob oder ob er nichts dergleichen tat. Weil die Gattin des
Königs des Landes Ägypten aber nun Witwe war, schrieb sie meinem Vater....Ich aber ließ mich nicht sehen".[68]

Diese Seuche hat große Opfer unter der Bevölkerung des ostmediterranen
Raumes gefordert und dabei auch die Höfe nicht verschont: Großkönig
Schuppiluliuma I. soll, wie schon erwähnt wurde, ebenso wie sein Sohn und
kurzzeitiger Nachfolger Arnuwanda II. der Epidemie zum Opfer gefallen

sein, und es wird auch angenommen, daß der frühzeitige Tod der Pharaonen Semenchkare und Tutanchamon auf sie zurückzuführen sein könnte. Zählte vielleicht auch der hethitische Prinz, der von Schuppiluliuma nach Ägypten gesandt wurde, zu ihren Opfern? Er mußte ja auch noch das von der Seuche geplagte Syrien und Palästina durchqueren, um in das ebenfalls von der Krankheit heimgesuchte Niltal zu gelangen. Selbst das strengen Reinheitsgeboten unterworfene kultische Personal hatte dort viele Tote zu beklagen, und es ist sogar vermutet worden, daß die Verlegung der pharaonischen Residenz von Theben nach Achetaton (Amarna) nicht nur aus religiösen Gründen, sondern auch als eine Art „Gesundheitsvorsorge" vorgenommen wurde. So darf wohl auch angenommen werden, daß diese Seuche das Ausmaß der Krankheiten, wie sie im ägyptischen Niltal zur Zeit des jährlichen Hochwassers auftraten, weit überstieg und sogar die Kontakte zwischen den betroffenen Regionen im östlichen Mittelmeergebiet – aus Furcht vor Ansteckung – zeitweilig einschränkte und auch militärische Operationen nicht angeraten sein ließ.

Murschili II., der nach dem frühen Tod seines älteren Bruders Arnuwanda um etwa 1320 v. Chr. den hethitischen Königsthron bestiegen hatte, versucht später in seinen sog. „Pestgebeten", mögliche Ursachen für diese Strafe der Götter zu benennen. Denn waren diese durch entsprechende Praktiken erst einmal in Erfahrung gebracht worden, gab es – nach damaliger Vorstellung – auch Rituale, sie zu mildern oder gar zu beenden. Dabei vermutete Murschili in der Seuche auch eine Strafe der Götter für den Vertragsbruch gegenüber Ägypten, den die Hethiter durch den Angriff auf das mittelsyrische Land Amka begangen hätten, das zum ägyptischen Herrschaftsbereich gehörte. Aber Ägypten galt seit der Ermordung bzw. dem ungewissen Schicksal des hethitischen Prinzen offiziell immer noch als Feind der Hethiter, wie auch aus dem Vertrag hervorgeht, den Murschili II. mit dem Fürsten Duppi-Teschub von Amurru schloß: „Dein (d. h. Duppi-Teschubs) Vater brachte Tribut nach Ägypten; du selbst aber sollst ihn nicht nach Ägypten bringen, denn Ägypten ist ein Feind…. Solange der König von Ägypten ein Feind Meiner Majestät ist und du heimlich deinen Boten (zu ihm) sendest, oder wenn du ein Feind des Königs von Hatti wirst, die Hand des Königs von Hatti ausschlägst und (ein Mann) des Königs von Ägypten wirst, dann überschreitest du, Duppi-Teschub, den Eid."[69] Der Vertrag Murschilis II. mit dem König Niqmepa von Ugarit sah sogar ausdrücklich ein eventuelles Bündnis gegen Ägypten vor, wobei man in Hattuscha gewiß auch damit rechnete, daß die ugaritische Flotte in diesem Falle für Transporte zur Verfügung gestellt würde.[70]

Die ägyptisch-hethitische Konfrontation
in Syrien

Der Tod des Schuppululiuma I. und seines nur kurz regierenden Nachfolgers Arnuwanda II., Aufstände im nördlichen Syrien gegen die hethitische Oberherrschaft sowie die Übernahme der Großkönigswürde durch den noch jungen Murschili II., einen jüngeren Sohn des Schuppululiuma, haben den ägyptischen General und späteren Pharaoh Haremhab (1319–1292 v. Chr.) bei Vorstößen in das mittlere Syrien und in das Grenzgebiet des hethitischen Bereiches zweifellos begünstigt. Haremhab war nicht ein Angehöriger der Königsfamilie, sondern entstammte der Beamtenschaft und kam vielleicht durch einen Staatsstreich auf den Thron; er heiratete dann offenbar die Tochter seines Vorgängers Aja/Eje.[71] In seinem Grab[72] wird dargestellt, wie syrische Fürsten ihren Tribut dem Pharao überreichen; als solcher wurden jedenfalls die Gaben verstanden, die eine syrische Gesandtschaft dem Pharao überbrachte. Ihre Mitglieder sind in einer Inschrift Haremhabs abfällig als „Hungerleider" und „wie das Wild in der Wüste lebend" bezeichnet worden.[73] In der Tat vermeldet eine der Inschriften Haremhabs einen Feldzug von der Küstenstadt Gubla, wo die Ägypter auch ihre Truppen anlanden konnten, bis in das „Land Karkamisch".[74] Damit war allerdings nicht gemeint, daß ägyptische Truppen – in der Tradition der frühen 18. Dynastie – bis zum Euphrat vorgestoßen wären. Vielmehr handelte es sich um den Verwaltungsbereich des hethitischen, dem großköniglichen Hause zugehörenden Vizekönigs, der in Karkamisch seine Residenz hatte.[75] Dieses Gebiet begann bereits unweit des ägyptischen Qadesch.

Die Ägypter hatten also wieder militärische Präsenz im Grenzland zum hethitischen Großreich gezeigt. Als Haremhab verstarb,[76] wohl ohne über einen regierungsfähigen Sohn zu verfügen, hinterließ er den Thron einem „alten Kameraden seiner militärischen Laufbahn".[77] Dieser stammte aus einer Soldatenfamilie des Ostdeltas, wohl der Gegend des heutigen el-Qantir. Sein Name war Peramessu und wurde dann, nach der Thronbesteigung, in Ramessu verändert. Dieser Ramses (I.) ist zum Begründer einer neuen, der 19. Dynastie, geworden. Er war zur Zeit seiner Thronbesteigung allerdings bereits in höherem Alter und regierte wohl nicht länger als zwei Jahre (1292–1290 v. Chr.).[78] Aus seiner Ehe mit der Tochter eines anderen Soldaten stammte sein Sohn Sethos (eigentlich Sutaja), der nach ihm auf den Pharaonenthron gelangte.

Abb. 24 Pharao Sethos I., der Vater des Ramses II., läßt im Libanon Holz für die Barke des Gottes Amon sowie die Fahnenstangen des Amon-Tempels fällen. Die »Tannen« werden entästet und abgesägt, während syrische »Große« dem (auf dem Ausschnitt nicht mehr sichtbaren) Abgesandten des Pharao huldigen.

Sethos I. (1290–1279 v. Chr.), der Vater des späteren Ramses II., hat sich auf dem Gebiet des heutigen el-Qantir im Ostdelta vor allem um den Ausbau der Kultstätte des – ihm seinen Namen gebenden – Wettergottes Seth bemüht, der hier, an der Stelle der einstigen Hyksos-Residenz Avaris, bereits eine lange, mit Vorderasien verknüpfte Tradition hatte;[79] dieser ist später dann auch sein Sohn Ramses (II.) treu geblieben. Was die asiatischen Besitzungen Ägyptens betraf, so folgte Sethos der bereits von Haremhab eingeleiteten Politik, die den ägyptischen Anspruch auf das Territorium bis in die Gegend des hethitischen Amurru durch militärische Unternehmungen unterstrich.[80] Dabei galten seine syrischen Feldzüge zugleich der Sicherung des ägyptischen Einflusses auf das Libanon-Gebiet, in dem Bauholz geschlagen und auf dem Seeweg an den Nil gebracht wurde. Die als „Tannen" bezeichneten Nadelhölzer, die in Ägypten einer eigenen Verwaltung, dem sog. „Tannenholzhaus" unterstanden, wurden zunächst entästet und dann abgesägt, wie es auf einem seiner Reliefs aus Karnak dargestellt wird. Die während seiner ersten fünf Regierungsjahre unternommenen militärischen Expeditionen führten ihn bis in den Grenzbereich zum Lande Amurru, das unter hethitischer Kontrolle stand.[81] Es war wohl unter dem Eindruck dieser erneuten militärischen Präsenz der Ägypter, daß das Land Amurru sich wieder Ägypten annäherte – was später von dem Hethiterkönig Muwattalli II. als Argument benutzt werden konnte, als Oberherr dieses wichtigen syrischen Gebietes gegen die Ägypter in den Kampf zu ziehen. Sethos jedenfalls hat zumindest seinen nördlichen Stützpunkt Qadesch am Orontes wieder fest unter seine Kontrolle gebracht; er hinterließ dort eine

Abb. 24. 25

Abb. 25   *Die in Ägypten besonders als Bauholz begehrten Zedern des Libanon-Gebirges, wie sie heute noch im Hochlibanon zu finden sind.*

Abb. 26   Stele des Sethos I., gefunden bei Tell Nebi Mend (Qadesch) in Mittelsyrien. Ägyptische Gottheiten preisen den siegreichen Pharao.

Abb. 26   Stele, die ihn darstellt, wie ihm von den Göttern Symbole seines Sieges über-reicht werden.[82] Eine seiner Inschriften im oberägyptischen Karnak zeigt so-gar, wie seine Armee dabei auch gegen hethitische Truppen kämpfte. Kam es danach vielleicht schon zu einem Friedensschluß mit den Hethitern?[83] Es ist jedoch noch unklar, ob es dann ein solches Abkommen gewesen sein könnte, auf das später der Friedensvertrag des Ramses II. verweist. Sicherlich erneu-erte nunmehr das Land Amurru seine Unterwerfung unter den Pharao – für die Hethiter bedeutete das aber einen klaren Bruch des Treueeids.

Abb. 27   Die Mumie des Sethos I., dereinst in einem prächtigen Alabaster-Sarg im „Tal der Könige" bestattet (Grab 17)[84], ist später aus Sicherheitsgründen – ebenso wie die Ramses' I. – nach Deir el-Bahari überführt worden. Plünderer haben in neuerer Zeit den Schädel verletzt, doch ist das Gesicht, dessen Au-gen geschlossen sind, noch gut erhalten. Der Körper befindet sich jetzt dage-gen in einem schlechten Zustand; die Arme waren mit offenen Händen auf der Brust gekreuzt und mit Amuletten versehen. Die Bandagen hatte man zur Konservierung mit einer harzigen Flüssigkeit getränkt, was eine Schwärzung der Haut verursachte. Das Herz wurde nach der Mumifizierung rechts am Körper abgelegt.[85] Es wird wohl sein Sohn und bereits mitregierender Nach-folger Ramses (II.) gewesen sein, der die Mumifizierung des Sethos über-wachte.

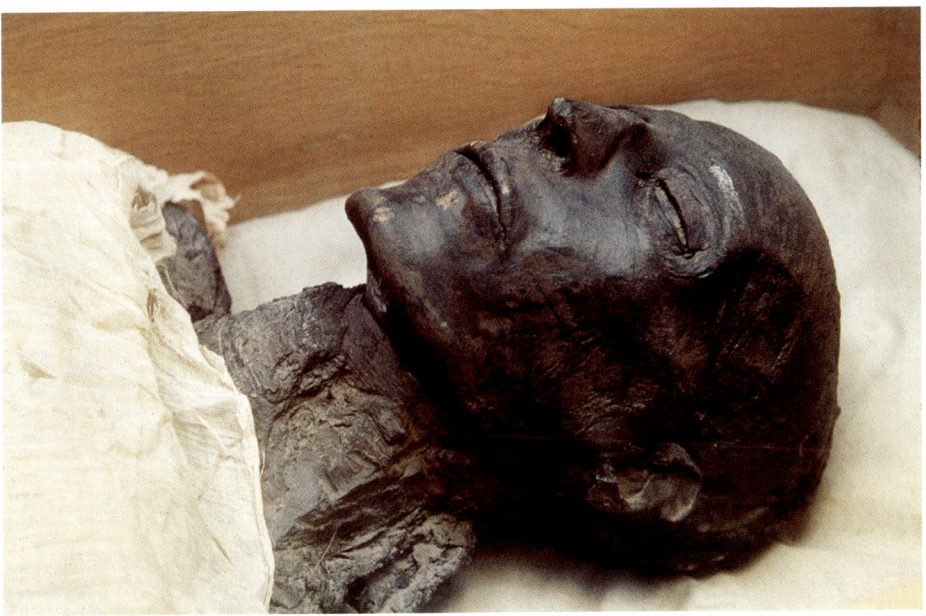

Abb. 27   Mumie des Sethos I., des Vaters des Ramses II., im Museum in Kairo.

Ramses II. und die Schlacht von Qadesch

Ramses ist auf verschiedenen Denkmälern als Kind gemeinsam mit seinem Vater dargestellt worden. Obwohl bereits offiziell als Mitregent eingesetzt, trägt er seitlich noch die wie ein geflochtener Pferdeschwanz aussehende Prinzenlocke. Wie es scheint, hat ihn sein Vater bereits früh auf seine spätere Würde als Pharao vorbereiten lassen, sowohl im Hinblick auf seine priesterlichen als auch militärischen Pflichten. Schon bald nahm er im Gefolge seines Vaters an militärischen Unternehmungen teil. Am 31. Mai 1279 v. Chr. bestieg Ramses im Alter von etwa 20 Jahren den Pharaonenthron;[86] er sollte ihn dann fast 67 Jahre hindurch innehaben und damit der am längsten regierende Herrscher seiner Zeit werden. Diese fast sieben Jahrzehnte, in denen Ramses in Ägypten herrschte, machten ihn zum Zeitgenossen mehrerer hethitischer Großkönige, von Muwattalli II. über Murschili III. (Urchi-Teschub) und Hattuschili III. bis zu Tutchalija IV.

Abb. 28

Die von seinem Vater bevorzugte Residenz Piramesse deutete ebenso wie Memphis, wohin nach der „Amarna-Zeit" die Residenz der Pharaonen verlegt worden war, bereits durch ihre Lage im östlichen Delta des Nils an, daß der asiatische Norden nunmehr vorrangig im Blickpunkt stand. Als Anrainer des Mittelmeeres befand sich Ägypten in engem Kontakt zu den Zentren des östlichen mediterranen Raumes, dessen nördlicher Teil allerdings der hethitischen Oberherrschaft unterworfen war. In diesem Gebiet, das im Westen auch

die mykenischen Zentren der Ägäis einbezog und sogar darüber hinausgriff,[87] hatte sich eine Zone enger wirtschaftlicher und kultureller Kontakte entwickelt. Hatti nahm an diesem Austausch durch seine Häfen an der südanatolischen und syrischen Küste teil, in Syrien dominierten Zentren wie Ugarit und Byblos, und in Ägypten waren es vor allem Memphis und andere Orte des Deltas, darunter nun auch Piramesse.

Die Erneuerung der ägyptischen Feldzüge nach Syrien unter Haremhab und Sethos I. hatte bereits auf diesen vorderasiatischen Raum als dem vorrangigen Interessenfeld des Nillandes gewiesen, und auch für Ramses galt es, Ägyptens Präsenz am Meer zu stärken. Nach der Zeit der großen Seuche, die noch während der Regierung des Murschili II. andauerte, hatte dieser Großkönig die hethitische Position auch im mediterranen Raum erst wieder zur Geltung bringen müssen und die Kontrolle der wichtigen syrischen Hafenstadt Ugarit durch einen Vertrag erneuert, der – wie bereits erwähnt – sogar ein eventuelles Bündnis dieses nordsyrischen Fürstentums gegen Ägypten und seine syrischen Besitzungen vorsah.[88] Aufstände im nördlichen Syrien, vielleicht von Ägypten geschürt, mußten jedoch zunächst erst niedergeschlagen werden. Als Murschili dann verstarb, folgte ihm sein Sohn Muwattalli auf den großköniglichen Thron; da es bereits in der zweiten Hälfte des 15. Jhs. v. Chr. schon einen König dieses Namens gegeben hatte, wird dieser Zeitgenosse des Ramses II. jetzt als Muwattalli II. bezeichnet. Er wurde zum Gegner des Ramses II. in der berühmten Schlacht von Qadesch.

Bereits vor der Konfrontation mit den Hethitern in Mittelsyrien hatte Ramses versucht, Ägyptens Herrschaft in Asien wieder stärker zur Geltung zu bringen. Im 4. Jahr seiner Herrschaft drang er bis in den Bereich nördlich von Beruta (Beirut) vor, wo er am heutigen Nahr el-Kelb (unweit nördlich dieser Stadt) seine Inschrift auf einer Stele hinterließ. Die allerdings nur noch schlecht erkennbare Szene zeigt ihn wie er seine Gegner erschlägt – offensichtlich zugleich eine Demonstration gegenüber dem nahen Hethiterreich.[89] Die Nähe des ägyptischen Heeres hat damals wohl den Fürsten von Amurru, Benteschina, dazu veranlaßt, Ramses als seinen Oberherrn anzuerkennen; aus der Sicht der Hethiter war das ein Vergehen, das den Großkönig zum Eingreifen zwang.

Die Schlacht, die dann am 12. Mai des Jahres 1275 v. Chr. bei der Stadt Qadesch am Orontes stattfand, hat durch ihre ausführliche Darstellung, die in Ägypten in Wort und Bild auf uns gekommen ist, schon seit langem die besondere Aufmerksamkeit der Geschichtswissenschaft gefunden.[90] Reliefs und hieroglyphische Inschriften, die auf Tempelwänden in Abydos, in Luxor, in Abu Simbel sowie auf Pylonen des Ramesseums angebracht sind und dem Besucher einst wie jetzt ein eindrucksvolles und lebendiges, wenn auch stark propagandistisch geprägtes Bild jenes Kampfes vermitteln, sind auch aus militär-

Abb. 29. 30

Abb. 28   Ramses als Kind mit der sog. Prinzenlocke. Er war jedoch bereits gekrönter Mitregent seines Vaters Sethos I.

historischer Sicht mehrfach behandelt worden.[91] Es gibt von ägyptischer Seite mindestens 13 Versionen dieser Berichterstattung, die drei literarischen Genres zugehören, darunter auch ein poetischer Text, der durch Tempelinschriften sowie auf Papyrus überliefert wird.[92] Ramses hat also ein umfangreiches, der Bevölkerung wohl schon damals teilweise zugänglich gemachtes Propagandawerk hinterlassen. Es ist vielleicht gerade deshalb so ausführlich und anschaulich ausgestaltet worden, weil es eine ägyptische Niederlage in einen Sieg umzudeuten hatte: Die Darstellungen finden sich an der westlichen Außenwand(!) in Hof 1 des Amun-Tempels und an der Stirnwand des 1., äußeren(!) Hofes des Ramesseums (d. h. des „Tempels der Millionen Jahre") *Abb. 31* in Theben-West, und zwar ganz in der Nähe des „Poems" über diese Schlacht, was wohl bedeutet, daß eine größere Öffentlichkeit angestrebt wurde.[93]

Umso erstaunlicher ist es, daß von der hethitischen Seite kaum etwas über dieses Ereignis zu erfahren ist. Ein Gelübde, welches Muwattalli vor seinem Syrien-Feldzug ablegte, nennt das vertragsbrüchige Land Amurru, dessen Fürst einst Schuppiluliuma I. Treue geschworen hatte, als den hauptsächlichen Gegner – nicht etwa den ägyptischen Pharao.[94] In der historischen Einleitung des Vertrages, den später Großkönig Tutchalija IV. mit dem Amurru-

Abb. 29 und 30 Der heutige Tell Nebi Mend am mittleren Orontes/Nahr el-Assi; hier befand sich einst die Stadt Qadesch, bei der es zur berühmten Schlacht zwischen den Ägyptern (Ramses II.) und den Hethitern (Muwattalli II.) und ihren Hilfsvölkern kam.

*Abb. 31 (Seite 60/61).
Das Ramesseum, der
Totentempel des Ramses II.
auf dem Westufer des Nils
in Theben.In seine Wände
wurden Szenen der
Qadesch-Schlacht einge-
meißelt.*

*Abb. 32   Fragment eines
ägyptischen Reliefs, das
vielleicht das sorgenvolle
Gesicht des hethitischen
Großkönigs Muwattalli (II.)
während der Schlacht von
Qadesch darstellen könnte.*

Abb. 32

Fürsten Schauschgamuwa abschloß – einem Sohn des Fürsten Benteschina, der sich dereinst auf die Seite der Ägypter geschlagen hatte – heißt es fast beiläufig: „Aber als Muwattalli, der Onkel Meiner Majestät, König wurde, begingen die Leute von Amurru eine Sünde gegen ihn, indem sie ihm sagten: ‚Wir waren freiwillig Untertanen; jetzt sind wir nicht mehr deine Untertanen!‘ Und sie gingen zum König von Ägypten über. Da kämpften Muwattalli, der Onkel Meiner Majestät, und der König von Ägypten um die Leute von Amurru(!). Muwattalli besiegte ihn, zerstörte das Land Amurru mit Waffengewalt und unterwarf es." [95] Hier wird aus einem späteren politischen Kalkül nicht ein Kampf um Syrien gegen Ägypten in den Vordergrund gerückt; denn zur Zeit des Tutchalija IV. war Hatti weiter an jenen guten Beziehungen interessiert, wie sie Tutchalijas Vater Hattuschili III. hergestellt hatte. Und es wird auch bewußt nicht der Name des ägyptischen Pharaos genannt, der der Gegner in der Qadesch-Schlacht war und noch während der frühen Regierungsjahre des Tutchalija auf dem Pharaonenthron saß. Das wesentliche Ziel Muwattallis II. war es offenbar, die hethitische Herrschaft bis Mittelsyrien zu sichern, und dazu bedurfte es der Wiedergewinnung Amurrus. Ein weiteres Vordringen auf ägyptisches Territorium oder gar ein Angriff auf Ägypten selbst hatten wohl kaum Erfolgschancen und wurden daher auch nicht in Betracht gezogen.

Dem hethitischen Heer gehörten auch die Kontingente zahlreicher Bundesgenossen an, und zwar aus Alsche und dem Kaschkäerland im nordöstlichen Anatolien,[96] aus Arawanna, Dardanija und Mascha im Westen, aus den Arzawa-Ländern, Aschuwa, Qabasu, Qarqischa, Pitascha und Lukka im Südwesten, aus Kizzuwatna im Südosten Kleinasiens, aus dem osteuphratischen Naharina sowie den syrischen Fürstentümern Ugarit, Nuchasche, Qadesch(!) und (M)uschnatu. Natürlich nahmen auch die Könige von Karkamisch wie auch Halab, die ja der hethitischen großköniglichen Familie zugehörten, mit ent-

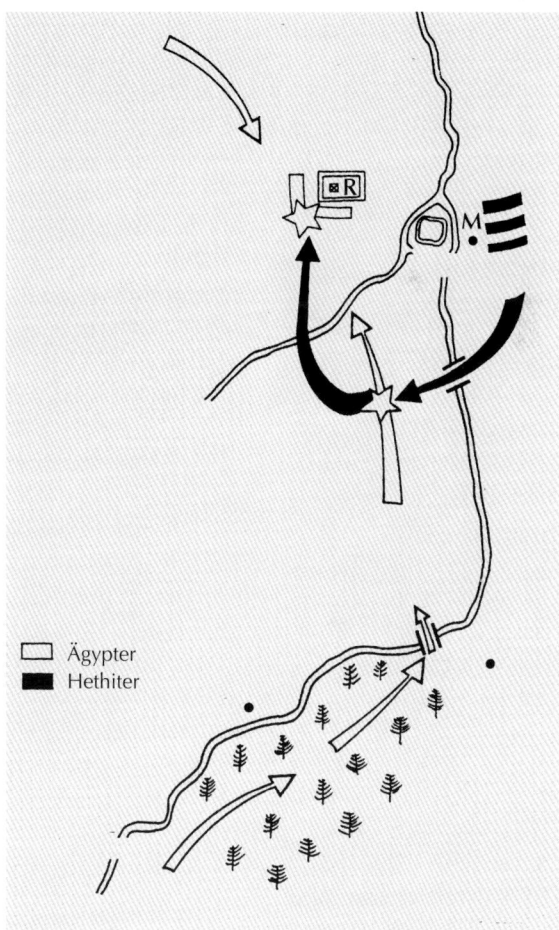

Abb. 33 Die ägyptischen und hethitischen Truppenbewegungen während der Schlacht bei Qadesch.

sprechenden Truppenkontingenten teil. Der König von Halab wird allerdings im ägyptischen Text als „der verachtungswürdige Herrscher von Halab" bezeichnet, wohl wegen seines wenig rühmlichen Verhaltens während des Kampfes[97] und als schlechter Militärführer – er wirkte in Halab ja auch gleichzeitig in einem Priesteramt, für das er speziell ausgebildet worden war. Wer auf ägyptischer Seite noch mitkämpfte, wird nicht genauer angegeben, doch ist wohl anzunehmen, daß zumindest auch Truppen aus den asiatischen Gebieten des Pharaonenreiches am Feldzug beteiligt waren; ausdrücklich genannt wird ein Kontingent aus dem Lande Amurru, dessen Fürst von den Hethitern zu Ägypten übergegangen war – und damit gegen den Vertrag mit Hatti verstieß, den bereits Aziru von Amurru mit Schuppiluliuma geschlossen hatte.

Abb. 33   Diese berühmte militärische Auseinandersetzung zwischen den Ägyptern und den Hethitern sowie deren Bundesgenossen soll im folgenden nicht in ihrem Verlauf skizziert werden, wie er von ägyptischer Seite zum Ruhme des Pharaos dargestellt wurde. Vielmehr geht es darum, wie Ramses II. selbst diese Auseinandersetzung sehen wollte, an der auch der spätere Partner des Friedensvertrags, Hattuschili, als hethitischer Truppenführer beteiligt war. Anfang April, am 9. Tag des 2. Sommermonats nach dem ägyptischen Kalender, im Jahre 5 seiner Regierung begab sich Ramses mit einer großen Armee von seiner Residenzstadt Piramesse aus auf den Marsch nach Norden. Das Heer passierte die Grenzfestung Sile im nordöstlichsten Delta und gelangte dann auf der alten Küstenstraße nach Megiddo und Hazor. Einen Monat später erreichte das Heer nach Überwindung mehrerer Gebirgszüge die Stadt Schabtuna, die wohl etwas südlich von Qadesch in der Ebene zwischen Libanon und Antilibanon lag.[98] In einem Kriegsrat, den Ramses jetzt – ebenso wie zuvor sein Vorfahr Thutmosis III. vor der Schlacht bei Megiddo – abhielt, sollen einige Offiziere dem Pharao vorgeschlagen haben, mit Muwattalli Frieden zu machen – mit den Worten: „Überaus gut ist der Frieden, Majestät! Versöhnung ist keine Schande!"[99] Doch es trafen zwei Nomaden ein, die vorgaben, Überläufer aus dem hethitischen Heer zu sein. Auf Befragen sagten sie aus, der Gegner befände sich im Lande Halab/Aleppo „im Norden von Tunip" – einer bisher noch nicht sicher lokalisierten Stadt, die wohl im Orontestal ein gutes Stück nördlich von Qadesch gelegen hat. Sie sagten offenbar bewußt die Unwahrheit, denn das kampfbereite hethitische Heer befand sich, wie sich später herausstellte, wesentlich näher, und zwar unmittelbar hinter Qadesch. Man glaubte aber wohl den Überläufern und setzte den Vormarsch fort, ohne sich sogleich gefechtsbereit zu machen. „Seine Majestät aber war allein, für sich, nur mit seinem Gefolge. Die Abteilung des Gottes Amun marschierte in seinem Rücken, die Abteilung des Gottes Re überquerte die Orontes-Furt südlich von Schabtuna, mehr als 10 Kilometer von Ramses entfernt. Die Abteilung des Ptah befand sich südlich des Ortes Aronama, die Abteilung des Gottes Seth marschierte auf der Straße. Seine Majestät hatte aber auch einen Stoßtrupp gebildet aus Offizieren seines Heeres. Dieser stand noch am Ufer, das zum Lande Amurru gehörte".

Abb. 34   Ramses in der Schlacht von Qadesch; idealisierte ägyptische Darstellung, die vor allem den persönlichen Einsatz des Herrschers, der auf seinem Streitwagen steht, verherrlicht.

Nördlich von Qadesch bezog Ramses dann sein Lager, wo ihm zwei hethitische Kundschafter zugeführt wurden, die auf Befragen aussagten, daß Muwattalli nebst seinen Verbündeten gerüstet hinter Alt-Qadesch stünden – also nicht noch weiter im Norden, wie das die beiden Nomaden behauptet hatten. Während Ramses seine Abteilungen zusammenführte, durchquerte Muwattalli mit seinen Truppen und Streitwagen die Furt südlich von Qadesch und griff an, während sich das hethitische Hauptheer – es sollen nach ägyptischer Darstellung 37000 Mann Fußtruppen und 3500 Streitwagen gewesen sein – hinter Qadesch befand. Und nun folgt im ägyptischen Text eine glorifizierende Darstellung der Aktionen des Pharaos in wörtlicher Rede:[100] „Ich bezwang alle Fremdländer, ich allein, als mich meine Truppen und Wagen verlassen hatten und nicht einer sich umwandte und stehenblieb". Und den angeblich in die Flucht geschlagenen Gegnern werden die Gedanken zugeschrieben: „Das ist kein Mensch, der in unserer Mitte ist, sondern Gott Seth,

Abb. 34

groß an Kraft, Gott Baal leibhaftig. Das, was er tut, sind nicht die Taten eines Menschen, sondern Taten eines Einzigartigen, der Hunderttausende bezwingt, während weder Truppen und Wagen bei ihm sind!" Die jetzt ‚Bulletin' genannte Version der inschriftlichen Darstellung erwähnt sogar den hethitischen Fürsten von Halab/Aleppo, der soviel Oronteswasser bei seiner Flucht geschluckt haben soll, daß er von seinem Gefolge auf den Kopf gestellt werden mußte, um ihn davon zu befreien. Der poetische Text über die Qadesch-Schlacht wiederum stellt die Situation weniger heroisch dar, denn Ramses gerät demnach persönlich in Bedrängnis und richtet ein Stoßgebet „an seinen Vater", den Gott Amun, in dem er diesen auf seine Verdienste hinweist. In der Tat scheint das seine Rettung bewirkt zu haben – und zwar in Gestalt von Hilfstruppen aus dem Lande Amurru, hier Na'aruna, „Jünglinge" genannt. Als angeschlagener „Sieger" konnte der ägyptische König somit das Schlachtfeld behaupten, seine eingezingelte Armee retten und nach Verhandlungen mit den Hethitern „in Frieden heimkehren".

Abb. 35. 36   Insgesamt war also die Qadesch-Schlacht für Ramses ein Fehlschlag, aber in der späteren Korrespondenz mit dem inzwischen zum „Bruder" avancierten Hattuschili, der offenbar auch selbst als hethitischer Truppenführer in Qadesch dabeigewesen war, hat sich Ramses auf seiner Hochzeitsstele (Jahr 34) in Bezug auf die Qadesch-Schlacht als „Retter seiner Truppen, Verteidiger seiner Wagenkämpfer" bezeichnet. Er will in dieser Rückerinnerung sogar das Hatti-Land „insgesamt" erobert haben, „ganz allein, in der Anwesenheit seiner gesamten Armee, so daß er sich einen immerwährenden Namen machte, daß man sich erinnern sollte an die Triumphe seines starken Armes".[101] Im sog. „Poem" über die Schlacht verweist Ramses nicht auf einen Sieg über den hethitischen Großkönig, sondern auf Erfolge gegen Karkamisch, dessen Verwaltung ja auch das mittlere Syrien unterstand, ferner gegen die hethitischen Bundesgenossen Kizzuwatna, Qadesch, Ugarit und (M)uschnatu (südl. von Ugarit)[102] – eine Erwähnung von Hatti selbst wurde damit vermieden.

Ramses vermochte also wohl die Vernichtung seiner Armee zu verhindern[103] – Sieger blieben jedoch die Hethiter, die nach der Qadesch-Schlacht sogar weiter nach Süden in ägyptisches Territorium marschieren und das Land Ube bei der ägyptischen Provinzhauptstadt Damaskus verwüsten konnten. Das Land Amurru, dessen Abfall von den Hethitern als eigentlicher Grund der Auseinandersetzung mit Ägypten betrachtet wurde, kehrte wieder unter die hethitische Oberhoheit zurück; sein Fürst Benteschina wurde nach Anatolien deportiert und durch einen gewissen Schapili ersetzt, dessen Beziehungen zum hethitischen großköniglichen Hause bislang noch unklar sind.[104] Als Ramses später mit dem jüngeren Bruder des Gegners Muwattalli II., Hattuschili III., korrespondierte, versäumte er nicht, diesem noch einmal seine eigene Großtat bei Qadesch zu schildern und den Adressaten, der ja selbst als Truppenführer in Qadesch dabei gewesen war und Ramses „an die Tage der Feinde aus dem Lande Hatti" erinnert hatte, noch einmal seine eigene Sicht der Ereignisse – in babylonischer Sprache – darzustellen (ÄHK 24). Es ist der längste bislang überlieferte Ramses-Brief aus der Hethiter-Korrespondenz,

Abb. 35 Bestrafung hethitischer Kundschafter durch ägyptische Soldaten vor der Schlacht von Qadesch.

und es heißt in ihm: „Siehe, die Feindschaft eines Gottes war das, und er bereitete mir Schwierigkeit; aber ich drang tatsächlich mitten in die Feinde, als das Heer des Muwattalli, des Königs des Landes Hatti, kam mitsamt den vielen Ländern, die sich bei ihm (durch Entsendung von Hilfstruppen) befanden, während sich die Heere des Großkönigs, des Königs des Landes Ägypten, noch im Lande Amurru ... befanden. Und als die Vorhut des Großkönigs, des Königs des Landes Ägypten, die Stadt Schabtuna erreichte, da kamen zwei

Abb. 36 Ägyptische Darstellung von Hethitern in Verbindung mit der Schlacht von Qadesch. Die Gefangenen sind bartlos und tragen hoch ansetzende und dann lang bis auf die Schultern fallende Haare.

Nomaden vom Heere des Landes Hatti, und sie gelangten zum König, und sie sagten wie folgt: „Der König von Hatti befindet sich im Lande Halba (Halab/Aleppo)." Drei Heere rückten auf den Wegen an und waren noch nicht an den Ort gelangt, an dem sich der König befand; und der König saß auf seinem Throne auf der Westseite des Orontes-Flusses, und die Vorhut befand sich in dem Lager, das sie aufgeschlagen hatten und besetzt hielten. Und während der König wußte, daß Muwattalli, der König des Landes Hatti, aus dem Lande Halba weggegangen war, kannte der König (dennoch) nicht dessen Absicht! Und der König des Landes Hatti überfiel ihn mit seinem Heere und allen Ländern (d. h. deren Truppen), die sich bei ihm befanden; aber der König des Landes Ägypten bewirkte seine Niederlage – ganz allein, obwohl meine Heere nicht bei mir waren, und obwohl meine Wagenkämpfer nicht bei mir waren." Auch in einem weiteren späteren Ramses-Brief ist noch ein Hinweis auf dieses Ereignis enthalten (ÄHK 25), das ja Hattuschili selbst zweifellos noch recht gut im Gedächtnis behalten haben dürfte, wenngleich mit einer anderen Bewertung des Ausgangs der Schlacht. Doch noch im Stelentext über die 1. Eheschließung des Ramses II. mit einer Tochter Hattuschilis I., die im 34. Jahr des Ramses stattfand, heißt es, Ramses habe „ganz allein" aber „in der Anwesenheit der gesamten Armee", das Hatti-Land erobert – und das, obwohl sein Schwiegervater selbst an der Schlacht teilgenommen hatte.[105]

In Ägypten tat Ramses also jedenfalls alles, um durch eine pompöse Berichterstattung in Wort und Bild den Kampf mit den Hethitern in einen großartigen Sieg umzumünzen. Die bildlichen Darstellungen waren daher, worauf schon hingewiesen wurde, teilweise öffentlich zugänglich, konnten also auch von der Bevölkerung besichtigt werden und trugen somit zum Ruhme des göttlichen Pharao bei, der das Epitheton einer „großen Sonne Ägyptens" erhielt, wie es sonst nirgends für einen ägyptischen Herrscher überliefert wird.[106] Ein vertraglicher Friedensschluß mit den Hethitern ist für die Zeit nach der Schlacht von Qadesch nicht überliefert; somit bestand der Kriegszustand zwischen den beiden Mächten formal noch fort. Es ist zwar nicht bekannt, daß es nach diesem Kampf noch einmal zu einer militärischen Konfrontation mit hethitischen Truppen gekommen wäre. Ramses hat aber – ebenso wie bereits vor der Qadesch-Schlacht – auch noch danach Feldzüge bis in den mittelsyrischen Küstenbereich durchgeführt. Davon zeugen einige Reliefstelen mit Inschriften, die er etwa 12 km des heutigen Beirut an der Mündung des Nahr el-Kelb errichten ließ – dort, wo er bereits im Jahre vor Qadesch eine Stele hinterlassen hatte. Eine davon stammt offenbar aus seinem 10. Regierungsjahr (s. oben), als Ramses – seiner eigenen Inschrift nach – „bis zur Festung des Landes Dapur im Lande Hatti" gelangte, also noch einmal bis in das Orontestal wohl unterhalb von Qadesch.[107]

Abb. 37   Die politische Situation ist für Ramses zu dieser Zeit insofern günstig gewesen, als in der hethitischen Residenzstadt Hattuscha inzwischen mit Murschili III., Sohn des Muwattalli II., ein neuer und offenbar noch junger Großkönig den Thron bestiegen hatte. Er hatte als Prinz den hurritischen Namen Urchi-Teschub getragen – jenen Namen, der einer Art „Sprachrege-

Abb. 37 Großkönigliches Siegel des Murschili III. (Urchi-Teschub), abgedrückt auf zahlreichen Tonbullen, die bei den Ausgrabungen in Boghazköy/Hattuscha ent- deckt wurden.

lung" zufolge dann auch Ramses und Hattuschili in ihrer Korrespondenz aus- schließlich verwendeten. Wie es scheint, gab es gegen Murschili III., von des- sen mehrjähriger Regierung eine große Zahl von Tonbullen zeugen, die seinen großköniglichen Namen tragen, aber kaum öffentliche Dokumente bekannt sind, eine kräftige Opposition, zu der auch Hattuschili gehörte, der als Bruder des verstorbenen Muwattalli zugleich sein Onkel war. Überdies hatten die As- syrer die nicht stabile Situation in Hattuscha offenbar dazu genutzt, um ihre Interessen im oberen Mesopotamien, das seit Großkönig Schuppiluliuma I. von den Hethitern abhängig war, auch militärisch stärker zur Geltung zu bringen. So schien denn auch für Ramses II. in seinem 5. Regierungsjahr die Situation in Vorderasien günstig, um gegen die Hethiter die Schlacht um Syrien zu schlagen.

Sowohl die inschriftliche als auch die bildliche Überlieferung machen deut- lich, dass in der Schlacht von Qadesch den Streitwagen als der modernsten Waffengattung eine besondere Bedeutung zukam. Ramses selbst wird allein auf seinem von zwei Pferden gezogenen leichten, zweirädrigen Wagen ge- zeigt, ansonsten sind es zwei oder drei Personen, die auf den Wagen – als Len- ker der Pferde, Schildhalter oder Bogenschützen – stehen. Beide Seiten waren in dieser Waffengattung offenbar besonders geübt. Was die Hethiter betrifft, so bietet eine Reliefscherbe des 17. Jhs. v. Chr. die Darstellung eines Streitwa- gens, auf dem eine Person als Lenker und Kämpfer zugleich stand.[108] Daß sol- che Wagen schon im 18. Jh. v. Chr. eingesetzt wurden, zeigt eine inschriftliche Überlieferung, der sog. Anitta-Text.[109] Das Klima wie auch die Naturausstat- tung Anatoliens, vor allem des Taurus-Raumes im Südosten, schienen die Aufzucht von Pferden besonders zu begünstigen. Schon aus der Zeit der

Mari-Texte (1. Hälfte des 18. Jhs. v. Chr.) gibt es Hinweise auf eine Pferdezucht in diesem Gebiet.[110] Eine Rolle spielten dann für das Training von Pferden als Bespannung von Kampfwagen spezielle Erfahrungen, wie sie im obermesopotamischen Mittani-Staat vorhanden waren; darauf weist eine entsprechende Fachterminologie, in der sich auch indo-iranische Ausdrücke finden.[111] Während das Reiten zumindest im Kampfeinsatz noch nicht üblich war, weist der aus dem 13. Jh. v. Chr. – also der Zeit des Ramses II. – überlieferte Text ein speziell auf Wendigkeit und Ausdauer gerichtetes Training der Wagenpferde aus, deren Wertschätzung auch in der ägyptisch-hethitischen Korrespondenz darin anklingt, daß man eingangs nicht nur das eigene Wohlergehen, das der Familie und Truppen erwähnte, sondern auch das der Pferde und Wagenkämpfer. Pferde waren wertvolle Geschenke oder Bestandteil von Tributen – auch in Ägypten.[112] Amenophis II. soll seine Pferde bereits als ein Knabe sehr geliebt haben: „Er freute sich über sie, er war ausdauernd bei ihrer Pflege, indem er ihre Art kennenlernte, verständig war er in ihrer Behandlung, und er drang ein in ihre Wesen." Der Pharao war darüber sehr erfreut und soll zu seinem Sohn gesagt haben: „Hüte sie, lasse sie stark werden, lasse sie traben, behandle sie gut…" Und Amenophis konnte dann mit Genugtuung feststellen: „Sie (die Pferde) wurden nicht müde, wenn er die Zügel führte, sie kamen nicht in Schweiß selbst bei sehr schnellem Laufen".[113] Auf einem seiner Syrien-Feldzüge wurde Pharao Amenophis II. dann bei Qatna mit den Kampfwagen seines mittanischen Gegners konfrontiert, und er erwähnt als Beute die Ausrüstung eines adligen Streitwagenkämpfers: „2 Pferde, 1 Wagen, 1 Panzerhemd, 2 Bogen, 1 Köcher voller Pfeile" usw. [114] Auch in Assyrien spielten Streitwagen im 13. Jh. v. Chr. eine große Rolle; eine keilschriftliche Überlieferung widmete sich speziell der Akklimatisierung und dem Training von Wagenpferden.[115] Und für Hattuschili, den Bruder des Königs Muwattalli II., bedeutete es eine zweifellos Stärkung seiner Macht, als er Chef auch der so wichtigen Streitwagentruppe wurde.

Der Aufstieg des Hattuschili zum Grosskönig

Abb. 38   Nach der Schlacht von Qadesch vergingen noch ganze 16 Jahre, bis sich Ägypter und Hethiter offiziell durch einen paritätischen Staatsvertrag miteinander aussöhnten; es war noch ein langer Weg zum wirklichen Frieden. Einer der Gründe dafür dürfte gewesen sein, daß Großkönig Muwattalli II., der Sieger von Qadesch, offenbar bald verstarb. Während Ramses II. nach der Schlacht von Qadesch noch länger als sechzig Jahre auf dem ägyptischen Thron saß, lösten sich in Anatolien mehrere Großkönige als Herrscher ab. In dieser Zeit machte der Qadesch-Teilnehmer Hattuschili, ein weiterer Sohn des Murschili II., seine Karriere. Er selbst hat sie in einem Text dargestellt, der seinen Werdegang aus eigener Sicht beschreibt – gerade weil dieser nicht ohne Probleme verlief. Wie es scheint, wollte er seine Handlungsweise damit nicht nur rechtfertigen, sondern zugleich auch die Nachfolge seines Sohnes Tutchalija vorbe-

*Abb. 38   Abdruck eines
Siegels des Hattuschili III.
auf einer Tonbulle, gefunden
bei den Ausgrabungen in
Boghazköy.*

reiten.[116] Er stellt zunächst dar, daß er eines der vier Kinder des Murschili war, zu denen noch ein gewisser Halpaschulupi gehörte, der bislang wohl nur noch in einem Inventartext aus Hattuscha erscheint, sodann Muwattalli, der spätere Großkönig und Gegner des Ramses II. in der Qadesch-Schlacht, ferner eine Schwester namens Massanauzzi, die als bereits ältere Dame noch in der Korrespondenz des Hattuschili mit Ramses II. als Matanazi genannt wird (vgl. unten zu ÄHK 75), schließlich als jüngstes Kind des Murschili Hattuschili selbst – „der von Hattuscha", dessen Name gewiß an den berühmten Vorfahren Hattuschili I., den Begründer des hethitischen Reiches, erinnern sollte. Hattuschili war offenbar kränklich und wurde daher bereits als Knabe in den Dienst der Göttin Ischtar gegeben, jener Göttin, die dann seine „persönliche" Gottheit wurde und in deren Schutz und Gnade er sich auch bildlich darstellen ließ. Zur Zeit der Regierung des Muwattalli wurde Hattuschili Truppenkommandant, Chef der großköniglichen Garde und Verwalter des „Oberen Landes", womit Gebiete im nördlichen Anatolien bezeichnet wurden. Sie grenzten an die gebirgigen Stammesterritorien der Kaschkäer – einer Bevölkerung, die immer wieder räuberisch in hethitisches Gebiet einfiel und dabei selbst die Königsstadt Hattuscha bedrohte. Für den ehrgeizigen Hattuschili war das eine gute Gelegenheit, sich durch „Mannestaten" hervorzutun und Ruhm zu sammeln. Dabei scheint er zuweilen über seine Befugnisse hinausgegangen zu sein und wurde deshalb auch einmal „zum Rade" bestellt, d. h. mußte sich einer gerichtlichen Untersuchung durch seinen großköniglichen Bruder unterziehen. Die Wendung „zum Rade" dürfte sich wahrscheinlich auf den Wagen beziehen, mit dem der Großkönig zur Gerichtsverhandlung fuhr.[117] Hattuschili überstand auch dieses Verfahren und wurde vom

Herrscher wieder in Gnaden aufgenommen. Er erhielt schließlich das Kommando über das gesamte Heer einschließlich der Eliteeinheit, d. h. die Wagenkämpfer.

Hattuschili selbst hat diesen Aufstieg später als Gunstbeweis für das Wohlwollen seiner Göttin Ischtar dargestellt: „Weil mich die Göttin, meine Herrin, an der Hand hielt, überließ sie mich niemals einer übel gesinnten Gottheit oder einem übel gesinnten Gericht. ... Die Gottheit, meine Herrin, hielt mich in jeder Situation an der Hand." Es gab also eine ganz persönliche Beziehung des Hattuschili zu dieser seiner Schutzgöttin; das „bei der Hand Nehmen" durch diese Göttin war offenbar auch auf dem Siegel dargestellt, das er bei der Signierung des Ramses-Vertrages verwendete. Das „fürsorgliche Walten" der Göttin offenbarte sich nicht nur, wenn Hattuschili übler Nachrede ausgesetzt oder krank war, sondern auch gegenüber allen seinen Gegnern – einschließlich der räuberischen Kaschkäer im Norden Anatoliens. Es ist unklar, ob Muwattalli deshalb, aus kultisch-religiösen Gründen oder auch im Hinblick auf die Situation südlich der Taurusketten seine Hauptstadt von Hattuscha nach der Stadt Tarchuntascha verlegte, ins „Untere Land", wie Hattuschili in seinem Bericht später schrieb.[118] Das Land Tarchuntascha, das später als eigenes Vizekönigtum noch eine besondere Rolle spielen sollte, wird heute im Süden Anatoliens lokalisiert, und zwar dort, wo wichtige Routen über den Taurus zur nahen Mittelmeerküste führten. Die Stadt Tarchuntascha selbst sucht man jetzt etwas südlich des Kizil Dagh.[119] Damit hatte Muwattalli seine Residenz näher an den syrisch-ostmediterranen Raum herangerückt – ebenso wie das Sethos I. mit seiner Residenz Piramesse im östlichen Nildelta, also unweit des Meeres, getan hatte. Hattuschili aber blieb im zentralen Anatolien und wurde König des Landes Hakpisch.

Als das Hethiterheer sich dann nach Syrien begab, war auch Hattuschili als Truppenkommandant dabei: „Als es aber geschah, dass mein Bruder (d. h. Muwattalli II.) gegen das Land Ägypten zog, da führte ich die Fußtruppen und Wagenkämpfer jener Länder, welche ich (nach den kaschkäischen Angriffen) wieder besiedelt hatte, hinab zu meinem Bruder zum Feldzug gegen Ägypten. Und welche Fußtruppen und Wagenkämpfer des Hatti-Landes schon aus der Zeit vor meinem Bruder mir unterstellt waren, die befehligte ich ebenfalls."[120] Hattuschili überstand dann sowohl einen gegen ihn angestrengten Prozeß wegen Zauberei als auch den Feldzug gegen die Armee Ramses' II. „Wie ich nun aus dem Lande Ägypten zurückkam" – womit hier das ägyptische Mittelsyrien gemeint sein dürfte – „da ging ich in die Stadt Lawazantija, um der Gottheit zu opfern und sie kultisch zu ehren". Hier, im nordöstlichen Bereich des Landes Kizzuwatna, schloß Hattuschili die Ehe mit Puduchepa, die unter dem gütigen Mitwirken der Göttin Ischtar über viele Jahre in Harmonie und gegenseitigem Respekt dauerte: „Da nahm ich die Puduchepa, die Tochter des Priesters Pentipscharri, auf Geheiß der Gottheit zur Ehe. Und wir hielten zusammen, und die Gottheit gab uns die Liebe des Gatten und der Gattin. Und wir bekamen Söhne und Töchter." Es gibt eine Reihe von Darstellungen und Inschriften, in denen Hattuschili und seine Hauptgemahlin Puduchepa erscheinen. Sie siegelten Dokumente gemeinsam – so auch den Friedensvertrag mit Ägypten, und Puduchepa nahm auch persönlichen Anteil an der Politik, wie vor allem ihre Korrespondenz mit Ramses II. bezeugt.

Dieser Aufstieg Hattuschilis zu einem mächtigen Fürsten des hethitischen Reiches ist gewiß auch in Ägypten nicht unbeachtet geblieben, ebenso wie der Tod des einstigen Kriegsgegners Muwattalli II. sowie die Thronübernahme – nicht durch Hattuschili, sondern durch den Prinzen Urchi-Teschub, einen Sohn des Muwattalli und damit Neffen Hattuschilis. Hattuschili selbst beschreibt diesen Vorgang in seiner ‚Apologie‘ wie folgt: „Als aber mein Bruder (Muwattalli) ‚Gott geworden‘ war“ – eine Umschreibung des Todes hethitischer Großkönige, „tat ich in Anbetracht (der Wertschätzung) meines Bruders nichts Böses. Da mein Bruder keinen legitimen Sohn hatte, nahm ich den Urchi-Teschub, den Sohn einer Haremsfrau, und setzte ihn im Lande Hatti zur Herrschaft ein. Ganz Hattuscha legte ich ihm in die Hand, und er war Großkönig in den Ländern von Hatti“.[121]

Unter Urchi-Teschub – so sein (hurritischer) Prinzenname, der von Hattuschili und – als eine diplomatisch notwendige Sprachregelung – auch von Ramses II. in ihrer späteren Korrespondenz stets benutzt wurde, der jedoch unter dem großköniglichen Namen Murschili III. das Hatti-Reich mehrere Jahre regierte, kam es zu einem Konflikt. Urchi-Teschub hatte offenbar versucht, die Befugnisse des Hattuschili, des inzwischen wohl mächtigsten Mannes des Reiches, einzugrenzen. Aus Hattuschilis späterer Sicht wird das so dargestellt: „In Anbetracht der Wertschätzung meines Bruders … fügte ich mich für ‚sieben Jahre‘ (d.h.: viele Jahre). Jener aber suchte mich auf göttliches Geheiß und auf Menschenwort hin zu vernichten und nahm mir auch noch Hakpisch und Nerik weg. Nun fügte ich mich nicht mehr, sondern ergriff gegen ihn Feindschaft. Als ich aber gegen ihn Feindschaft ergriff, tat ich jenes nicht dadurch, daß ich mich gegen ihn auf dem Streitwagen oder inmitten des Hauses (d. h. durch das Anzetteln einer Palastrevolte) empörte. Ich teilte ihm (vielmehr) nach Mannesart mit: „Du hast gegen mich Streit begonnen. Nun bist du Großkönig, ich aber bin (nur) König der einzigen Festung, die du (mir) belassen hast. Komme herbei! Für uns werden die Göttin Ischtar der Stadt Schamucha und der Wettergott von Nerik die Rechtssache entscheiden!“[122] Und im Vorgriff auf den Einwand, warum er Urchi-Teschub überhaupt in die Königsherrschaft eingesetzt habe, argumentiert Hattuschili dann: „Hätte er mit mir dann den Streit nicht begonnen, hätten (die Götter) wirklich den Großkönig einem Kleinkönig unterliegen lassen?“ Also war auch das Gottes Wille gewesen. Denn seiner Gemahlin Puduchepa sei die Göttin Ischtar, die ,persönliche‘ Gottheit, im Traume erschienen und habe ihre Hilfe zugesagt, und auch jenen ‚Herren‘, die von Urchi-Teschub vertrieben worden waren, soll die Göttin Ischtar in einem Traumgesicht verkündet haben: „Die Länder von Hatti insgesamt habe ich, Ischtar, dem Hattuschili zugewandt“. Wie das geschah, hat Hattuschili ebenfalls als das ‚fürsorgliche Walten‘ der Göttin Ischtar notiert; denn sie habe den Urchi-Teschub nirgendwo anders hingelassen, sondern in der Kultstadt Schamucha „wie ein Schwein in den Kofen“ eingesperrt und Hattuschili in die Hand gegeben. Hattuschili verbannte den Neffen dann aus Anatolien und übergab ihm im nordsyrischen Land Nuchasche „befestigte Städte".[123] Ein auf diese Affäre bezogener Text notiert ausdrücklich, daß es in der Hand des Hattuschili gelegen habe, den Urchi-Teschub zu töten; denn Bewohner von Schamucha wären zu ihm gekommen mit dem Angebot: „Wohlan, wir wollen ihn töten und dir seinen Kopf entgegenbringen!" Das aber habe er nicht gestattet.[124] Ob bereits zu dieser Zeit der abtrünnige Benteschina von Amurru von Urchi-Teschub wieder als König in Amurru eingesetzt worden war oder das erst durch Hattuschili als Großkönig erfolgte, ist noch nicht ganz sicher; es ist möglich, daß dieses Ereignis bereits in die Zeit des Murschili III. zu datieren ist.[125] Soweit also der eigene und als Rechtfertigung nicht immer glaubwürdige Bericht des Großkönigs Hattuschili, der seinen Neffen abgesetzt und ins Exil getrieben hatte.

Der Vertrag des „guten Friedens" und der „guten Brüderschaft"

Ramses II. hatte während der Zeit, in der zunächst noch sein Kriegsgegner Muwatalli II., dann dessen Nachfolger Murschili III. (Urchi-Teschub) und schließlich bereits Hattuschili regierten, Feldzüge in seine asiatischen Besitzungen geführt, wie sie für sein 8. (Vordringen bis Amurru), 10. (bis zum Nahr el-Kelb bei Beirut) und wohl auch 18. Regierungsjahr (bis Beth-Shean in Palästina) bezeugt sind.[126] Zweifellos versuchte er, jenen Verlust an Prestige gutzumachen, der durch die Schlacht von Qadesch vor allem in seinen vorderasiatischen Herrschaftsgebieten und bei den vorderasiatischen Fürsten eingetreten war. Für Hattuschili war es dagegen besonders wichtig, eine gewisse Akzeptanz für die Art seines Herrschaftsantritts durch den Sturz eines rechtmäßig regierenden Großkönigs zu finden. Wahrscheinlich hatte Ramses später, als er die Tochter des Hattuschili heiratete, nicht Unrecht, wenn er in einem ägyptischen Stelentext schreibt, daß es Hattuschili gewesen sei, der den ersten Schritt in Richtung auf Frieden und Versöhnung getan habe: „Dann sandte der große Herrscher von Hatti (Botschaften), die Seine Majestät (d. h. den Pharao) beruhigten, seine Macht verherrlichten, seine Siege priesen, indem er sagte: „Laß deine Feindschaft beiseite, laß ab von deinem Groll".[127] Hattuschili selbst betont in seiner ‚Apologie': „Und die mir gegenüber amtsälteren Könige, welche zu mir in guten Beziehungen standen, die blieben zu mir in den gleichen guten Beziehungen. Und sie begannen mir Gesandte zu schicken und Geschenke zu übersenden. Die Geschenke aber, die sie mir jeweils schickten, die hatten sie keinem meiner Väter und Vorväter gesandt. Wer für mich ein König war, der Ehrfurcht zu erweisen hatte, der erwies mir Ehrfurcht. Was (an Ländern) mir aber feindlich war, das besiegte ich, den Ländern von Hatti fügte ich Gebiet um Gebiet hinzu. Welche (Könige) zur Zeit meiner Väter und Vorväter Feinde waren, die schlossen mit mir Frieden."[128]

In der Tat haben sich unter den in Hattuscha entdeckten Keilschrifttexten eine ganze Reihe von Briefen aus der in Babylonisch – in dieser Zeit Sprache der „internationalen" Kommunikation – geführten Korrespondenz mit Babylonien und Assyrien, vor allem aber mit Ägypten gefunden, deren jeweilige genauere zeitliche Abfolge allerdings nicht immer sicher ist. Darüber hinaus gibt es einige in Hattuscha entdeckte Schreiben in hethitischer Sprache, die wohl einmal als Vorlagen für Übersetzungen – vielleicht dann auch mit Änderungen in Text oder Tenor – gedient haben. Solche „Kladden" sind des öfteren

*Abb. 39   Tontafel mit der Beschreibung von Götterbildern aus Hattuscha/Boghazköy, auf die der
Schreiber zwei menschliche Köpfe zeichnete.*

Abb. 39

aus Hattuscha überliefert, und da es sich nicht um die Schreiben handelte, die
dann den Adressaten durch die Boten verlesen und übergeben wurden, konnten die Schreiber es sich erlauben, etwas weniger sorgfältig zu sein oder aber,
wie von anderen Tontafeln bezeugt ist, auch einmal Kritzeleien zu machen,
wie etwa Köpfe von Menschen oder einen Löwen. Hier sollen zunächst die
Briefe interessieren, die mit Boten zwischen den Residenzen Hattuscha und
Piramesse ausgetauscht wurden zu der Zeit, als man sich beiderseits um die
Beendigung des immer noch bestehenden Kriegszustandes durch einen Vertrag bemühte.

Das Anliegen dieser brieflichen Kontakte wird dabei wiederholt deutlich
gemacht. So betont Ramses gleich mehrfach: „Das Land Ägypten wird sich
verbünden mit dem Land Hatti, um Brüderschaft mit ihm zu schließen auf
der Tafel, die ich bringen lassen werde; und das Land Hatti wird sich verbünden
mit dem Land Ägypten, um Brüderschaft mit ihm zu schließen auf der Tafel,
die mein Bruder bringen lassen wird". Das heißt, es ging um einen Austausch der
Dokumente, in diesem Fall um Silbertafeln mit dem babylonischen Text des
Vertrags. Für Hattuschili bedeutete das zugleich definitiv die Anerkennung
der Legitimität seiner Herrschaft. So heißt es auch in einem Brief des Ramses
an Hattuschili (ÄHK 22, Vs.13' ff.): „Siehe, du bist der Großkönig der Länder
des Landes Hatti …. Der Wettergott hat dich veranlaßt, das Königtum auszuüben in den Ländern (von) Hatti an der Stelle des Vaters deines Vaters" –
d. h. von Schuppiluliuma I., dem Begründer des hethitischen Großreiches,

nicht etwa des von Hattuschili entthronten Murschili III.[129] Ein entsprechendes Exemplar wurde in Hattuscha zunächst auf Tontafeln vorbereitet, wobei an der Formulierung offensichtlich auch ägyptische Experten teilhatten. Dieser Text, von dem noch Fragmente erhalten sind, wurde dann auf eine silberne Tafel übertragen und nach Ägypten gesandt. Dort wurde von der Silbertafel – wie in der Einleitung des Vertrages ausdrücklich vermerkt wird – eine Abschrift auf einer weiteren Silbertafel gemacht, die schließlich nach Hatti zur Verlesung und Deponierung vor den Göttern gesandt wurde. Es erfolgte also ein „Austausch von Dokumenten", wie er noch heute in der Diplomatie üblich ist.

Die übliche „internationale" Korrespondenz wurde auf Tontafeln geführt; für die Hethiter ist aber, wie bereits erwähnt, durch einen in Boghazköy gemachten Zufallsfund auch ein Vertrag mit einem untergeordneten Fürsten auf einer Tafel aus Bronze bezeugt.[130] Im Falle der vertraglichen Vereinbarung der beiden „Supermächte" dieser Zeit diente jedenfalls das noch wertvollere Silber zur Niederlegung des Vertragstextes. Weder das ägyptische noch das hethitische Exemplar der Silbertafeln konnte bislang entdeckt werden. Man darf wohl annehmen, daß das Edelmetall später zum Diebstahl anreizte. Auch die einzige Metalltafel mit einem Staatsvertrag, die bislang entdeckt werden konnte, wurde ja nicht in einem Archivgebäude oder Tempel ausgegraben, sondern in der Oberstadt von Hattuscha unter einem Prozessionsweg an der Innenseite der hethitischen Stadtmauer am sogenannten Sphinxtor, wo sie offenbar versteckt worden war.[131]

Bevor es zum Austausch der Tafeln kam, mußten aber noch einige Probleme geklärt werden, vor allem die Angelegenheit des Urchi-Teschub, der – wie schon erwähnt – nach seinem Sturz von Hattuschili nach Nordsyrien ins Exil geschickt worden war.[132] Dort aber gab es offenbar Sympathien für den früheren Großkönig Murschili III., denn Ramses teilte dem Hethiterkönig in einem seiner Briefe mit, daß weder die Bewohner des nordsyrischen Landes Nuchasche noch die von Amurru, das an der Grenze zu Ägypten lag, bereit gewesen seien, den Urchi-Teschub auszuliefern. Dieser soll dort, wenn man einer in einem Briefe geäußerten Vermutung folgen darf, die Absicht gehabt haben, Zuflucht in Babylonien zu suchen. Das lag nicht im Interesse Hattuschilis, der daher den Urchi-Teschub „an der Küste des Meeres weiter hinab" sandte. Wir wissen nicht genau, wie man diese geographische Angabe verstehen darf; später hielt sich Urchi-Teschub offenbar auf ägyptischem Territorium auf. Die Angelegenheit wurde jedenfalls erst nach dem Abschluß des ägyptisch-hethitischen Friedensvertrages zu einer einvernehmlichen Lösung gebracht, und zwar mit den Söhnen des Urchi-Teschub.

Ein weiteres Thema der Ramses-Korrespondenz mit Hattuschili bei der Vorbereitung des Vertrages war die Aushandlung der Vertragsklauseln. Boten reisten in dieser Angelegenheit zwischen Piramesse und Hattuscha hin und her. Diese Emissäre werden in den Texten als „*kartappu*" bezeichnet; die ursprüngliche Bedeutung dieses akkadischen (babylonischen) Wortes ist „(Pferde-)Knecht", meint hier aber einen hohen Hofbeamten, dem ein leichter, mit Pferden bespannter Wagen zur Verfügung stand – das zu dieser Zeit schnellste Verkehrsmittel. Er war für die Übermittlung nicht nur von Nachrichten zuständig, die bei Übergabe des auf einer Tontafel niedergelegten Textes auch noch mündlich vorgetragen wurden, sondern auch für die Überstellung von Transporten mit kostbaren Geschenken, wie sie als Mittel der Diplomatie sowie anläßlich von fürstlichen Hochzeiten gesandt wurden – zugleich in Erwartung entsprechender Gegengaben. Auch beim Abschluß von Staatsverträgen wurden gewöhnlich solche „Geschenke" gemacht; sie waren daher oft Gegenstand der Briefe, die zwischen den Höfen des Ramses II. und Hattuschilis III. ausgetauscht wurden, vor allem aber bei Vertragsschlüssen und bei dynastischen Eheschließungen. Dabei werden die wertvollen „Geschenke" genauer beschrieben, mit exakter Angabe des kostbaren Materials, der Verarbeitung sowie auch des Gewichts. Denn es wurde wie bei einem Handelsgut verfahren, bei dem der Partner genau wissen sollte, wie wertvoll es war und wie er demzufolge seine Gegengabe zu bemessen hatte. Entsprechend den Angaben auf den begleitenden Tafeln wurden diese „Geschenke" der Königshäuser untereinander genau nachgewogen – und gegebenenfalls beim Partner auch reklamiert.

Die genaue zeitliche Einordnung der einzelnen Briefe innerhalb der umfangreichen Korrespondenz Hattuschilis mit Ramses II., deren Tafeln bzw. Tafelkopien in der hethitischen Residenz- und Kultstadt Hattuscha entdeckt wurden, ist nicht immer möglich. Gefunden wurden die Tafeln in einem mehr oder weniger fragmentarischen Zustand in den sogenannten Archiven E und A auf der Königsburg (Büyükkale), gehörten also dem Palastbereich zu. Aber auch im Tempeldistrikt des Wettergottes in der Unterstadt von Hattuscha (sog. Tempel 1) kamen in Raum 11 Tafeln dieser Korrespondenz zutage. Es scheint also, daß es kein „Spezialarchiv" für diesen Briefwechsel gab – oder die Schreiben bzw. deren Kopien nicht immer an ihren ursprünglichen Platz zurückgelegt wurden. Im Mittelpunkt dieser Ägypten-Korrespondenz der Zeit Ramses' II. standen zwei Ereignisse: Der Vertragsschluß zwischen Ägypten und Hatti sowie dann, im 34. seiner Regierungsjahre, die erste dynastische Eheschließung zwischen einer hethitischen Prinzessin, Tochter des Hattuschili III. und seiner Gemahlin Puduchepa, und dem Pharao, der zu dieser Zeit bereits das 50. Lebensjahr überschritten haben dürfte.

DIE SILBERTAFELN DES VERTRAGES

Die silberne Tafel mit dem Text des Vertrages, aus Hattuscha von einer Delegation überbracht, wurde Pharao Ramses II. im Herbst des Jahres 1259 v. Chr. vorgelegt – nach unserem Kalender um den 10. November: „Jahr 21, erster (Monat) der Saatzeit, Tag 21, unter der Majestät von Ober- und Unterägypten Waschmuaria schatepnaria (Thronname des Ramses in babylonischer Wiedergabe), Sohnes des Re, Riamaschescha mai-amana (Geburtsname), dem für immer und ewig Leben gegeben ist, geliebt von Amon-Re, von Harachte, von

Abb. 40–41   Bronzetafel (35 x 23,5 cm, Vs. und Rs.), gefunden in sekundärer Ablage in Boghaz-köy. Sie enthält den Text des Staatsvertrages, den Großkönig Tutchalija IV., Sohn des Hattuschili, mit seinem Verwandten Kurunta schloß, der als hethitischer König das Land Tarchuntascha in Südanatolien regierte. Hat die Silbertafel des Ramses-Hattuschili-Vertrages vielleicht ähnlich aus-gesehen?

Ptah, der sich südlich von seiner Mauer befindet…" usw. usw. [133] Die Delega-tion, die sowohl aus hethitischen Würdenträgern bestand als auch ägypti-schen Beamten, die zuvor offenbar zur Ausarbeitung des Textes nach Hat-tuscha gesandt worden waren, erreichte die Residenzstadt Piramesse nach etwa einmonatiger Reise. Immerhin hatte sie eine Wegstrecke von mehr als 1800 km zurückzulegen. Unter den sechs Begleitpersonen, deren Namen al-lerdings nicht vollständig überliefert sind, erscheint ein Hethiter namens Ne-rikka'ili, wohl ein Sohn des Hattuschili,[134] sowie ein Abgesandter aus Karka-misch – jener Stadt, der seit den Zeiten des Schuppiluliuma I. die Verwaltung der syrischen Gebiete des hethitischen Reiches anvertraut war.[135] Dieser Be-amte, Tili-Teschub mit Namen, ist auch durch eine Urkunde aus der nordsyri-schen Hafenstadt Ugarit bekannt, wobei hinzugesetzt wird, daß es sich bei ihm um den Boten handelte, „den (die Majestät, d. h. Hattuschili) nach Ägypten schickte".[136] Die Ägypter dieser Delegation waren offenbar zuvor nach Hat-tuscha gesandt worden, um bei der Vorbereitung des Vertragstextes mitzu-

wirken. Unter ihnen befand sich ein gewisser Ramose, der mehrfach mit dem
Ugariter Tili-Teschub zusammen erwähnt wird und noch in weiteren Briefen
erscheint.[137] Er war also längere Zeit in hethitischen Diensten – wie etwa auch
Amenmose, der am Hofe von Karkamisch seine Tätigkeit ausübte. Der Pharao
nahm die silberne Vertragstafel jedenfalls in Augenschein, und er konnte bestätigen, daß sie „sehr schön" sei (ÄHK 3).

Abb. 40. 41   Die Originale dieser Silbertafeln sind nicht erhalten, doch könnte die bereits erwähnte Bronzetafel mit dem Text eines späteren Vertrages einen gewissen Eindruck von einer solchen Metalltafel vermitteln. Es handelt sich dabei
um das Abkommen, das Tutchalija IV., Sohn und Nachfolger des Großkönigs
Hattuschili III., mit dem ebenfalls dem großköniglichen Hause entstammenden Fürsten Kurunta schloß, der im südanatolischen Land Tarchuntascha ein
hethitisches Vizekönigtum regierte. Diese Tafel mißt 35 x 23,5 cm und ist etwa
1 cm dick, und sie besitzt ein Gewicht von 5 kg.[138] Der keilschriftliche Text
wurde auf beiden Seiten der Tafel sorgfältig in die Bronze eingeschlagen – so
sorgfältig, daß man keinen Fehler des Künstlers, als welchen man den Hersteller der Tafel hier wohl bezeichnen darf, erkennen kann. Es wäre gewiß
auch kompliziert gewesen, Fehler zu korrigieren – wie man das etwa auf Tontafeln tun konnte, solange diese noch hinreichend durchfeuchtet waren. Ein
Beispiel dafür ist etwa die Tontafel mit dem Vertrag zwischen Tutchalija IV.,
Sohn Hattuschilis III., und dem syrischen Fürsten Schauschga-muwa von
Amurru: Dort sind verschiedene Passagen oder Wörter mit dem Daumenna-
gel oder Griffel unleserlich gemacht oder durchgestrichen worden – und zwar
wohl gerade solche, die politisch brisant waren und bei deren Formulierung
man daher besonders sorgfältig sein mußte.[139] Dieser Text ist jedenfalls deutlich als eine „Kladde" erkennbar; er ist daher auch ungesiegelt geblieben. Das Ori-
ginal könnte vielleicht aus Bronze gewesen sein. Außerdem ist bekannt, daß
es auch eiserne Vertragstafeln geben konnte – wobei das Material offenbar zugleich symbolhaft für die Dauerhaftigkeit der getroffenen Vereinbarungen
stand.[140]

Abb. 42   Die babylonische Fassung des Vertragstextes wurde bei den in Boghazköy
durchgeführten Ausgrabungen gefunden, zerbrochen in mehrere Fragmente,
die wenigstens teilweise wieder zusammengefügt werden konnten. Wo sie
dereinst „archiviert" worden war, ist unklar. Dabei ist nicht einmal davon aus-
zugehen, daß ein entsprechender archäologischer Fund darüber eine klare
Auskunft geben würde; denn es ist – auch im Hinblick darauf, daß Texte der
hethitisch-ägyptischen Korrespondenz an unterschiedlichen Orten Hattuschas entdeckt wurden – bislang noch kein bestimmtes „internationales"
Briefarchiv sicher identifiziert worden.[141] Kürzlich wurden sogar Fragmente
hethitischer Tontafeln publiziert, die auf dem Felsplateau von Büyükkaya gefunden wurden, sich aber als zugehörig zu Tafeln erwiesen, die aus dem
Stadtgebiet von Hattuscha stammten.[142] Der keilschriftliche, in babylonischer
Sprache verfaßte Text kam wohl unter Hinzuziehung ägyptischer Experten
zustande; denn das Babylonische des Tontafelentwurfs zeigt einen Einfluß
ägyptischer Grammatik.[143] Wahrscheinlich ist ein Entwurf dann nach Ägyp-

Abb. 42   Aus einigen Fragmenten wieder zusammengefügter babylonischer Keilschrifttext des Staatsvertrages zwischen Hattuschili III. und Ramses II. Er bildete wohl die Grundlage für den Text der Silbertafel, die Ramses überstellt wurde.

ten geschickt worden, um dort geprüft und danach wieder nach Hatti gesandt zu werden zur Herstellung der Silbertafel, nach der dann auch ein ägyptisches Pendant entstehen sollte. Was die in Hattuscha gefundenen Tontafeln betrifft, so finden sich darunter auch zwei Fragmente, in denen Ramses in der Ich-Form spricht, die Schrift selbst aber deutlich in hethitischer Tradition steht.[144] Auch in Ägypten selbst sind Keilschrifttafeln – vor allem der Korrespondenz – geschrieben worden, doch besteht wenig Aussicht, daß sie im feuchten Boden des Nildeltas, in Piramesse, überdauert haben. Denn der Briefwechsel macht deutlich, daß es in der Residenz des Ramses II. Schreibstuben bzw. Archive gegeben haben muß, in denen Schreiber tätig waren, die auch des Babylonischen kundig waren.

DAS PROBLEM EINER SIEGELUNG DER SILBERTAFELN

Die erwähnte Bronzetafel, die als bislang einziges erhaltenes Exemplar einer hethitischen Vertragstafel aus Metall hier zum Vergleich herangezogen werden kann, ist mit Siegeln versehen worden, indem man die Tafel mit zwei Löchern versah und dort 31 cm lange Ketten anbrachte mit Bronzekapseln, die einst die in Ton abgedrückten Siegel enthielten. Der Text des ägyptisch-hethitischen Vertrages selbst – erhalten ist hier nur die hieroglyphisch-ägyptische Version – nennt eine Siegelung „in der Mitte" der Tafel „ und zwar sowohl auf der Vorder- als auch der Rückseite." Aus der hethitischen Tradition ist bekannt, daß auf diese Weise – allerdings nur auf einer Tafelseite – Urkunden betreffend die Übertragung von Land und Gütern gesiegelt worden sind, von denen in Boghazköy eine ganze Anzahl ausgegraben wurden, die aus dem 15. Jh. v. Chr. stammen und somit dem sog. Mittleren Reich zugehören.[145] Diese Urkunden aber waren aus Ton, der für einige Zeit feucht gehalten werden konnte, um den vollen Keilschrifttext darauf zu schreiben. Zuvor hatte man in der Mitte das Stempelsiegel des Herrschers eingedrückt, um das man den Keilschrifttext herumschrieb. Auf der Bronzetafel ist aus technischen Gründen darauf wohl verzichtet worden, und auch auf den – nicht überlieferten – Silbertafeln dürfte es nicht einfach gewesen sein, in gleicher Weise wie auf den Tontafeln zu verfahren, obgleich Silber ein etwas weicheres Material ist als Bronze. Steinsiegel, wie sie aus dem hethitischen Anatolien überliefert sind, hätten bei einem noch heißen Zustand der Tafel kaum abgedrückt werden können, und eine Kaltprägung mit einem Eisenstempel auf beiden Seiten hätte mit einem einzigen Schlag gleichzeitig erfolgen müssen, um dann deckungsgleich beide Siegel einzuprägen.[146] Ein Zwischenglühen der Tafel wäre aber zweifellos notwendig geworden. Aus Ägypten ist bekannt, daß man Kartuschen mit den Namen in Metallfolie eindrückte und dann als entsprechende Besitzanzeigen an Gerätschaften anbrachte; hätte man sie auch auf einer Silbertafel dauerhaft anbringen können? Auf einer Wachs- oder Tonunterlage hätten sich die Siegelabdrücke auf der Metalltafel kaum dauerhaft gehalten. Es ergeben sich hier hinsichtlich der Siegelpraxis also Probleme, die eigentlich nur durch die Entdeckung solcher beschrifteter und gesiegelter Tafeln wirklich gelöst werden könnten.[147] Ansonsten müßte man davon ausgehen, daß, ähnlich wie bei der Bronzetafel, die Siegel in ein Tonlager eingedrückt wurden, das sich in Metallkapseln befand.[148]

Was die Darstellungen auf den nicht mehr vorhandenen Siegelabdrücken der Silbertafel aus Hatti betrifft, so ist im babylonischen Text nur ein knapper Hinweis gegeben worden, von dem aber nur auf zwei Siegelinhaber geschlossen werden kann, während der hieroglyphisch-ägyptische Text (vgl. dazu unten) deren Siegelabdrücke sogar beschreibt:

„Was in der Mitte der Silbertafel auf ihrer ‚Vorderseite' ist (ist folgendes): Eine figürliche Darstellung mit dem Bild des Seth beim Umarmen [des Bildes des] Groß[fürsten von Hatti], umgeben von einer Randinschrift mit dem Wortlaut: Das Siegel des Seth, des Herrschers des Himmels; das Siegel des Vertrages, den Hattuschili abgeschlossen hat, der Großfürst von Hatti, der Starke, der Sohn des Murschili, des Großfürsten von Hatti, des Starken. – [Was] innerhalb der Umrandung der figürlichen Darstellung ist: Das Sie[gel des Seth, des Herrschers des Himmels]."

„[Was in der Mitte auf] ihrer ‚anderen' Seite[149] ist: Eine figürliche Darstellung mit dem weiblichen Bild [der] Göttin von Hatti, beim ‚Umarmen' des weiblichen Bildes der Fürstin von Hatti, umgeben von einer Randinschrift mit dem Wortlaut: Das Siegel der Sonnengöttin der Stadt Arinna, des Herrn(!) des Landes; das Siegel der Puduchepa, der Fürstin des Landes Hatti, der Tochter des Landes Kizzuwatna, der [Priesterin(?) der Sonnengottheit] von Arinna, der Herrin des Landes, der Dienerin der Göttin. [Was] innerhalb der Umrandung der figürlichen Darstellung ist: Das Siegel der Sonnengottheit von Arinna, des Herrn(!) jeden Landes".

Mit dem ägyptischen Seth ist der Wettergott gemeint, der in Hatti unter dem hurritischen Namen Teschub verehrt wurde, mit der Sonnengottheit von Arinna eine Göttin, die in Hatti unter dem hurritischen Namen Heb/pat in hohem Ansehen stand; in Ägypten verstand man sie offenbar auch – in Anlehnung an den männlichen Sonnengott des Niltales – als männliche Gottheit. Die Beschreibung der Siegel stimmt mit den Abdrücken auf Tonbullen überein, die in Boghazköy entdeckt wurden, allerdings bislang nicht von Hattuschili und seiner Gemahlin.[150] Dabei beschreibt der ägyptische Text die fürsorgliche Geste der persönlichen Schutzgottheiten als eine ‚Umarmung', während in hethischen Texten eher die oft zu findende Wendung entsprechen dürfte, daß jemand von der Gottheit „bei der Hand genommen" und damit schützend geführt wurde (vgl. Abb. 72).[151] Die hethitischen Herrscher der späteren Großreichszeit haben sich in dieser Weise auf ihren Siegeln oder auch – im Falle des Hattuschili-Sohnes Tutchalija – auf einem Felsrelief darstellen lassen. Damit haben sich diese Großkönige zugleich insofern dem Vorbild Ägyptens angenähert, als sie nicht nur als enge Vertraute der Götter, sondern diesen nahestehend bzw. sogar als selbst göttlich erscheinen.[152]

Die hieroglyphisch-ägyptischen Stelen-Texte

Der auf Silbertafeln eingepunzte, in Hattuscha verfaßte babylonische Text bezog offenbar auch den Entwurf ein, den ägyptische Schreiber vorbereitet hatten.[153] Er war wohl auch die Vorlage für eine hieroglyphische Übersetzung, in die zugleich die spezifische ägyptische Vorstellung vom Universum und von der dominierenden Position des Pharaos eingebracht wurde. Die in Hattuscha entstandene Fassung ist dann in Ägypten auf Stelen gemeißelt worden, die im thebanischen Tempel von Karnak (fast vollständig erhalten) sowie im Ramesseum, dem Totentempel des Ramses II. in Theben-West (jetzt fragmentarisch überliefert) aufgestellt wurden. Als Vorbild wird den Steinmetzen während ihrer Arbeit gewiß ein entsprechender hieroglyphischer Text auf Papyrus gedient haben.[154] Allerdings machten die ägyptischen Schreiber bei der Übertragung der keilschriftlichen Textvorlage auf Papyrus ins Ägyptische einen Fehler,[155] den die Steinmetze dann übertrugen: Mehrkolumnige Tontafeln wurden in Hatti in der Weise geschrieben, daß man auf der Vorderseite mit der linken Kolumne begann, nach Beschriften der Vorderseite dann aber die Tafel wandte und auf der Rückseite den Text rechts fortsetzte. Ein Beispiel dafür ist auch durch die erwähnte Bronzetafel überliefert. Der ägyptisch-hieroglyphi-

Abb. 43

*Abb. 43   Teil der hieroglyphisch-ägyptischen Version des Staatsvertrages, eingemeißelt in einem
Pylon des Tempels in Karnak.*

sche Text setzt nun aber den Text zunächst mit den Zeugen sowie den Fluch-
und Segensformeln fort und läßt erst danach die vertraglichen Regelungen
der 3. Kolumne der babylonischen Vorlage folgen. Inwiefern es auch sonst
Fehler oder Nuancierungen gab, kann hier nicht weiter verfolgt werden, es sei
denn, sie reflektieren unterschiedliche Sichtweisen der beiden vertragschließenden Parteien.[156] In Karnak sind Szenen erhalten, die Ramses in Verbindung mit dem Vertragsschluß beim Opfer für Amun darstellen. Eine Beischrift lautet: „Ich (d. h. Amun) gebe dir die Kraft der zwei Herren (d. h. von
Ober- und Unterägypten), damit du deine Grenzen setzen kannst wo immer
du willst." Und die Göttin Mut fügt hinzu: „Ich gebe dir alle ebenen und gebirgigen Länder".[157]

Der Inhalt des Staatsvertrages

Im folgenden wird der Vertragstext entsprechend der Bearbeitung E. Edels in
„Paragraphen" untergliedert[158], die sich zwar nicht unmittelbar aus den Ori-
ginaltexten, wohl aber unter inhaltlichen Gesichtspunkten ergeben. E. Edels
Gegenüberstellung des babylonischen (akkadischen) und hieroglyphisch-
ägyptischen (d. h. aus dem Babylonischen übertragenen) Textes erleichtert es

zudem, historisch interessante Unterschiede in den Auffassungen und Formulierungen herauszustellen, wobei zugleich aber deutlich wird, daß es sich hier
um die Wiedergabe des Silbertafel-Textes handelt, der in Hattuscha – wenn
auch unter Beteiligung ägyptischer Experten – entstanden war.

Der Vertrag beginnt mit dem Datum, d. h. dem 21. Jahr und 21. Tag im ersten Monat der „Zeit der Saat", d. h. dem 21. November 1259 v. Chr., sowie einem Lobpreis des Pharao. Sodann informiert er über die Boten, die die Silbertafel
des hethitischen Großkönigs überbrachten, „um Frieden zu erbitten". Das
mag unter gleichberechtigten Partnern befremdlich klingen, dürfte aber insofern zutreffen, als Hattuschili im Hinblick auf seine Situation in Anatolien, wo
es gewiß noch in Erinnerung war, wie er seinen Neffen und legitimen Vorgänger, Urchi-Teschub/Murschili III. behandelt hatte, ganz besonders darum zu
tun war, durch den Vertrag an Prestige zu gewinnen. Es ist auch von dieser In-
teressenlage her anzunehmen, daß es Hattuschili war, der den ersten Schritt
zu einem vertraglichen Friedensschluß unternommen hat. Überdies hatte im
obermesopotamischen Raum ein Vormarsch assyrischer Truppen in Richtung
auf die nordsyrische Euphratgrenze begonnen; der noch hethitisch dominierte Nachfolgestaat von Mittani, Hanigalbat, geriet nun immer mehr unter
Druck und sah sich von „zwei Herren" – wie es in einem Brief heißt – bean-
sprucht. Umso mehr mußte Hattuschili auch darauf bedacht sein, an seiner
südwestlichen, mesopotamischen Grenze freiere Hand zu haben, indem er die
Konfliktgefahr im syrischen Süden seines Reiches beseitigte. Als Boten, die
das Vertragsdokument begleiteten, werden bedeutende hethitische Würdenträger genannt sowie auch ein Abgesandter des Königs von Karkamisch, der
die syrischen Gebiete des hethitischen Großreiches verwaltete und in der
hethitischen Hierarchie nach dem Großkönig selbst und dem Kronprinzen die
dritthöchste Stelle innehatte.[159] Vermerkt wird dann, daß es sich bei dem Text
um eine Abschrift der Silbertafel handele, die der hethitische König durch die Boten Tili-Teschub und Riamaschi/Ramose überbringen ließ.

Es folgt sodann die Nennung der Vertragsparteien, wobei die Großkönige
Schuppiluliuma I. und Murschili II. als die beiden Herrschergenerationen vor
Hattuschili genannt werden, während bei Ramses Minpachtaria (= Min-pehti-
rê, d. h. Ramses I.) und Minmuria (Men-maat-rê = Sethos I.) erscheinen. Der
babylonische Text bezeichnet beide Vertragschließenden als Großkönige, Könige des Landes Hatti bzw. Misri/Ägypten, folgt also der hethitischen Titulatur. Die hieroglyphische Textfassung macht aber einen deutlichen Unterschied hinsichtlich des Ranges der beiden vertragschließenden Fürsten und
bezeichnet Ramses als den „Großen Herrscher von Ägypten", während Hattuschili „Großer Fürst bzw. Prinz von Hatti" genannt wird.[160] Als vorrangiger
Zweck des Vertrags wird die Herstellung von „gutem Frieden" und „guter
Brüderschaft" für alle Zeiten bezeichnet. Es war also, wie damals üblich, ein
Vertragsschluß nicht zwischen zwei Staaten, sondern ihren Herrschern, wie
das auch in Europa noch lange die Praxis war. Zugleich stellt das Dokument
den ältesten „internationalen", paritätischen Staatsvertrag zwischen zwei
Großmächten dar, der bislang in seinem Wortlaut überliefert ist.

Anschließend wird eine Retrospektive geboten, die zunächst auf einen früheren Vertrag verweist, der verhindert habe, daß Feindschaft zwischen Hatti und Ägypten entstehen konnte. War hier vielleicht der schon erwähnte sog. Kuruschtama-Vertrag des frühen 14. Jhs. v. Chr. gemeint, den Schuppiluliuma I. aus dem Archiv holen ließ und von dem Murschili II. in seinen „Pestgebeten" sagt, daß diese Tafel „uralt" gewesen sei? Auch Haremhab ist als ein früherer Vertragspartner der Hethiter in Erwägung gezogen worden.[161] Oder hat Sethos I. nach seinen Unternehmungen in Syrien eine vorläufige Übereinkunft mit dem hethitischen Großkönig Muwattalli II. getroffen, die allerdings sonst bisher nirgends erwähnt wird? [162] Es ist auch interessant, daß die babylonische Fassung die weitere Vorgeschichte nicht weiter ausführt, während der ägyptische Text zunächst auf die Schlacht von Qadesch zwischen Muwattalli und Ramses verweist: „In der Zeit des Muwattalli aber, des Großfürsten von Hatti, meines Bruders, da kämpfte er (d. i. der Gott, der zuvor aufgrund eines früheren Vertrages keine Feindschaft geduldet hatte), mit Riamaschescha mai-amana, dem Großkönig von Ägypten." Eine Aussage über den Ausgang dieses Kampfes bei Qadesch wird offenbar ganz bewußt vermieden. Denn einerseits konnte dem Kriegsteilnehmer Hattuschili gegenüber nicht von einem Sieg des Ramses gesprochen werden, andererseits wäre in der hieroglyphischen Fassung ein Hinweis auf den Sieg des Gegners unangebracht gewesen, da das dem Siegesbericht des Pharao widersprochen hätte. Ferner wird auf die Thronbesteigung des Vertragspartners Hattuschili verwiesen – einer hethitischen „Sprachregelung" folgend wurde die mehrjährige Herrschaft des Murschili III./Urchi-Teschub hier ebenfalls mit Schweigen übergangen. Auch im weiteren Text sowie in der Korrespondenz zwischen Hattuschili und Ramses sowie ihren Höfen hat diese Sichtweise, die der offiziellen hethitischen Version folgt, ihren Ausdruck gefunden.

Der Vertragstext fährt sodann mit der Bemerkung fort, daß es Ramses (babylonische Fassung) und Hattuschili (ägyptische Fassung) gewesen seien, die nun den früheren Vertrag wieder aufgenommen hätten. Diese Formulierung dürfte als eine Konzession an Hattuschili zu betrachten sein; denn während die Legitimität der Regierung des Ramses in Ägypten außer Zweifel stand und der normalen Thronfolge entsprach, war dieses bei Hattuschili nicht der Fall. Hattuschili selbst hat dann ja auch in seiner ‚Apologie' betont, wie wichtig es für ihn gewesen sei, normale Beziehungen mit den Herrschern anderer Staaten zu pflegen, nachdem er dem Muwattalli (so!, und nicht Murschili III.) auf dem Thron gefolgt sei, und im hieroglyphischen Text wird daher noch einmal ausdrücklich darauf verwiesen, während in die keilschriftliche Fassung dieser Passus nicht aufgenommen wurde. Auch in den nachfolgenden Vertragsklauseln ist immer wieder zu beobachten, wie insbesondere die hethitische Seite sehr sorgfältig darauf achtete, daß ihre eigene Sicht auf die Vorgeschichte des Abkommens zur Geltung kam. Schließlich stammte ja auch die Silbertafel, die dem ägyptischen Text zugrunde lag, aus Hattuscha. Sodann legt der ‚Paragraph' 3 fest, daß auch die Söhne (im hieroglyphischen Text: die Enkel) der den Vertrag schließenden Herrscher friedlich und miteinander ver-

brüdert sein sollten, „ohne daß jemals zwischen ihnen Feindschaft auf-
kommt".

Mit dem 4. „Paragraphen" – wie die einzelnen Abschnitte hier bezeichnet
werden sollen – beginnen dann die eigentlichen vertraglichen Regelungen;
beide Seiten verpflichten sich, den Partner nicht anzugreifen – es sei denn,
daß der Vertragspartner durch ein feindseliges Verhalten dazu Anlaß gegeben
hätte. Für Ramses, der in Ägypten keinen Gegner hatte, den er hätte so fürchten
müssen wie seine Vorfahren die Könige von Kerma/Kusch am oberen Nil,
war das gewiß ein weniger dringendes Anliegen als für den hethitischen
Großkönig. Denn in Obermesopotamien hatte unter den Regierungen von
Adad-nirari I. (1295–1264 v. Chr.) und Salmanassar I. (1263–1234 v. Chr.) eine
Ausdehnung assyrischen Einflusses stattgefunden, die schon Murschili II.
veranlaßt hatte, der Euphratgrenze seines Reiches besondere Aufmerksamkeit zu widmen.[163] Das von Schuppiluliuma I. eingerichtete und immer noch
hethitisch dominierte Fürstentum Hanigalbat, das die Nachfolge des besiegten Mittani-Staates angetreten hatte, geriet nun zunehmend unter assyrischen
Druck und wurde unter Salmanassar praktisch dem assyrischen Reich ange-
gliedert. Dennoch hat Hattuschili versucht, auch zu Assyrien ‚normale' Beziehungen herzustellen. Das gegenseitige Nichtangriffsversprechen – keiner
sollte das Land des anderen angreifen, „um irgendetwas aus ihm wegzuneh-
men" – mit Ägypten gab ihm jedoch zweifellos eine stärkere Position auch gegenüber dem aufstrebenden Assyrien und entlastete ihn von der Notwendigkeit, an der mittelsyrischen Grenze zu Ägypten mit stärkeren Truppenkontingenten präsent zu sein.

Der 5. Paragraph verweist darauf, daß mit dem vorliegenden Vertrag eine
frühere vertragliche Regelung wieder aufgenommen werde, wobei die hieroglyphische Version sogar von zwei solchen Verträgen spricht und sie zeitlich
unterscheidet: Eine vertragliche Übereinkunft habe schon zur Zeit des
Großkönigs Schuppiluliuma bestanden, wohl der sog. Kuruschtama-Vertrag
(s. o.), und erwähnt wird dann noch „der festgelegte Vertrag, der zur Zeit des
Muwattalli, des Großfürsten von Hatti, meines Bruders, bestand" – denn ein
Bruder Muwattallis im Wortsinne war Hattuschili ja, und Ramses selbst wird
seinen Gegner von Qadesch kaum so bezeichnet haben. Daß sich dieser Hinweis gerade im hieroglyphischen Text findet, bestätigt erneut, daß es sich dabei um die Wiedergabe der hethitischen Version des Vertrages handelte, wie
sie sich auf der ‚Silbertafel' in Babylonisch und in Keilschrift niedergeschrieben fand. Ein solcher älterer Vertrag ist aber bisher nicht überliefert und
könnte wohl nur von dem Vater des Ramses, Sethos I., oder nach der Schlacht von
Qadesch im 5. Jahr des Ramses II. geschlossen worden sein. In der hethitischen Überlieferung gibt es bisher jedoch keinen Hinweis darauf, ebenso
nicht in der umfangreichen Korrespondenz, die zur Zeit des Staatsvertrages
zwischen den Höfen in Anatolien und Ägypten geführt wurde. Oder wird damit vielleicht ein Abkommen zum Vertrag aufgewertet, das nach dieser
Schlacht etwa den Austausch von Gefangenen vorsah?

Eine wichtige Festlegung des Staatsvertrages findet sich in den folgenden vier Abschnitten (Paragraphen 6–9), die die wechselseitige Unterstützung gegen äußere und innere Feinde durch die Entsendung von Fußtruppen und Wagenkämpfern festschreiben. Hier war deutlich Hattuschili derjenige, der diesen Abschnitt in den Text einbringen ließ: Denn während der Pharao offenbar weder im Niltal noch in den vorderasiatischen Provinzen eine schlagkräftige militärische Opposition zu befürchten hatte, war die Situation für Hattuschili anders. In Hatti selbst scheint es immer noch Gruppen gegeben zu haben, die ihm den Sturz seines Bruders Murschili III./Urchi-Teschub noch nicht verziehen hatten, und der syrische Reichsteil war offenbar durch die Nähe sowohl zu Ägypten als auch dem nunmehr von Assyrien beeinflußten Obermesopotamien in seiner Treue verunsichert. Mit letzteren Problemen mußte sich insbesondere der Fürst von Karkamisch auseinandersetzen, der für den Großkönig mit wachsenden Vollmachten den syrischen Reichsteil verwaltete. Es heißt in den entsprechenden Abschnitten: „Wenn ein auswärtiger Feind gegen die Länder des Waschmuaria schatepnaria, des Großkönigs von Ägypten zieht, und der zum Großkönig von Hatti schickt mit den Worten: „Komm zu mir als Verstärkung gegen ihn!", so soll der Großkönig von Hatti zu ihm als Verstärkung kommen, und der Großkönig von Hatti soll seinen (d. h. des Ramses) Feind erschlagen. Aber auch wenn der Großfürst von Hatti nicht (selbst) gehen will, so soll er doch seine Truppen und seine Wagen schnellstens kommen lassen und seinen Feind erschlagen." Und ,Paragraph' 7 fährt fort: „Oder wenn Riamaschescha mai-amana, der Großkönig von Ägypten, auf Untertanen von sich zornig ist, nachdem sie ein anderes Vergehen gegen ihn verübt haben, und er auszieht, um sie zu erschlagen, so soll der Großfürst von Hatti (im Bunde) mit ihm alle vernichten, auf die sie zornig sein werden". Dabei wurde es nicht als notwendig betrachtet, daß der nunmehr verbrüderte Partner in eigener Person in den Kampf zieht, sondern es sollte genügen, wenn Truppen und Streitwagen entsandt wurden (Paragraphen 8 und 9).

Eine besonders interessante Festlegung bietet der folgende Abschnitt beider Fassungen des Vertrages (Paragraph 10). Hier ist sogar nur eine einseitige Festlegung getroffen worden: Ramses verpflichtet sich, die Thronfolge des hethitischen Kronprinzen zu garantieren. „Ich (d. i. Hattuschili) werde meinem Schicksal folgen (d. h. sterben), Riamaschescha mai-amana (so der Thronname des Ramses) aber soll ewig leben, und man soll in das Land Hatti kommen, um zu veranlassen, daß sie (d. h. die Großen Hattis) meinen Sohn zu ihrem Herrn machen". Sollte es doch anders geschehen und die Thronfolge des Prinzen (Tutchalija) in Hatti in Frage gestellt werden, so sollte Ägypten zugunsten des Hattuschili-Sohnes militärisch intervenieren: „Wenn sie aber gegen ihn ein Vergehen verüben, indem sie es ablehnen, ihn sich zum Herrn einzusetzen, so soll Waschmuaria schatepnaria, der Großkönig von Ägypten, mit seinem Munde niemals schweigen; er soll kommen und das Land Hatti vernichten und dem Großfürsten von Hatti Genugtuung verschaffen und ebenso dem Lande Hatti." Hier spielt erneut die Urchi-Teschub-Problematik eine Rolle, die auch in der Korrespondenz der Zeit des Vertragsschlusses immer wieder angesprochen wird. Es scheint, daß es in Hattuscha, in den Provinzzentren sowie in Syrien immer noch einflußreiche Kreise gab, die das Vorgehen des Hattuschili gegen seinen Neffen mißbilligten und Parteigänger des exilierten Großkönigs waren. Nicht zuletzt hatte Hattuschili seinen Selbstbericht über die Vorgänge ja auch gerade deshalb verfaßt, um die Nachfolge seines Sohnes Tutchalija zu unterstützen. Urchi-Teschub hielt sich jetzt im ägyptischen Bereich auf und war damit eine Art Faustpfand für den Pharao, das wieder zur Geltung gebracht werden konnte, wenn es die politische Situation erforderte.

Nicht erwähnt wird im Vertrag dagegen eine Verpflichtung des Hattuschili, seinerseits die legitime Thronfolge in Ägypten zu unterstützen; das war offensichtlich kein Problem. Es gibt bisher keine Hinweise auf eine Opposition gegen den gottgleichen Pharao, und an Söhnen fehlte es ihm auch nicht. Er soll insgesamt – von sieben Hauptgemahlinnen und vielen Nebenfrauen – mehr als 45 Söhne gehabt haben sowie – was aber weniger ins Gewicht fiel, wenigstens 40 Töchter.[164]

Erst 1985/86 sind die Gräber dieser Söhne entdeckt und untersucht worden.[165] Es handelt sich dabei um eine große Anlage mit einer Halle, deren Decke von 16 Säulen gestützt wird, sowie – soweit bislang ausgegraben – mehr als 95 Kammern, in denen dargestellt wird, wie Ramses II. selbst – in der Gestalt des Totengottes – seine Söhne verschiedenen Gottheiten vorstellt. Ein großer Teil der Söhne des langlebigen Ramses ist noch vor dem Vater verstorben; mit Merenptah bestieg später der 13. Sohn den Thron als Nachfolger. Ferner wurden in der Grabanlage Opferkapellen sowie ein Felsrelief des Totengottes Osiris gefunden. Aus der Zeit des Ramses III. (1183/2–1152/1 v. Chr.) stammt ein Vernehmungsprotokoll, das sich auf diese Grabanlage „der königlichen Kinder" des Ramses II. bezieht. Arbeiter der thebanischen Nekropole wurden darin beschuldigt, eine Plünderung dieser Anlage geplant zu haben – ein Verbrechen, auf das die Todesstrafe der Pfählung stand. Auch während der Zeit, als der Friedensvertrag mit Hattuschili III. geschlossen wurde und Ramses auf der Höhe seines Ruhmes war, dürfte Ramses bereits über eine Anzahl von erwachsenen Söhnen verfügt haben, die ihm hätten nachfolgen können, und er mußte sich zudem über die Thronfolge eines seiner Söhne offenbar keine Gedanken machen, anders als Hattuschili III.

Alle weiteren „Paragraphen" des Hethitervertrages (11–20) widmen sich der Auslieferung und der Behandlung von Flüchtlingen aus den jeweiligen Herrschaftsgebieten. Auch hier hat das besondere Interesse des hethitischen Partners an dieser Problematik seinen Niederschlag gefunden. Ausdrücklich werden „hochrangige" Flüchtlinge (wörtlich: „Große") zuerst genannt, und man darf wohl davon ausgehen, daß nicht nur der von Hattuschili entthronte Murschili III. (Urchi-Teschub), sondern auch diesem noch verbundene Würdenträger die Residenz Hattuscha verlassen und möglicherweise in Syrien Zuflucht genommen hatten. Aber auch „Menschen, die man nicht kennt", werden ausdrücklich mit einbezogen – letztlich ging es in beiden Bereichen auch um Arbeitskräfte. Alle sollten nach ihrer Überstellung an den Partner unter eine Amnestie fallen; weder sie selbst noch ihre Familien sollten getötet oder an Augen, Ohren, Mund oder Füßen verstümmelt werden, und kein Vergehen sollte man ihnen anlasten. Ihre „Häuser" – damit waren ihre Hauswirtschaften gemeint, sollten nicht zerstört werden. Unter Berufung auf diese Bestimmung des Vertrages hätte wohl auch Urchi-Teschub aus Ägypten unbeschadet nach Hatti zurückkehren können, wo er offenbar noch Sympathisanten besaß. Daher gewiß die besondere Ausführlichkeit, in der diese Problematik in der babylonischen Fassung wie auch dann der hieroglyphischen Version abgehandelt wird.[166]

Was im Vertrag fehlt, ist ein Hinweis auf die territoriale Abgrenzung beider Staaten im mittelsyrischen Raum. Hier ging man stillschweigend vom *status quo* aus, der auch das Land Amurru als vertraglich an Hatti gebundenes Land nicht in Zweifel zog. Anliegen waren Frieden, Bruderschaft und gegenseitige Hilfe gegen Feinde, nicht die Fixierung einer Grenze. Diese war in Syrien durch die Unterwerfung der jeweiligen Fürsten bzw. die Kompetenzen ägyptischer Verwalter geregelt und damit in ihrem genaueren Verlauf offenbar variabel.

Eidgottheiten, Verlesung und Deponierung der Silbertafeln

Der Vertrag endet wie üblich mit einer Liste der Eidgötter sowie Verfluchungs-und Segensformeln, wie sie auch aus zahlreichen anderen Verträgen dieser Zeit überliefert sind. Generell sind es die „tausend Gottheiten, seien es männliche Gottheiten, seien es weibliche Gottheiten" der Länder Hatti und Ägypten, die angerufen werden. Mit ihren Namen und meist auch den Hauptkultorten erscheinen dann insgesamt 30 anatolische Gottheiten, an der Spitze der Sonnengott, Herr des Himmels – hier gewiß dem ägyptischen Re angeglichen, die weibliche Sonnengottheit von Arinna, die persönliche Schutzgottheit Hattuschilis III., Wettergottheiten des Himmels und des Landes Hatti, Wettergottheiten der verschiedenen anatolisch-syrischen Kultorte, darunter auch der Wettergott der nordsyrischen Stadt Halab. Als ägyptische Götter werden nur die drei wichtigsten dieser Zeit genannt: Amun, Re und Seth. Schließlich werden als Zeugen des Eides auch Berge, Himmel und Erde, Flüsse, das große Meer – gewiß das Mittelmeer – die Winde und die (Sturm)wolken angerufen. Den Abschluß bilden die Verfluchung der Vertragspartner und ihrer Länder, falls sie den Vertrag verletzen würden, andererseits ihre Segnung, wenn sie ihn einhielten. Dazu wurden noch einmal summarisch die „Tausend Götter" Hattis und die „Tausend Götter" Ägyptens, d. h. alle Götter, die in diesen Ländern verehrt wurden, aufgefordert. Schließlich werden die Siegel Hattuschilis und seiner Gemahlin Puduchepa beschrieben, die jedoch, wie bereits erwähnt, nicht erhalten sind – vielleicht hat man mit deren späterem Verlust schon gerechnet ?

Die Silbertafeln sind in Ägypten und Hatti jeweils in den Heiligtümern der wichtigsten göttlichen Zeugen deponiert worden – in Hatti vor der Sonnengöttin von Arinna, in Ägypten vor dem Sonnengott in Heliopolis. Ein Hin-

weis darauf findet sich u. a. auch in einem Brief, den Ramses II. an Kupanta-
Kurunta von Mira schrieb, Fürst eines westanatolischen Landes; eine Kopie
davon ist dann nach Hattuscha gelangt und dort bei den deutschen Ausgrabungen gefunden worden (ÄHK 28). In dem Schreiben verweist Ramses auf
das durch den Vertrag hergestellte gute Verhältnis zu Hattuschili: „Siehe, das
gute Verhältnis, das der Großkönig, der König des Landes Ägypten geschaf-
fen hat mit dem Großkönig, dem König des Landes Hatti, meinem Bruder, besteht aus guter Brüderschaft und gutem Frieden. Der Sonnengott und der
Wettergott haben es gegeben für ewig." Und am Ende des Briefes heißt es:
„Und siehe, das Schriftstück des Eides, das der Großkönig, der König des
Landes Hatti, mein Bruder, für mich ausgefertigt hat, liegt zu Füßen der Sonnengottheit von Heliopolis und vor dem Angesicht der großen Götter; sie
(d. h. die Götter) sind Zeugen der Worte des Eides. Ich habe den Eid ergriffen
und werde ihn auf keinen Fall aufgeben, glaube du nicht in deinem Herzen
den unwahren Worten, die du gehört hast; es ist kein wahres Wort darin.
Siehe, das schöne Verhältnis der Brüderschaft und des Friedens, in dem ich
mich mit dem Großkönig, dem König des Landes Hatti, meinem Bruder, be-
finde – ich verbleibe so in ihm auf ewig!"

Die Hinterlegung der Verträge auf den Silbertafeln vor dem ägyptischen Re
(d. h. in dessen Heiligtum) fand in Ägypten demnach in Heliopolis statt, als
dessen König sich auch Ramses II. des öfteren ausdrücklich in seiner Titulatur
bezeichnete.[167] Im hethitischen Arinna, unweit von Hattuscha gelegen, hat
Hattuschili später dann seinen Vertrag mit Kurunta von Tarchuntascha hinterlegt. Von der bereits erwähnten Bronzetafel des Hattuschili-Nachfolgers Tutchalija wissen wir durch ihre entsprechenden Ablagevermerke, daß es von ihr
sogar sieben Ausfertigungen gab, versehen mit dem Siegel der Sonnengöttin
von Arinna und des Wettergottes von Hatti, in deren Hauptheiligtümern jeweils eine Tafel deponiert wurde: „Diese Tafel aber (ist) als siebentes Exemplar ausgefertigt und mit dem Siegel der Sonnengöttin von Arinna und mit
dem Siegel des Wettergottes von Hatti gesiegelt. (Davon) ist eine Tafel vor der
Sonnengöttin von Arinna, eine Tafel vor dem Wettergott von Hatti, eine Tafel
vor Lelwani, eine Tafel vor Hepat von Kizzuwatna eine Tafel vor dem Wettergott
„des Blitzes", eine Tafel im Königspalast vor Zitcharija niedergelegt. Eine Tafel aber verwahrt Kurunta, König des Landes Tarchuntascha (d. h. der Vertragspartner des Großkönigs) in seinem Hause".[168] Unter den Vertragszeugen des
Hattuschili-Ramses-Vertrages erscheint auch der Wettergott der Stadt Schari-
scha; der Ort kann heute an der Stelle von Kuschakli im zentralen Anatolien
lokalisiert werden. Der Tempel dieses Wettergottes konnte dort bereits entdeckt und ausgegraben werden, allerdings ohne bislang eine Vertragskopie
zu finden.[169]

Abb. 44

Mehrfach wird in der Briefkorrespondenz sowie in den Staatsverträgen
selbst noch darauf verwiesen, daß bei dieser Gelegenheit der Wortlaut des
Textes sowohl den vornehmen als auch den geringen Leuten verlesen werden
sollte; abhängigen Fürsten sollte der Wortlaut ihrer Subordinationsverträge
dann sogar 3x jährlich vorgetragen werden, um sie an ihre Pflichten zu erin-

Abb. 44 Auf einer Höhe von 1600 m liegen im zentralen Anatolien, etwa 50 km südlich von Sivas die Ruinen der hethitischen Stadt Scharischa/Sarissa, heute Kuschakli. Im Wettergott-Tempel könnte ein Exemplar des Hattuschili-Ramses-Vertrags hinterlegt worden sein. Seit 1992 werden hier deutsch-türkische Ausgrabungen durchgeführt.

nern und ihnen nicht die Möglichkeit zu geben, in Unwissenheit über die Abmachungen zu sein. Es war also eine gewisse Öffentlichkeit vorgesehen, und in einem Brief an Hattuschili verwies Ramses darauf, daß auch seinerseits eine Hinterlegung des Textes der Silbertafel erfolgte, den er zuvor sowohl die „vornehmen" als auch die „geringen" Leute hören ließ (ÄHK 4); erst danach wollte Ramses ebenfalls eine Silbertafel mit dem Vertragstext herstellen lassen.

Es war sogar vorgesehen, daß sich beide nunmehr verbrüderten Herrscher auch einmal persönlich treffen sollten (ÄHK 4): „Der Sonnengott und der Wettergott, und meine Götter und die Götter meines Bruders sollen veranlassen, daß mein Bruder seinen Bruder sieht. Und mein Bruder möge zu mir kommen und möge den guten Vorschlag, mich zu besuchen, ausführen. Und Einer möge zum Anderen kommen und Einer möge dem Anderen in sein Antlitz schauen an dem Orte, wo sich der König auf seinem Thron befindet. Und ich der Großkönig, der König des Landes Ägypten, will ins Land Kinachi (Kana'an) gehen, um den Großkönig, den König des Landes Hatti, meinen Bruder, zu sehen, um ins Antlitz meines Bruders zu schauen und um ihn inmitten meines Landes zu empfangen". Ramses verweist im folgenden dann auf ein

Schreiben des Hattuschili, in dem ebenfalls ein Treffen der nunmehr verbrüderten Großkönige vorgeschlagen wurde. Ramses war also bereit, dazu in die ägyptische Nordprovinz Kinachi in Syrien zu reisen. Ein solches geplantes persönliches Zusammentreffen wird später noch mehrfach erwähnt, ist aber offenbar niemals zustande gekommen: Die den Vertrag schließenden „Brüder" haben sich wahrscheinlich niemals gesehen.

Heliopolis, die bedeutende Kultstadt im südöstlichen Nildelta, in der sich ein Tempel des Sonnengottes Re (-Harachte) befand,[170] wird noch in weiteren Ramses-Briefen erwähnt; hieroglyphisch wird sie *Jnw*, „Pfeilerstadt" wohl wegen der in ihr aufgestellten Obelisken, geschrieben, im Babylonischen aber als „Stadt Ana" bezeichnet, was die äygptische Aussprache nur unzureichend wiedergibt. In Anatolien ist die aus Ägypten gesandte Silbertafel bei der Sonnengöttin von Arinna niedergelegt worden, wobei anzunehmen ist, daß das in der Hauptstadt Hattuscha geschah, in der auch die Fragmente der Tontafelentwürfe gefunden wurden; Arinna selbst wird als Land bzw. Stadt in der Umgebung von Hattuscha lokalisiert. Gewiß ist auch hier der Wortlaut der Tafel, der für den Großkönig Hattuschili nur schmeichelhaft sein konnte, verkündet worden; denn damit erkannte ihn der Pharao, der mächtigste Herrscher dieser Zeit, als gleichberechtigten Partner an. Das hat nicht nur das Prestige des hethitischen Großkönigs unter den zeitgenössischen Fürsten erhöht, sondern Hattuschili konnte durch diese formale Gleichstellung auch jenen Kreisen entgegenwirken, die ihm den Sturz seines Neffen Murschili III./Urchi-Teschub noch nicht verziehen hatten – und dieser war ja sogar immer noch am Leben. Auch der Pharao zeigte an dem politischen Schicksal des exilierten Großkönigs besonderes Interesse, konnte es doch als ein Druckmittel auf Hattuschili dienen. So war Urchi-Teschub, der als König Murschili (III.) hieß, immer noch ein Thema, dem sich die Korrespondenz der beiden Herrscher zur Zeit des Vertragsschlusses und danach des öfteren zuwandte. Erst zur Zeit des Sohnes und Nachfolgers Hattuschilis, des Tutchalija IV., ist der „Vorgang Urchi-Teschub" dann wohl endgültig zu den Akten gelegt worden.

Der Briefwechsel zwischen den Höfen

Der Botenverkehr

In der Zeit um den Vertragsschluß zwischen Ramses II. und Hattuschili III., also um das Jahr 1259 v. Chr., wurde zwischen den Höfen beider Herrscher eine besonders intensive Korrespondenz geführt (vgl. bereits oben). Auch wenn die Tontafeln meist nicht vollständig überliefert sind, so ist es doch möglich, den Wortlaut teilweise wiederherzustellen; denn es werden in den Briefen immer wieder gleiche oder ähnliche Sachverhalte erörtert, wurde immer wieder die Genugtuung über das nunmehr gute Verhältnis zueinander betont, das man als „guter Friede und schöne Brüderschaft" bezeichnete. Die Schlacht von Qadesch sowie andere Kämpfe im mittleren Syrien werden dabei in den Briefen des öfteren zu „Schwierigkeiten" abgewertet, die man sich gegenseitig bereitet habe, und der Friede erscheint dann als eine „Umkehr" (vgl. ÄHK 66/67) oder eine „Umwendung".[171]

Abb. 45   Die in Keilschrift und in babylonischer (akkadischer) Sprache auf Tontafeln niedergeschriebenen Briefe sind bei den Ausgrabungen in Boghazköy/Hattuscha in einem mehr oder weniger fragmentarischen Erhaltungszustand entdeckt worden, und zwar in den Archivräumen E und A im Palastbereich am Westhang bzw. der Südecke von der Königsburg auf Büyükkale, aber auch in Raum 11 des großen Wettergott-Tempels in der Unterstadt (Tempel I). Die Zuordnung der Textfunde von 1906 bis 1912 zu einem bestimmten Fundplatz kann oft nur aufgrund der Tagebücher des damaligen Grabungsphilologen H. Winckler vorgenommen werden, wenn man seine Daten mit den Angaben der Archäologen über ihre gleichzeitigen Aktivitäten in eine Verbindung bringt. Allerdings ist bekannt, daß Winckler die Texte körbeweise in sein Arbeitszimmer gebracht wurden, er jedoch – auch aufgrund seiner häufigen Erkrankungen – nicht immer in der Lage war, sie sogleich aufzuarbeiten.[172] Erst spätere Grabungen haben die Textfundorte genauer notiert.

Alle Briefe dieser Korrespondenz sind jedenfalls in Anatolien gefunden worden; im ägyptischen Nildelta, d. h. in Piramesse, der königlichen Residenzstadt des Ramses II., konnten bei den seit einigen Jahren laufenden archäologischen Forschungen bislang keine Tontafeln zutage gebracht werden; der hohe Grundwasserspiegel im Nildelta beim heutigen Qantir gibt, wie schon erwähnt wurde, kaum die Hoffnung, solche Dokumente aus Ton zu finden. Dieser Briefwechsel ist – ebenso wie der Vertragstext – von E. Edel in zwei Bänden vorgelegt und kommentiert worden (ÄHK); seine Bearbeitung

Abb. 45   Brief des Ramses II. an die hethitische Großkönigin Puduchepa (ÄHK 43), in dem auf den nunmehr bestehenden Staatsvertrag sowie die geplante dynastische Verbindung zwischen Hatti und Ägypten verwiesen wird.

bildet auch für die nachfolgende historische Darstellung die maßgebliche Grundlage. Die dabei notwendigen Ergänzungen des Tontafeltextes können meistens deshalb mit einiger Sicherheit vorgenommen werden, weil parallele Briefe häufig dieselben Inhalte oder sogar gleiche Formulierungen aufweisen.[173]

Absender und Adressat werden sogleich am Briefbeginn genannt, gewöhnlich eingeleitet mit der Formulierung: „Folgendermaßen (folgen Name und Titel des Absenders), zu (folgen Name und Titel des Adressaten) sprich!" Die Aufforderung zum Sprechen richtet sich an den Boten, der die Tafel übergab. Denn die Schriftstücke wurden sowohl überreicht als auch von ihren Überbringern – diese waren keine einfachen Boten, sondern ausgebildete, d. h. schriftkundige Beamte – in ihrem Wortlaut vorgetragen. Da der Wortlaut des Textes auf der Tafel zur Verfügung stand, konnte die Rede des Gesandten überprüft werden, und erst aus der Übereinstimmung ergab sich die Zuverlässigkeit der übermittelten Nachrichten. Bereits ein Ahnherr des Hattuschili hatte einmal in einem Vertrag, den er mit dem auf dem Weg von Hatti nach Syrien liegenden Lande Kizzuwatna schloß, auf die Notwendigkeit dieser Übereinstimmung hingewiesen: „Was die Tafel betrifft, die ich, Meine Majestät, dir übersende – eine Tafel auf der Worte niedergelegt wurden, sowie die Worte des Boten, die er mündlich auf deine Anfrage hin äußert: Wenn die Worte des Botens mit denen auf der Tafel übereinstimmen, dann vertraue diesem Boten.... Wenn die Worte der Rede des Boten mit den auf der Tafel niedergelegten Worten aber nicht übereinstimmen, darfst du auf keinen Fall dem Boten sowie dem bösen Inhalt seines Berichtes vertrauen!"[174]

Sodann folgen meist Worte über das Wohlbefinden des Absenders und seiner Angehörigen, aber oft auch: der Truppen, der Pferde, der Wagen, der Länder. Ferner wird die Hoffnung ausgedrückt, daß es auch dem Adressaten usw. wohlgehen möge. Die Aufforderung an den Boten zum Sprechen wird im Text meist mehrfach wiederholt. Abschließende Grüße und Wünsche fehlen, der Text endet für unser Verständnis meistens ziemlich abrupt (und ohne „Unterschrift"), was offenbar nicht als Unschicklichkeit empfunden wurde. Die zusammen mit dem Brief meist überstellten Geschenke werden genau aufgeführt; ihr Aussehen und ihre Qualität, oft auch das Gewicht der Gaben werden präzise angegeben. Das geschah nicht nur, um Unterschlagungen seitens der Übersteller zu vermeiden, sondern auch, um einen Maßstab für die erwarteten Gegengaben anzudeuten. Es ist bekannt, daß solche Geschenksendungen dann gewöhnlich mittels einer beigefügten Liste kontrolliert und gegebenenfalls sogar nachgewogen wurden. So ist dieser Austausch von Geschenken zwischen den Höfen auch als eine Art von Handel, nur eben auf höherer bzw. höchster Ebene, zu betrachten.[175] Diese Königsboten, Überbringer von Informationen und Geschenken, genossen einen besonderen Status. So notiert Hattuschili III. in einem seiner Briefe (ÄHK 62): „Boten schlecht zu behandeln, ist nicht recht!" Und in einem anderen Schreiben (ÄHK 39) wird darauf verwiesen, daß strikt untersagt sei, einen Boten gar zu töten. Das traf zweifellos auch für die Abgesandten des hethitischen Vizekönigs von Karkamisch zu, wie

Abb. 46 *Nefertari/Nofretari (keilschriftlich: Naptera), Hauptgemahlin des Ramses II., in konven-*
tioneller Weise dargestellt in ihrer Grabanlage, die im »Tal der Königinnen« entdeckt wurde.

etwa den Boten, der einen Brief des Königs Ini-Teschub überbrachte und in Piramesse übergab. Daß es solche Schreiben gab, wird durch ein in Ägypten ge-
fundenes Ostrakon, d. h. eine Tonscherbe bezeugt, die in ägyptischer Sprache
und Schrift wenigstens noch den Beginn eines solchen Briefes enthält. Machte sich
ein ägyptischer Schreiber eine Notiz darüber oder war der Text bereits in Karkamisch in Ägyptisch abgefaßt worden?[176]

Nefertari und Puduchepa – die „grossen Damen" ihrer Zeit

Als ein gut erhaltenes Beispiel dieser Korrespondenz zwischen Hatti und
Ägypten sei hier ein Brief wiedergegeben, den die ägyptische Königin Naptera (so ihr Name nach dem babylonischen Keilschrifttext), d. h. die Gemahlin
des Ramses II., an die Hauptgemahlin des Hattuschili III., Puduchepa, rich-
tete. Der Wortlaut des Briefes folgt, ohne Notierung der auf der Tafel gezogenen Abschnittsstriche, wie auch sonst der Übersetzung von E. Edel (ÄHK 12):

„So (spricht) Naptera, die Großkönigin des Landes Ägypten: Zu Puduchepa, der Großkönigin des Landes Hatti, sprich: Mir, deiner Schwester, geht
es gut, (und) meinem Lande geht es gut. Dir, meiner Schwester, möge es gut
gehen, (und) deinem Lande möge es gut gehen. Ich habe nunmehr gehört, daß
du, meine Schwester, mir geschrieben hast, um dich nach meinem Wohlbefinden
zu erkundigen, und (daß) sie mir schreibt wegen des Verhältnisses des guten
Friedens (und) wegen des Verhältnisses der guten Brüderschaft, in dem sich
der Großkönig, der König des Landes Ägypten, mit dem Großkönig, dem König von Hatti, seinem Bruder, befindet.

Der Sonnengott und der Wettergott werden dein Haupt erheben und der
Sonnengott wird den Frieden gedeihen lassen, und er wird die gute Brüderschaft des Großkönigs, des Königs des Landes Ägypten, mit dem Großkönig,
dem König des Landes Hatti, seinem Bruder, auf ewig gewähren; auch ich bin
in Frieden und bin verbrüdert mit dir – ich ebenfalls.

Nunmehr habe ich dir ein Geschenk übersandt als Begrüßungsgeschenk
für dich, meine Schwester, und du, meine Schwester, mögest das Geschenk erfahren, das ich dir gesandt habe durch die Hand des Parichnawa, des Königsboten: 1 (Kette) für den Hals, sehr bunt, aus gutem Gold, aus 12 Strängen bestehend, deren Gewicht 88 Schekel (d. h. 88 x 9,1 Gramm = 801 Gramm) be-
trägt. 1 buntes linnenes *maklalu*- Gewand[177] aus Byssos, 1 bunte linnene Tu-
nika aus Byssos, 5 bunte linnene Gewänder aus gutem, dünnem (Faden),
5 bunte linnene Tuniken aus gutem, dünnem (Faden). Summe aller linnenen
Gewänder: 12 linnene Gewänder."

Damit endet der Text dieses Schreibens, ein Beispiel für viele ähnliche
Briefe, die zwischen den beiden Höfen hin- und hergingen. Wie üblich bedienten sich die Angehörigen der Königshäuser Hattis und Ägyptens dabei
einer verwandtschaftlichen Terminologie und bezeichneten sich als „Bruder",
„Schwester" bzw. auch „Mutter", „Vater", „Sohn" usw.[178] So war Naptera
nunmehr auch die „Schwester" der hethitischen Großkönigin Puduchepa ge-

worden, die ebenso wie diese als Hauptgemahlin des Herrschers nicht nur eine wesentliche Rolle bei Hofe spielte, sondern auch bei der Gestaltung der auswärtigen Beziehungen mitwirkte. Beide waren die „großen Damen" ihrer Zeit, und beide haben dementsprechend auch ihren Platz in der Politik eingenommen.[179]

Naptera (so in der keilschriftlichen Wiedergabe ihres Namens) wurde in ägyptischen Texten als Nefertari – auch: Nofretari/Nofretere – bezeichnet.[180] Sie war als „große königliche Gemahlin" die Hauptfrau unter den zahlreichen Frauen des pharaonischen Harems, bildete praktisch das weibliche Pendant zum König und war entsprechend auch „Herrin von Ober- und Unterägypten" und „Herrin aller Länder". Bereits im ersten Regierungsjahr des Ramses II. erscheint sie in dieser Funktion; Ramses und Nefertari müssen bei ihrer Heirat noch sehr jung gewesen sein. Der Name der Hauptgemahlin des Pharao wird in hieroglyphisch-ägyptischen Texten oft genannt; gemeinsam mit ihrem Gemahl oder auch allein erscheint Nefertari zudem oft in der bildlichen Tradition – als Skulptur, Relief oder Malerei. Dabei darf nicht davon ausgegangen werden, daß ihr überliefertes Bild einen Eindruck von ihrem wirklichen Aussehen vermittelt; ihre Erscheinung ist entsprechend dem ägyptischen Darstellungs-Kanon typisiert worden. Auch die Ausstattung des kleinen, der Göttin Hathor gewidmeten Tempels, den Ramses für sie in Abu Simbel erbauen ließ, läßt keinen persönlichen Eindruck von ihrem wirklichen Erscheinungsbild entstehen. Eine Inschrift in diesem Tempel, der in eine Felswand eingearbeitet wurde, preist das Bauwerk als „großartiges Denkmal für die Große Gemahlin des Königs, Nefertari, geliebt von Mut (d. i. die Begleiterin des Hauptgottes Amun), deren Liebe wegen sich die Sonne erhebt, begabt mit Leben, geliebt." Der Tempel wird bezeichnet als „Werk des Königs von Ober- und Unterägypten für die Große Königliche Gemahlin Nefertari, geliebt von Mut, im nubischen Land, begabt mit Leben wie Re, für immer und ewig: Seine Majestät hat befohlen, diesen Tempel im nubischen Land anzulegen, ihn in den Fels zu graben. Niemals ist derartiges zuvor geschehen, außer von dem geliebten Sohn des Amun", d. h. dem Pharao Ramses II.[181]

Abb. 48

Nefertari ist noch vor ihrem Gemahl, dem sie sechs Kinder gebar, verstorben – wohl schon vor der Zeit, als Ramses seine erste dynastische Ehe mit einer Hethiterprinzessin einging, d. h. vor seinem 34. Herrschaftsjahr. Ihr letzter in einem Text bezeugter Auftritt datiert aus dem 24. Regierungsjahr des Ramses, als die Tempelanlagen von Abu Simbel eingeweiht wurden. Da auch ihre Tochter Merit-Amun zu diesem Ereignis mitreiste, ist vermutet worden, daß Nefertari zu dieser Zeit bereits erkrankt war.[182] Ihr steinerner Sarkophag ist bei der Entdeckung ihres Grabes im Jahre 1904 (Nr. 66 im Tal der Königinnen) nicht gefunden worden, aber die großzügige architektonische Gestaltung so-

Abb. 47 (S. 100/101) Der große Tempel des Ramses II. in Abu Simbel mit den vier Kolossalfiguren des Pharao; an einer von ihnen ist – rechts vom Zugang – auch Königin Nefertari dargestellt.

*Abb. 48   Sog. Kleiner Tempel von Abu Simbel, errichtet für Nefertari – hier noch direkt am aufge-
stauten Nil gelegen, in dessen Wasser er sich widerspiegelt.*

wie die gut erhaltene Ausmalung machen diese Anlage zu einer der bedeutendsten Grabstätten Ägyptens.

Abb. 49   Ihre hethitische „Schwester" Puduchepa gehört gleichfalls zu den am be-
sten bezeugten Königinnen des orientalischen Altertums.[183] Sie war die Tochter eines Priesters der Göttin Ischtar im Lande Kizzuwatna, das zwischen dem
anatolischen Kernland Hattis und den syrischen Besitzungen der Hethiter gelegen war und damit auch strategisch eine wichtige Position einnahm. Ischtar
trug – wie auch sonst im hurritisch geprägten Südanatolien und Nordsyrien –
hier die Bezeichnung Hepat (Heba), und auf diese Göttin bezog sich auch der
Name der Puduchepa. Spätestens seit der Zeit des Hattuschili III. wurde diese
Hepat mit der hethitischen Staatsgöttin, der Sonnengöttin von Arinna, gleichgesetzt.[184] Hattuschili lernte sie offenbar kennen, als er von dem ägyptischen
Feldzug seines großköniglichen Bruders Muwattalli II. nach Anatolien
zurückkehrte. Der Vater der Puduchepa, der den hurritischen Namen Pentipscharri trug, tat seinen Dienst für Ischtar in der Stadt Lawazantija, gelegen
in den Bergen des südöstlichen Taurus im Quellgebiet des Ceyhan-Flusses.
Mit seiner Gemahlin verband Hattuschili auch die besondere Hinwendung
zur Göttin Ischtar, da er, wie er in seiner – hier schon oft erwähnten – „Apologie"
betont, auf Wunsch der Göttin schon als Kind von seinen Eltern in deren spe-

Abb. 49 *Großkönigin Puduchepa beim Ausgießungs (Libations)-Opfer, dargestellt auf dem Fels-relief von Firaktin (rechts).*

ziellen Dienst gegeben worden war: „Da schickte Ischtar, meine Herrin, zu Murschili, meinem Vater, im Traume den Muwattalli, meinen Bruder (mit den Worten): ‚ Für Hattuschili sind die Jahre (nur noch) kurz, er wird nicht (lange) le-ben. So übergib ihn mir, er soll mein Priester sein, und er wird am Leben blei-ben.‘ Da nahm mich, den Knaben, mein Vater auf und gab mich der Gottheit zum Dienst. Und als Priester brachte ich der Gottheit (Trank-)Opfer dar. Und ich sah Wohlergehen in der Hand der Ischtar, meiner Herrin. Und Ischtar, meine Herrin, nahm mich bei der Hand und leitete mich auf rechtem Wege.“[185] Nun also hatte der noch immer im besonderen Dienst der Ischtar stehende Hattuschili im Lande Kizzuwatna „auf Geheiß der Göttin (Isch-tar)“[186] eine Frau gefunden, die Zeit seines Lebens ihm eine gute Gemahlin war: „Und wir hielten zusammen, und uns gab die Gottheit die Liebe des Gat-ten und der Gattin. Und wir bekamen Söhne und Töchter. Ferner erschien mir die Göttin, meine Herrin, im Traume (und sprach): ‚Mitsamt deinem Hause tritt in meinen Dienst!‘ Da trat ich zu der Gottheit mitsamt meinem Hause in die Dienstbarkeit.“[187] Welchen Anteil Puduchepa, die den Rang einer „Ta-wananna“ hatte, der etwa der „Großen königlichen Gemahlin“ am pharaoni-schen Hof entsprochen haben dürfte, an seinen Regierungsgeschäften nahm, zeigt die ägyptisch-hethitische Korrespondenz ebenso wie die Tatsache, daß

der Vertrag des „guten Friedens" mit Ägypten auch mit dem Siegel der Puduchepa versehen wurde. Traumgesichte, Gebete und Gelübde der Königin Puduchepa zeigen, wie eng sie nicht nur ihrem königlichen Gemahl verbunden
war und sich um dessen Gesundheit sorgte, sondern sich auch in der Politik
des hethitischen Staates engagierte – auch noch nach dem Tode des Hattuschili.

GRÜSSE UND WÜNSCHE, GABEN UND GEGENGABEN

Die Annäherung der beiden Herrscherhäuser, die in Verbindung mit dem offiziellen Friedensschluß zwischen den beiden bedeutendsten Mächten des Vorderen Orients dieser Zeit, Hatti und Ägypten, erfolgte, ist in der brieflichen
Korrespondenz nicht nur immer wieder begrüßt worden, sondern hat auch
– wie schon der zitierte Naptera-Brief zeigte – zu einem regen Austausch von
Geschenken geführt. Als weiteres Beispiel sei ein Brief des Ramses an den
hethitischen Prinzen Taschmi-Scharruma zitiert (ÄHK 17): Nach der Anrede
an den „Sohn" heißt es: „Dir, meinem Sohne, möge es gut gehen, dem Sohne
des Großkönigs, des Königs des Landes Hatti, meines Bruders! Ich habe nunmehr ein Geschenk gesandt für meinen Sohn durch die Hand meines Boten,
und du sollst (die Geschenke) erfahren: 1 Becher aus gutem Gold, dessen Gewicht 49 Schekel (= etwa 446 Gramm) ist, 2 linnene *maklalu*-Gewänder aus
Byssos, gefärbt, 2 linnene Tuniken aus Byssos, gefärbt." Aber nicht immer
scheint der Austausch von Geschenken reibungslos verlaufen zu sein. In einem Brief an Hattuschili bezieht sich der Pharao auf dessen wiederholte Anfrage, ob er denn nicht sein kostbares Geschenk erhalten habe, und Ramses
antwortet (ÄHK 6): „Wer ist der, dem du befohlen hast, es mir zu bringen? Ich
kenne keine Leute, die es gebracht hätten."

In hethitischen Inventartexten, die in Hattuscha entdeckt wurden,[188] werden
des öfteren Gegenstände verzeichnet mit dem Hinweis, daß sie aus Misri –
d. h. Ägypten – eingetroffen seien. Es handelt sich dabei um silberne Rhyta,
um Schmuck und Edelsteine sowie auch wertvolle Hölzer, die zwar als „Geschenke" bezeichnet sind, jedoch – wie bereits erwähnt – auf der Basis von
Wert und Gegenwert zwischen den Höfen ausgetauscht wurden. Aus Hatti
wurden vor allem Pferde, die in bestimmter Weise für die Bespannung von
Streitwagen trainiert worden waren, nach Ägypten gesandt, wohl auch zusammen mit den entsprechend ausgebildeten Wagenlenkern. Die Wertschätzung
solcher Pferde scheint sogar in der auf Papyri überlieferten ägyptischen Lie-
beslyrik eine Widerspiegelung erfahren zu haben: „Ach, wenn du doch kämst, wie
ein Pferd des Königs ausgewählt aus tausend Gestüten. Das Beste der Ställe.
Herausgehoben bei seinem Futter von seinem Herrn, der seine Beine kennt.
Hört es den Laut der Peitsche, kann es nicht langsam gehen. Der beste asiatische Wagenführer kann es nicht überholen."[189] Aber auch Goldbecher und
Schmuck wurden nach dem Friedensschluß aus Hatti nach Ägypten gesandt,
wobei man diese Gaben beschrieb oder das genaue Gewicht angab.

Nicht nur zwischen den Großkönigen und den Angehörigen der großköniglichen Häuser wurden Glückwunschschreiben wegen des „guten Friedens" und der „schönen Brüderschaft" ausgetauscht, die nun zwischen den
ehemals verfeindeten Mächten herrschten, sondern auch die Ebene der höch-
sten Beamten, der „Großen" dieser Länder, wurde einbezogen. Ein Beispiel
dafür bietet der Brief des ägyptischen Wesirs Paschijara und der ‚Großen' des
Pharao an Hattuschili (ÄHK 8):

„So sagt Paschijara, der Wesir des Königs des Landes Ägypten, und die
Großen des Großkönigs, des Königs des Landes Ägypten: Zu Hattuschili,
dem Großkönig, dem König des Landes Hatti, unserem Herrn, sprich: Nun,
dem Großkönig des Landes Ägypten, unserem Herrn, geht es gut, und seinen
Ländern geht es sehr, sehr gut.

Der Großkönig, der König des Landes Hatti, unser Herr, hat uns soeben geschrieben in Betreff des schönen Friedens, betreffend die schöne Brüderschaft
und betreffend das Verhältnis der Brüderschaft, in dem sich der König des
Landes Ägypten befindet und in dem auch du dich befindest.

Sehr schön ist es, daß der Großkönig, der König des Landes Hatti, uns geschrieben hat wegen des guten Friedens und wegen der schönen Brüderschaft. Der Sonnengott und die Götter des Landes Ägypten und der Wettergott und die Götter des Landes Hatti werden gedeihen lassen den Frieden
und die Brüderschaft des Großkönigs, des Königs von Ägypten, unseres
Herrn, mit Hattuschili, dem Großkönig, dem König des Landes Hatti, seinem
Bruder, für die Ewigkeit! Und ihr werdet gedeihen lassen den Frieden und die
Brüderschaft zwischen dem Lande Ägypten und zwischen dem Land Hatti
für die Ewigkeit. Wir sind in Frieden, wir sind verschworen und wir befinden uns
in diesem Verhältnis auf Ewigkeit.

Wir haben nunmehr ein Geschenk an unseren Herrn gesandt und an die
Diener unseres Herrn (d. h. die entsprechende Beamten-Ebene in Hattuscha).
Das Geschenk, das Paschijara und die Großen des Landes Ägypten seinem
Herrn gesandt hat durch die Hand des Parichnawa, den Boten des Königs,
sind ... (es folgen Gegenstände aus Gold sowie Gewänder)."

Für diesen Briefwechsel aus der Zeit des Vertragsschlusses, dessen Texte
zweifellos nur einen Teil dessen darstellen, was die zwischen Anatolien und
Ägypten hin- und herreisenden Boten in Verbindung mit reichen Geschenken
überbrachten, ließen sich noch viele Beispiele bringen. Weder in Hattuscha
noch in Piramesse sind jedoch bislang solche Gaben bei den Ausgrabungen
entdeckt und als Sendungen der nun befreundeten Königshäuser von Hatti
und Ägypten identifiziert worden, doch vermögen andere Grabungsfunde
zuweilen einen Eindruck davon zu vermitteln, wie diese Geschenke einmal
ausgesehen haben können.[190] Trotz aller gegenseitigen Versicherung der Wertschätzung und Freundschaft zwischen den Höfen in Hattuscha und Piramesse gab es aber in Verbindung mit dem Friedensvertrag auch noch einen
Klärungsbedarf hinsichtlich der politischen Verhältnisse. Dazu gehörte auch
die noch immer anstehende Frage des exilierten Urchi-Teschub, der sich
zunächst im hethitisch kontrollierten Syrien, dann wohl auf ägyptischem Ter-

ritorium aufhielt. Hattuschili war es daran gelegen, eine Rückkehr des Urchi-Teschub – er wird auch hier niemals mit seinem Königsnamen Murschili genannt – in den hethitischen Bereich auszuschließen. Eine ganze Reihe von Briefen, die meisten von ihnen in die Zeit bald nach dem Friedensvertrag zu datieren, widmet sich vorrangig dieser Thematik – und dabei wird der Ton zuweilen sogar etwas schärfer als sonst. So heißt es nach der Anrede und allgemeinen guten Wünschen (ÄHK 20):

„So sprich zu meinem Bruder (d. i. Hattuschili): Ich habe nunmehr diese unschönen Worte gehört, die du mir geschrieben hast wie folgt: ‚Warum schreibst du mir wie einem Diener diese vielen Worte?‘ Daß ich dir geschrieben hätte wie einem Diener, ist nicht der Fall. Hast du nicht die Königswürde empfangen, und ich sollte das nicht wissen, und das sollte nicht in meinem Herzen sein? Übe sie aus für dich! Ferner: Ich habe von dieser Angelegenheit des Urchi-Teschub vernommen, über die du geschrieben hast, und du hast mir über ihn geschrieben: ‚Ich habe die Königswürde an seiner Statt empfangen‘…" Hattuschili fühlte sich offenbar durch einen wohl etwas herablassenden Ton des Ramses-Briefes verletzt – und empfindlich scheint er gerade im Hinblick auf das Problem seiner nicht legitimen Thronbesteigung gewesen zu sein, ein Umstand, der ja zugleich auch für seine internationale Reputation Bedeutung besaß. Urchi-Teschub war, wie schon erwähnt, nach seinem Sturz in das hethitische Syrien verbannt worden, und als ihm das offenbar zu viele Möglichkeiten gab, sich mit anderen Fürsten ins Benehmen zu setzen, in einen weniger brisanten Bereich „weiter die Küste entlang" – es ist angenommen worden, daß hier Zypern oder das südanatolische Mira gemeint sein könnten. Der Fürst von Mira ist später, nach dem Friedensvertrag, als Briefpartner des Ramses bezeugt, wobei auch die ‚Urchi-Teschub-Affäre‘ erwähnt wird. Ramses verweist dabei auf den Wunsch des Hattuschili, Urchi-Teschub aus dem hethitischen Grenzbereich nach Ägypten zu bringen und ihn dort unter Kontrolle zu halten. Offenbar mußte Hattuschili immer noch eine Rückkehr des exilierten Großkönigs Murschili III. befürchten. Bei der Überstellung auf ägyptisches Territorium gab es jedoch Probleme, nicht zuletzt wohl deshalb, weil der gestürzte Großkönig auch in Syrien Sympathisanten fand. Jedenfalls hat sich Urchi-Teschub später dann offenbar im ägyptischen Bereich aufgehalten, wie aus einem ironischen Schreiben der Puduchepa an Ramses (ÄHK 105) hervorgehen dürfte. Der Brief stellt eine Antwort auf einen Vorwurf des Ramses dar, der sich darüber beklagte, daß die Überstellung der hethitischen Prinzessin, die seine Gemahlin werden sollte, sich immer wieder verzögere. Es heißt in diesem Schreiben der Puduchepa:

„Was du, mein Bruder, mir geschrieben hast: ‚Als deine Boten bei mir ankamen und mir die Grußbotschaft und das Schmuckgeschenk meiner Schwester brachten, da freute ich mich.‘ Als ich das hörte, freute ich mich ebenfalls. Mir, der Gemahlin deines Bruders, sind Leben und Gesundheit gegeben, und der Person meines Bruders sei ebenfalls Leben und Gesundheit gegeben…..Du, mein Bruder, hast mir wie folgt geschrieben: ‚Meine Schwester hat mir geschrieben, ‚ich werde dir meine Tochter geben‘. Doch du verzögerst sie immer wieder und bist mir jetzt auch noch böse! Warum hast du sie mir bis jetzt nicht gegeben? Darauf kann ich nur antworten: „Die Überstellung der Tochter verzögere ich absichtlich, und du wirst es nicht mißbilligen können! Du wirst es akzeptieren müssen, denn ich vermochte sie dir bislang nicht zu geben, mein Bruder. Wie du, mein Bruder, das Schatzhaus des Landes Hatti kennst, kenne ich es nicht, denn das Schatzhaus ist ein abgebranntes Haus, was aber übrig blieb, das gab Urchi-Teschub (dem Tempel) der Großen Gottheit. Da Urchi-Teschub dort (d. h. bei Ramses) ist, so frage ihn doch, ob es sich so verhält oder nicht!" Urchi-Teschub sollte demnach durch sein Zeugnis bekräftigen, daß es der Puduchepa derzeit nicht so schnell möglich sei, für die nötige Mitgift ihrer Tochter zu sorgen, die zur Gemahlin des Ramses ausersehen und ihm bereits anverlobt war.

Mit diesem Schreiben befinden wir uns in der Zeit um das Jahr 34 der Regierung Ramses' II., also 13 Jahre nach dem Friedensvertrag. Urchi-Teschub, der sich offenbar seit dem 18. Regierungsjahr des Ramses auf ägyptischem Gebiet befand,[191] hat also viele Jahre noch als exilierter König gelebt, und endgültig ist die „Affäre Urchi-Teschub" dann erst zur Zeit des Tutchalija IV., des Sohnes und Nachfolgers des Hattuschili III., beigelegt worden. Damals wurden zunächst einschlägige Orakelanfragen gestellt, und als diese positiv ausfielen, vollzogen die Söhne des Murschili III./Urchi-Teschub gemeinsam mit dem hethitischen Großkönig ein Ritual zur Beendigung des Konflikts. Sie erhielten im nordsyrischen Lande Nija einen Ort zugewiesen – also etwa dort, wohin ihr Vater von Hattuschili III. zunächst verbannt worden war.

Die Residenzen von Ramses II.
und Hattuschili III.

DER AUSBAU VON PIRAMESSE IM ÖSTLICHEN NILDELTA

Abb. 50 Ramses II. hatte die bereits von seinem Vater schon bevorzugte Residenz im Bereich des heutigen Qantir bzw. der alten ‚Hyksos'-Stadt Avaris als eigentlichen Königssitz übernommen. Als ‚Ramses-Stadt', Piramesse (genauer: Haus des Ramses-meri-Amun) erlebte dieser günstig gelegene Platz seinen eigentlichen Ausbau.[192] Bereits nach der Schlacht von Qadesch leitete Ramses ein umfangreiches Bauprogramm in Ober- und Unterägypten ein, d. h. in den von ihm beherrschten „beiden Ländern". Davon zeugen seine Tempel, wie in Abu Simbel und Theben, sowie die über das ganze Niltal verteilten Statuen des Pharao. Vor allem aber hat sich Ramses in seiner Residenzstadt Piramesse als Bauherr betätigt. Die Mittel dazu kamen auch in den Goldminen in der östlichen Wüste sowie in Nubien; Ramses hat sie weiter ausgebaut und durch eine verbesserte Zuführung von Wasser, das für das Auswaschen der zertrümmerten Felsbrocken benötigt wurde, gefördert.[193] Piramesse[194] lag an der „Front jedes Fremdlandes", d. h. nicht weit von den Kriegszielen im asiatischen Bereich entfernt, an einem wichtigen, schiffbaren Nilarm im östlichen Delta. Es war gewiß kein Zufall, daß gerade hier der Kult des Gottes Seth eine lange Tradition hatte, jenes Gottes, der bereits zur Zeit der sog. Hyksos-Könige besonders verehrt worden war und als Spender von Regen, Besänftiger des Meeres sowie Herr von Blitz und Donner dem in Vorderasien unter verschiedenen Namen verehrten Wetter- bzw. Gewittergott entsprach. Anders als im mittelägyptischen Theben und Amarna, wo das Niltal am Rande nur einen schmalen Streifen von Feldern ermöglichte, war das Delta ein großflächiges Ackerbaugebiet. Hier konnte daher auch eine größere Bevölkerung problemlos mit Nahrungsmitteln versorgt werden, und selbst Wein wurde angebaut. Die durch Kanäle und Seen aufgegliederte Stadtanlage besaß ihre Wohngebiete wohl vor allem in den etwas höher gelegenen, landwirtschaftlich kaum nutzbaren Randbereichen. Ihre archäologische Erforschung ist noch im Gange, wird aber dadurch erschwert, daß der Boden des Deltas einen hohen Grundwasserstand aufweist; neue technische Erkundungsmethoden haben es jedoch möglich gemacht, die Grundrisse von einer Reihe von Bauwerken festzustellen. Etwa 41000 m² bebautes Gelände konnten bereits untersucht werden – als Teil eines Gebietes, das ungefähr 30 km² umfaßt. Bereits 20 cm unter der als Ackerland genutzten Fläche stellte man Bauten aus Nilschlamm-Ziegeln fest. Allein um die 6000 m² umfaßte eine Anlage, die man vorläufig als ‚Aus-

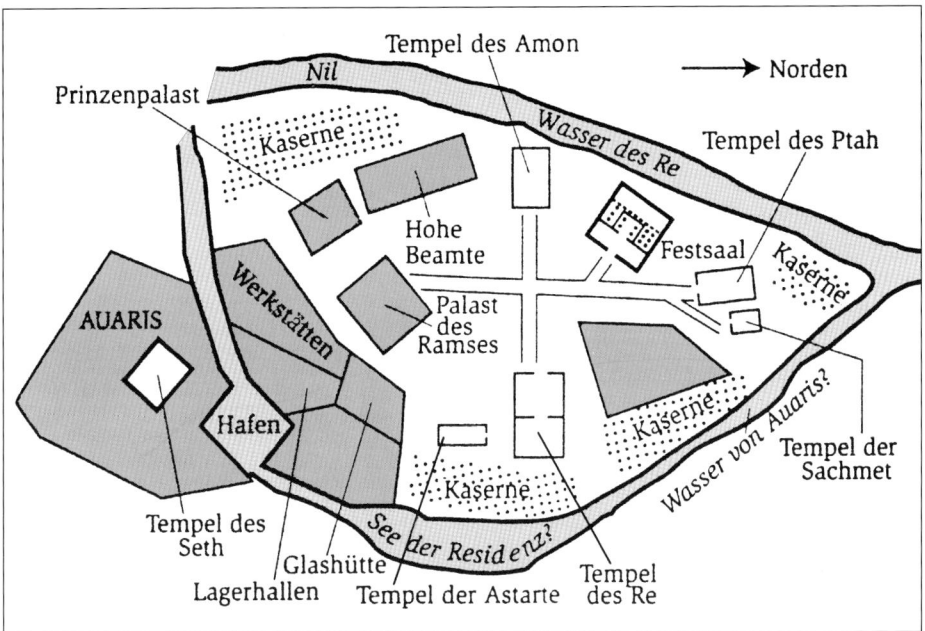

Abb. 50   Theoretische Rekonstruktion des »Stadtplans« von Piramesse, der Residenzstadt Ramses' II. im östlichen Nildelta, aufgrund der bisherigen Forschungsergebnisse.

wärtiges Amt' bezeichnet hat – in dem vielleicht auch einmal die hethitische Korrespondenz aufbewahrt worden ist. Die nahegelegenen Stallungen bedecken eine Fläche von etwa 7000 m²; Hunderte von Pferden sowie zahlreiche Streitwagen waren hier untergebracht; ferner wurden Kasernen, Werkstätten und Lagerhallen identifiziert.

Die Stadtanlage hat zur Zeit des Ramses II. zweifellos ihren bedeutendsten Ausbau erlebt. Damals wurde die königliche Residenz weiter ausgestaltet, in der Ramses II. die Abgesandten auch der vorderasiatischen Herrscher empfing. Sie erhielt einen Beinamen des Ramses – „Groß an Siegen". In ihrer Nähe befanden sich die Villen der hohen Beamten des Hofes und anderer Würdenträger, ausgestattet u. a. mit vielfarbigem Dekor. Auch die Truppen des Pharao wurden in bzw. nahe der Ramses-Stadt stationiert, und die Besatzungen der Schiffe könnten hier untergebracht worden sein. Ferner gab es in der Residenzstadt auch Tempel der wichtigsten Gottheiten, vor allem des Amon, der (syrischen) Astarte, des Sutech/Seth – wohl an der Stelle des Baus, der hier in Avaris schon in der Hyksos-Zeit gestanden hatte, sowie der Wadjet/Uto. Letztere war die als Schlange dargestellte Göttin Unterägyptens. Sie trug eine rote Krone und wurde meist als eine aufgerichtete Kobra (Uräus) wiedergegeben, die an der Stirn des Pharao angebracht war und Schutz vor Feinden verleihen sollte.[195] Hinzu kamen noch Truppenlager, wie etwa das am östlichen Stadtrand nahe dem Tempel der Astarte. Hier waren wohl auch Truppen aus den asiatischen Provinzen Ägyptens, Kana'an und Ube, stationiert.

Abb. 51   Stele aus Piramesse mit der Darstellung des Ramses II., der vor seiner eigenen Statue ein
Opfer darbringt; Ramses war ja – anders als sein Zeitgenosse Hattuschili – selbst ein Gott.

Abb. 51   Der bereits von Sethos I. errichtete und von Ramses weiter ausgebaute königliche Palast im nördlichen Teil der Ramses-Stadt stellt sich nach den bisherigen
Untersuchungen als eine nord-südlich orientierte Anlage dar, errichtet auf einer Terrasse mit einer Seitenlänge von mehreren Hundert Metern. Reste eines far-
bigen Stuckfußbodens, die der Bodenfeuchtigkeit widerstanden, bieten einen

– wenn auch gewiß sehr unvollkommenen – Eindruck von der einstigen Pracht der Anlage, die durch Einlagen aus Goldblatt noch gesteigert wurde. Hier werden auch hethitische Boten empfangen worden sein, die dann in Hattuscha von Glanz und Größe der Residenz des Ramses II. zu berichten wußten. Gewiß dürfte nicht nur zu dem Ausbau von Piramesse, sondern auch zahlreicher anderer Tempel und Gedenkstätten die Tatsache beigetragen haben, daß Ramses durch die weitere, von ihm geförderte Erschließung der nubischen Goldvorkommen im Wadi Allaki über die entsprechenden Mittel verfügte und auch über zahlreiche, teils auswärtige Arbeitskräfte. Vielleicht sind dabei – außer etwa geübten Zimmerleuten und Steinmetzen – auch jene Kaschkäer aus dem anatolischen Norden mit eingesetzt worden, die Hattuschili als Brautgabe an den Nil sandte. Insbesondere diese noch andauernden Untersuchungen im Palastareal werden einmal einen umfassenden Eindruck von der Prachtentfaltung des Ramses in seiner Residenzstadt vermitteln. Demgegenüber dürfte die Königsburg in Hattuscha gewiß einen weit bescheideneren Eindruck gemacht haben.

DIE KÖNIGS- UND KULTSTADT HATTUSCHA IM ZENTRALEN ANATOLIEN

Großkönig Hattuschili III. ist von den Berichten, die er durch seine Abgesandten empfing – er selbst hat Piramesse gewiß niemals betreten – zweifellos beeindruckt gewesen. Das sowie der Umstand, daß er sich durch das „fürsorgliche Walten" seiner persönlichen Göttin Ischtar in der besonderen Schuld der Götter empfand, dürfte ihn veranlaßt haben, mit einem großzügigen Ausbau seiner Residenz- und Kultstadt zu beginnen. Die Grabungsergebnisse, die seitens der deutschen Ausgräber bei dem heutigen Dorf Boghazköy, „Schluchtdorf" (heute Boghazkale, „Schluchtburg"), insbesondere während der letzten Jahre erzielt wurden, vermitteln davon einen Eindruck.[196] Die Ruinenstätte bei Boghazkale liegt etwa 150 km östlich von der türkischen Hauptstadt Ankara in einer gebirgigen Landschaft, gekennzeichnet vor allem durch schroffe Schluchten und ein felsiges Terrain. Schon seit Jahrhunderten war sie Sitz der hethitischen Großkönige, wenngleich sie nicht nur durch Gebirgszüge von den anderen vorderasiatischen Zentren getrennt war, sondern auch durch ihr stark kontinentales Klima mit heißen Sommern und kalten, oft schneereichen Winter geprägt wurde, die den Verkehr beeinträchtigten und eine Vorratswirtschaft notwendig machten. Die Siedlung Hattusch(a), schon zu Beginn des 2. Jts. v. Chr. Sitz lokaler Fürsten, entstand am südlichen Ende eines Tales an einem von vielen Felsen und Klippen durchbrochenen Berghang. Tiefe Schluchten im Osten und Westen gaben einen gewissen Schutz vor Angreifern, während nach Norden sich das Stadtgebiet zu einer Ebene öffnete. Wesentlich für die Ansiedlung waren die gute Versorgung mit Quellwasser, die damals noch bewaldete Umgebung[197] sowie der Schutz, den die felsigen Klippen dem Herrschaftszentrum boten, das auf dem heute Büyükkale („große

Abb. 52–54

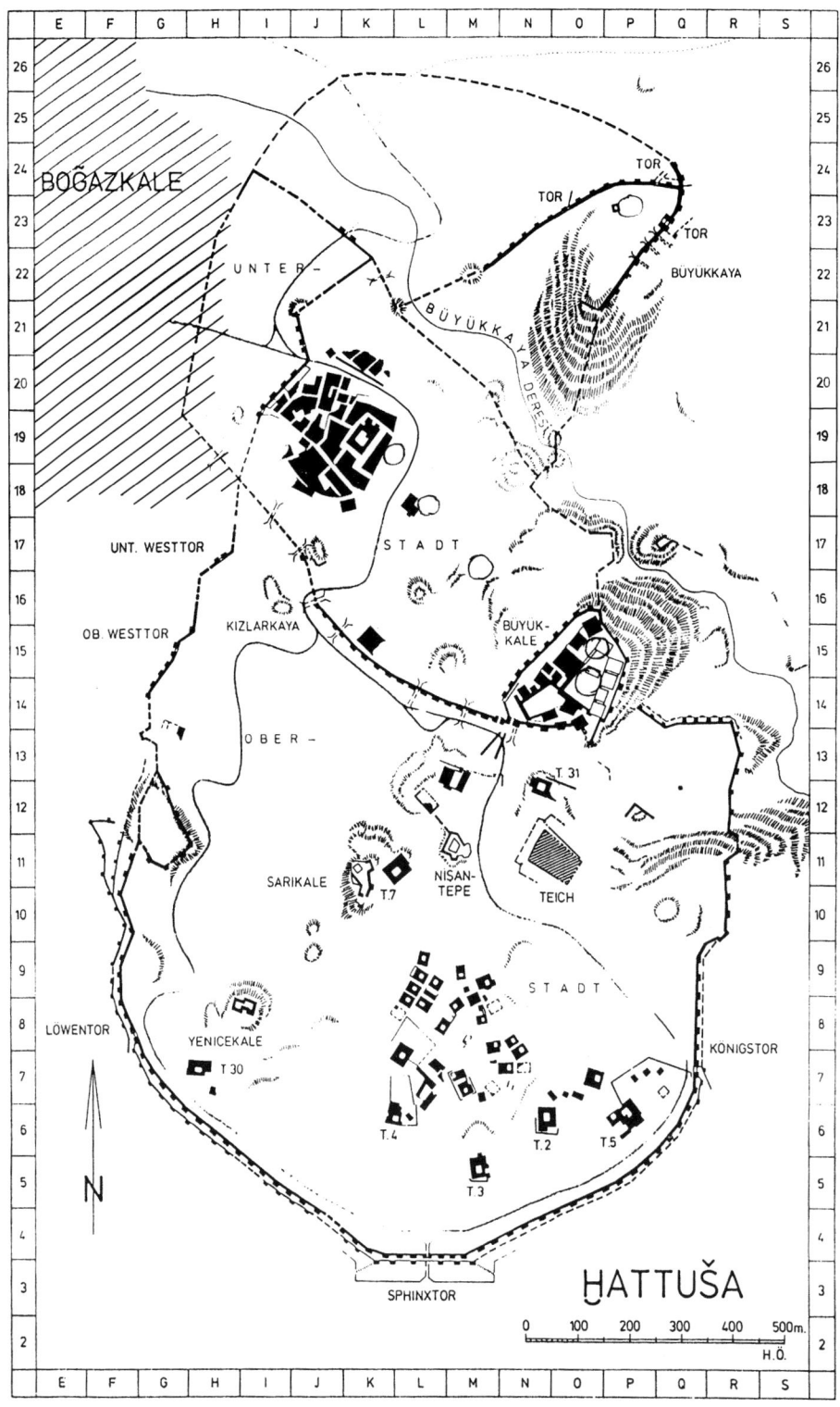

HATTUŠA

Abb. 53   Die Unterstadt von Hattuscha mit dem großen Tempelbezirk des Wettergottes (Tempel 1) in einer Ballonaufnahme von P. Neve.

Burg") angelegt war. Talwärts, nach Norden hin, konnte sich Hattuscha bei wachsendem Bedarf weiter ausdehnen und Ackerland gewinnen. Das waren zweifellos gewichtige Gründe für den um 1600 v. Chr. regierenden Fürsten Hattuschili („der von Hattuscha"), der heute als der erste König dieses Namens gezählt wird, seine Residenz an dieser Stelle zu nehmen.

Unter den verschiedenen Phasen der Stadtentwicklung ist vor allem jene hervorzuheben, die wohl nach der Mitte des 14. Jh. v. Chr. zu einer weiteren Ausdehnung führte. Die Dynastie, die ab der Zeit des Schuppiluliuma I. auch über die Ressourcen der unterworfenen syrischen Territorien südlich des Taurus verfügte, baute auf Büyükkale die Königsburg aus – ein Palastgebiet mit drei durch Toranlagen geschützten Zugängen. Hier gab es eine Halle für die Audienzen, hier befand sich ein Teil der Staatsarchive, deren Tontafeltexte heute über die Entwicklung des Hatti-Staates und die Taten seiner Herrscher informieren. Mit einer kurzzeitigen Ausnahme – der Verlegung der Königsresidenz nach dem südanatolischen Tarchuntascha zur Zeit des Muwattalli II. –

Abb. 55–57

Abb. 52   Topographischer Plan von Hattuscha; er zeigt die Burg auf Büyükkale, die Unterstadt mit dem großen Wettergott-Tempel sowie die später angelegte Oberstadt mit einer großen Zahl kleinerer Heiligtümer. Größere Wohnviertel konnten innerhalb der Stadtmauern bislang nicht nachgewiesen werden.

Abb. 54   Das Stadtgebiet von Hattuscha mit dem heutigen Dorf Boghazkale (früher: Boghazköy) in einer Ballonaufnahme. Deutlich erkennbar wird die durch Schluchten und Felsen geschützte Lage der hethitischen Königsresidenz.

war Hattuscha das politische Zentrum des Hethiterstaates. Die Häuser wurden aus ungebrannten Luftziegeln gebaut, die man auf Fundamenten aus Kalkstein aufmauerte und in ein Rahmenwerk aus Holz einfügte; es entstand also eine Art Fachwerk, wie es nicht nur günstig bei Erdbeben war, sondern damals auch dem Reichtum der Umgebung an Bauholz entsprach. Die Dächer waren flach und konnten bei größeren Räumlichkeiten durch hölzerne Säulen gestützt werden. Als im Laufe der Zeit der Bedarf an Nahrungsmitteln wuchs, legte man riesige Speicher an, wie sie kürzlich auf dem in das Stadtgebiet durch eine Mauer einbezogenen Felsen Büyükkaya und auch in der Unterstadt entdeckt wurden.[198] „Länger als ein Fußballfeld" war der ca. 118 m lange Baukomplex auf Büyükkaya sowie 33–40 m breit, und er besaß 32 Kammern von jeweils 6 m Breite und 13–16 m Länge. Es wird damit gerechnet, daß mehr als 7000 Tonnen Getreide, vor allem Gerste und Einkorn-Weizen, hier gelagert

Abb. 55   Das Königstor in Hattuscha, Gesamtansicht mit dem inzwischen durch einen Abguß ersetzten göttlichen Krieger.

Abb. 56   auf S. 116.

Abb. 57   Das Löwentor in der Mauer von Hattuscha, von außen gesehen.

Abb. 55 △

Abb. 57 ▽

Abb. 56   Hattuscha, sog. Königstor. Das Relief stellt einen Krieger mit Axt und Dolch dar. Die Hörner an seinem Helm weisen auf seine Göttlichkeit.

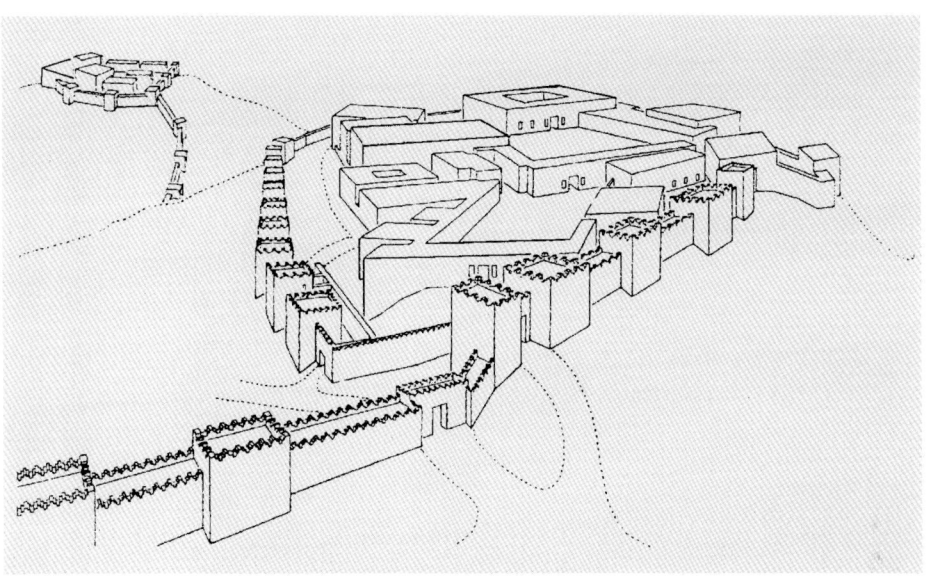

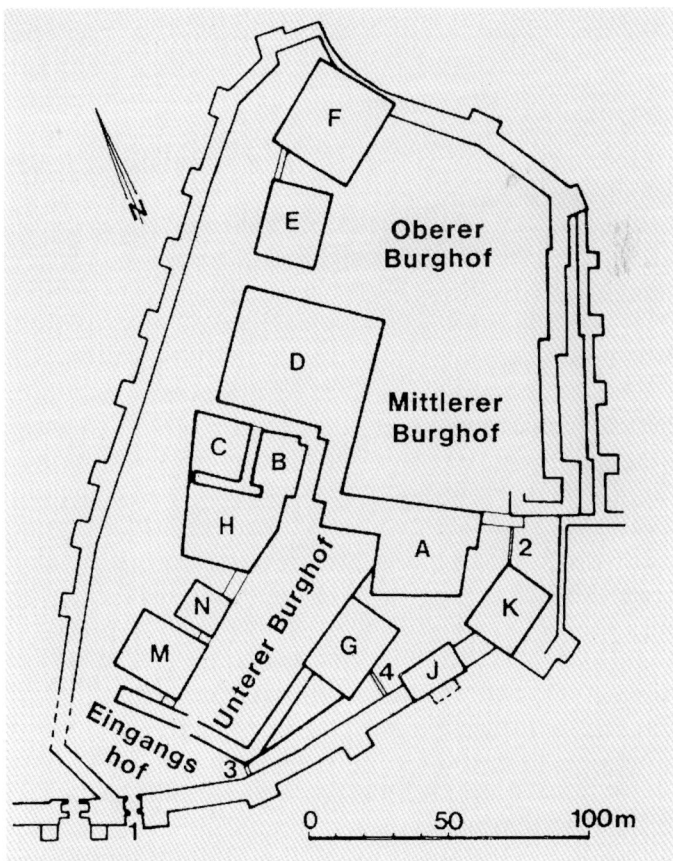

Abb. 58/59 Plan der Königsburg auf dem Felsen Büyük-kale in Hattuscha sowie Rekonstruktion der Burganlage.

*Abb. 60   Hattuscha. Ruinen des großen Wettergott-Tempels in der Unterstadt (Tempel 1) mit
Blick auf die felsige Landschaft des Stadtgebietes; ältere Aufnahme.*

werden konnten. Ähnliche, wohl kleinere Speicheranlagen dürfte es auch in
anderen hethitischen Zentren gegeben haben, doch war hier, in Hattuscha, die
königliche Hofhaltung ebenso zu versorgen wie der Staatskult in den zahlreichen Tempeln mit seinen Opfergaben. Auch Wasserreservoirs sind im Stadtgebiet von Hattuscha angelegt worden, die zugleich auch Löschwasser liefern
konnten. Denn aufgrund ihrer Fachwerkbauweise waren die Palastanlagen,
Tempel und anderen Gebäude Hattuschas in hohem Maße brandgefährdet.
Daher gab es auch entsprechende schriftliche Anweisungen, sich um Löschwasser zu kümmern, sowie die strengen Vorschriften für den „Bürgermeister"
von Hattuscha,[199] sich persönlich vom Verschließen und Versiegeln der Tore
bei Einbruch der Dunkelheit zu überzeugen.

Abb. 58. 59   Die Königsburg auf dem felsigen Büyükkale[200], einem Hochplateau von
etwa 250 x 140 m, läßt sich vor allem für die Zeit des 14./13. Jhs. v. Chr., also
ihrem letzten Zustand vor der Zerstörung, rekonstruieren. Auch für die Zeit
Hattuschilis dürfte dieses Bild daher im wesentlichen zutreffen. Geschützt
von der natürlichen Lage sowie Mauern, umfaßte die Burg die Wohn-
gemächer des Herrschers und seiner Familie, Archive sowie eine große Halle,
in der der Großkönig offenbar auch Audienzen gegeben hat. Ein Viadukt
führte über eine Schlucht zur Burganlage mit dem Königspalast. Bevor man
diesen erreichte, mußte man zunächst das Haupttor im Süden durchschreiten,

Abb. 61 Hattuscha, Magazinräume des Wettergott-Tempels der Unterstadt mit großen Speicher-
gefäßen.

durch das man in einen Hof gelangte. Dieser Burgtorhof hatte in seiner Mitte einen aus roten Steinplatten gepflasterten Weg; auf diesem näherten sich gewiß auch die Abgesandten anderer Länder, etwa Ägyptens, einem Tor, das zum unteren Burghof führte – man ist an den „roten Teppich" erinnert, wie er heute bei Staatsbesuchen ausgelegt wird. Der von Pfeilerhallen gesäumte untere Burghof vermittelte durch ein weiteres Tor, vorbei an der Palastwache, den Zugang zum mittleren Burghof, der von Säulenhallen umgeben war; von hier konnte man zur sog. Audienzhalle gelangen, deren Dach von 25 hölzernen Säulen getragen wurde. Wahrscheinlich war es hier, wo auch die Abgesandten anderer Fürstentümer empfangen wurden – auch die Boten des Ramses II.

Die Burg bot jedoch infolge des Profils des Geländes nur noch wenig Raum für Erweiterungen, vor allem, wenn man die Gunst der Götter durch den Bau zahlreicher Tempel zu erhalten suchte, wie das wohl gerade für Hattuschili III. und seinen Sohn Tutchalija IV. der Fall war, die zahlreiche Zeugnisse ihrer persönlichen Frömmigkeit und ihres kultischen Engagements hinterlassen haben. In der sog. Unterstadt unterhalb der Burg gab es das zentrale Heiligtum, das dem Wettergott geweiht war und mit seinen Vorratsräumen und Werkstätten einen ausgedehnten Baukomplex bildete. Vielleicht war es besonders der Initiative des Hattuschili III. zu verdanken, daß nun neuer

Abb. 60. 61

Stadtraum erschlossen und ummauert wurde, in dem zahlreiche weitere Tempel – bislang sind mehr als 30 hier festgestellt worden – gebaut wurden. Allerdings darf wohl kaum davon ausgegangen werden, daß das gesamte ummauerte Gebiet von Hattuscha wirklich auch bebaut gewesen ist. Es handelt sich bei dieser Erweiterung um die sog. Oberstadt, die südlich des Burgfelsens ein großes, nach Norden abfallendes und durch meist felsige Erhebungen gegliedertes, durch eine Mauer geschütztes Terrain dem Stadtgebiet von Hattuscha anfügte.[201] Diese Tempel, die zugleich Kultraum und Speicher waren, reichen in ihren Ausmaßen nicht an das große Heiligtum des Wettergottes heran, entsprechen aber der üblichen Bauweise als einem geschlossenen Baukörper, in dem man durch ein Portal in einen Innenhof gelangte und dann zum Allerheiligsten mit dem Kultbild in seinem rückwärtigen Teil. Die einzelnen Tempel der Oberstadt hatten offenbar insofern eine besondere Bedeutung für den Großkönig, als sie mit ihren Gottheiten die verschiedenen hethitischen Kultzentren repräsentierten, die vom Großkönig üblicherweise zu den großen Festen besucht wurden. Das waren aber aufwendige Unternehmungen, die durch Witterungsverhältnisse, schwierige oder auch unsichere Wege kompliziert werden konnten. Die „Häuser" der verschiedenen Gottheiten in Hattuscha konnten fortan auch – stellvertretend für eine Kultreise – innerhalb der Mauern der Oberstadt aufgesucht werden.

In Hattuscha gab es verschiedene „Archive", in denen die Tontafeln wie offenbar auch die Holztafeln, die für die Verwaltung innerhalb Anatoliens eine besondere Rolle spielten, aufbewahrt wurden.[202] So gab es Archivräume auf der Burg an mindestens vier verschiedenen Plätzen, im sog. Westbau auf dem Nischantepe und im sog. „Haus am Hang" (des Burgberges), im großen Tempel der Unterstadt und in mindestens vier Tempeln der Oberstadt. Dabei konnten bislang keine „spezialisierten" Archive – etwa für die diplomatische Korrespondenz – bestimmt werden, in denen also eine strikte archivalische Ordnung nach Inhalten oder Zeiträumen bestanden hätte, auch wenn in einigen Archiven bestimmte Textgruppen einen besonderen Anteil darstellten. Auch für die Ramses-Korrespondenz ist also keine Zuweisung an ein Spezialarchiv vorzunehmen.

Man darf wohl annehmen, daß der Sohn und Nachfolger des Hattuschili, Tutchalija IV., dann den Ausbau Hattuschas weitergeführt hat; was jeweils ihm oder seinem Vater zuzuschreiben ist, bleibt oft noch unklar. Zweifellos aber hat die Aufwertung, die das hethitische Königshaus durch den Vertrag und die „Brüderschaft" mit Ramses II. erfahren hatte, mit dazu beigetragen, daß die hethitischen Großkönige sich jetzt in eine größere Nähe zu den Göttern rückten und diesen durch die zahlreiche Tempelbauten zugleich ihren Dank dafür abstatteten. Gerade Hattuschili hatte ja, wie auch seiner sog. Apologie zu entnehmen ist, die besondere Gunst der Götter erfahren. Zudem waren nun aber auch die wichtigsten Götter des Reiches in der Hauptstadt mit einem eigenen Tempel vertreten.

Die dynastischen Ehen des Ramses
mit Töchtern Hattuschilis

Hatte die Schlacht bei Qadesch im 5. Regierungsjahr Ramses' II. stattgefunden und war der Friedensvertrag mit Hattuschili im 21. Herrschaftsjahr dieses Pharao geschlossen worden, so fand das nächste hethitisch-ägyptische Großereignis im 34. Jahr der Regierung des Ramses statt, d. h. im Jahre 1246 v. Chr.: Ramses II. heiratete die älteste Tochter Hattuschilis III. und der Großkönigin Puduchepa. Diese Hochzeit war nicht nur Gegenstand einer erneuten umfangreichen Korrespondenz, in der es um die Mitgift und um die Überstellung der Braut nach Ägypten ging, sondern es fand auch große Aufmerksamkeit bei den anderen vorderasiatischen Staaten, insbesondere Assyrien und Babylonien. Denn deren Herrscher hatten gleichfalls ein Interesse daran, ihre Position durch dynastische Eheschließungen aufzuwerten, vor allem mit dem mächtigen und glänzenden Hof Ägyptens, der jetzt vielleicht eine ähnliche, vorbildhafte Rolle spielte wie der Hof von Versailles im Europa des 18. Jhs. Und so ist es gewiß kein Zufall, daß bei Ramses Briefe der Könige von Assyrien und Babylonien eingingen, in denen er aufgefordert wurde, statt der Tochter des Hattuschili doch lieber Prinzessinnen aus ihren Häusern als Gemahlinnen zu nehmen. Um seine Freundschaft mit Hatti erneut zu bekunden, vergaß Ramses nicht, das auch Hattuschili zur Kenntnis zu geben (ÄHK 37): „So sprich zu meinem Bruder: Siehe, nunmehr hat der König des Landes Babylonien und der König des Landes Hanigalbat (d. h. von Assyrien, das jetzt auch das nordmesopotamische Land Hanigalbat beherrschte), mir geschrieben, wie folgt: „Die Tochter des Königs des Landes Hatti wird man zum König des Landes Ägypten senden, und der König des Landes Ägypten wird sie zur Königin des Landes Ägypten machen; setze du aber meine Tochter an ihre Stelle" – so haben jene Könige an mich geschrieben. Aber ich gedenke nicht, ihnen die Königinnenschaft (d. h. die erste Position unter den Frauen des Pharao) zu gewähren, die der König des Landes Babylonien für seine Tochter begehrt. Eine Tochter an die Stelle einer anderen Tochter zu setzen, ist nicht rechtens!" (weiterer Text abgebrochen).

In einem – nur noch fragmentarisch erhaltenen – Schreiben, das von Ramses zitiert wird, hat Hattuschili seinerseits angedeutet, daß er selbst nicht die Absicht habe, seine Tochter den Königen von Babylonien oder Assyrien (Hanigalbat) zu geben (ÄHK 38): „Ich bin dein Bruder, und ich werde d i r meine Tochter geben, und ich werde sie nicht dem König des Landes Babylonien geben

Abb. 62

oder dem König des Landes Hanigalbat…". Dabei ging es offenbar nicht darum, grundsätzlich dynastische Ehen des Ramses mit Prinzessinen aus Babylonien oder Assyrien zu verhindern. Schließlich hatte ja auch Hattuschili Töchter verschiedener anderer Fürsten in seinem Hause, darunter auch aus Babylonien, und für Ramses ist bezeugt, daß er bereits vor der Heirat mit der ältesten Tochter des Hattuschili Prinzessinen aus Babylonien an seinem Hofe hatte. Es ging vielmehr, wie auch der zuvor zitierte Brief deutlich macht, um die Position der hethitischen Königstochter als „Große königliche Gemahlin" am ägyptischen Hof. Das geht auch aus einem Brief des Hattuschili hervor, der von Ramses zitiert wird (ÄHK 54): „Fürwahr, die Braut (d. h. die Tochter Hattuschilis) wird zu dir gehen, und ich lasse sie eilen. Eine Mitgift werde ich ihr geben, die größer ist als die der Tochter des Königs des Landes Babylonien und die der Tochter des Königs des Landes Zulabi.…". Was das Land Zulabi betrifft, so wäre bei einer Gleichsetzung des in einem anderen Brief Hattuschi-

Abb. 62   Dur-Kurigalzu in Mittelmesopotamien, heute Aqarquf. Teilweise rekonstruierter Tempelturm (Zikkurrat) in der Residenz der kassitischen Könige von Babylonien, Anfang 14. Jh. v. Chr. Die archäologische Stätte liegt etwa 16 km vom Zentrum Bagdads entfernt.

lis III. genannten Zulabi mit dem ägyptischen *drb* ein Ort in Mittelsyrien zu vermuten, doch würde es sich dann wohl um einen – gegenüber Herrschern wie etwa dem König von Babylonien – recht unbedeutenden Stadtherrn gehandelt haben. Wirkliche Konkurrentinnen der hethitischen Prinzessin konnten also zu dieser Zeit nur die Königstöchter aus Babylonien oder Assyrien sein.

Die bereits im Harem des Ramses, jener Institution, in der außer den Nebengemahlinnen des Pharao auch seine unverheirateten Töchter und weiblichen Anverwandten versorgt wurden, lebende babylonische Prinzessin hatte offenbar kein besonders glückliches Los. Das war der hethitischen Großkönigin Puduchepa von ihren Gesandten, die sich bei Ramses aufhielten, offenbar mitgeteilt worden. Ein sorgenvolles Schreiben der Puduchepa, das in einem Antwortbrief des Ramses zitiert wird, nahm darauf Bezug (ÄHK 104): „Die Tochter des Landes Babylon, die sich im Lande Ägypten aufhält, die erlebt nur Gefühlskälte, und kein Augenpaar darf sie ansehen. Mit ihr hat ein Gesandter niemals sprechen dürfen". Ramses antwortete nun darauf: „Dieser Fall ist nicht so! Die Gesandten, die man herzuschicken pflegt, dürfen ihr auch gegenübertreten! Darüber hinaus dürfen sie regelmäßig mit der Tochter sprechen! Die Gesandten pflegten vor der Tochter Brot zu essen und pflegten vor ihr Wasser zu trinken. Warum hast du nur auf jene Verleumdung gehört, und warum hast du sie nur für zuverlässig gehalten?" Auch in einem anderen Schreiben der besorgten Puduchepa ist die Behandlung der Babylonierin in Ägypten zur Sprache gebracht worden und wird von Ramses (ÄHK 105) zitiert: „Meine Schwester (Puduchepa) hat mir geschrieben: ‚Als zu der Tochter des Landes Babylon, die ins Land Ägypten gegeben worden war, später Boten kamen, da standen sie hinten auf dem Acker!'" Aber Puduchepa war in ihrer Besorgtheit um ihre eigene Tochter da wohl etwas zu weit gegangen und mußte abwiegeln (ebd.): „Diese Geschichte hat mir der Bote des Königs des Landes Babylon namens Enlil-bel-nische erzählt! Doch weil ich die Geschichte nur gehört habe, hätte ich sie meinem Bruder nicht schreiben sollen!"

Solche Bedenken waren aber zweifellos nicht der eigentliche Grund dafür, daß sich die Überstellung der hethitischen Prinzessin nach Piramesse weiter hinauszögerte. Es mußten auch Fragen der Mitgift sowie der Reise geklärt werden. Die Verhandlungen, die darüber offenbar bereits im 31. Regierungsjahr des Ramses II. begonnen hatten, zogen sich vor allem dadurch in die Länge. Es scheint auch, daß Ramses seinen bereits vorhandenen Gemahlinnen gegenüber, wohl auch hinsichtlich der „Großen königlichen Gemahlin" Nefertari/Naptera, in dieser Frage keine besonderen Rücksichten zu nehmen brauchte. Anders Hattuschili: Für ihn war Puduchepa, die ja auch den Vertrag des Jahres 21 mit gesiegelt hatte, trotz anderer Prinzessinnen seines Harems eine geachtete und ihren großköniglichen Gemahl beratende Ehefrau, und Puduchepa hat selbst einmal geschildert, wie sie sich auch um die anderen Ehefrauen am Hofe kümmerte (ÄHK 105): „Die Tochter des Landes Babylon und die Tochter des Landes Amurru, die ich, die Königin, aufgenommen habe, gereichten sie mir vor den Leuten des Landes Hatti etwa nicht zum

Ruhm? Darum habe ich es getan. Ich habe eine Fremde, die Tochter eines Großkönigs, zur Schwiegertochter genommen. Wenn dann zu der Schwiegertochter einmal dessen (d. h. des väterlichen Hofes) Boten mit großem Pomp kommen, oder dann zu ihr der Bote des Bruders oder der Schwester kommt – ist das etwa kein Ruhm? Habe ich es also nicht im Hinblick auf den guten Ruf getan?" Und sie fügt später hinzu: „Wenn du sagst: ,Der König des Landes Babylon ist kein Großkönig', so weiß mein Bruder nicht, in welchem Aufstieg sich das Land Babylon befindet!" Um den Kontrast zu der Behandlung der Prinzessinnen am ägyptischen Hof noch deutlicher zu machen, fügt sie dann hinzu: „... Ich brachte Söhne und Töchter hervor; die Hethiter sprechen allgemein von meiner Erfahrenheit und Erziehungsgabe, und auch du, mein Bruder, kennst sie. Ferner: Als ich damals in den Palast kam, da gebaren ,in meiner Hand' die Königstöchter, die ich im Palast vorgefunden hatte, und ich zog die Neugeborenen groß; auch jene, die ich bereits geboren vorfand, zog ich groß und machte sie zu Truppenführern."

Abb. 63. 64   Die hethitische Großkönigin, die von Hattuschili an den Regierungsgeschäften beteiligt wurde, wußte gut über die Beziehungen zu B a b y l o n i e n[203] Bescheid, das wohl gerade wegen seiner Lage im Rücken des sich in Obermesopotamien ausweitenden Assyrien für die Hethiter ein wichtiger Partner war. Bereits zur Zeit des Großkönigs Schuppiluliuma I. versuchte sich König Kadaschman-Enlil I. von Babylon (um 1370 v. Chr.) dynastisch mit Ägypten zu verbinden.[204] Das aber wurde von ägyptischer Seite mit dem Hinweis abgelehnt: „Seit ewigen Zeiten ist keine Tochter des Königs von Ägypten jemandem gegeben worden". Später dann wurde eine Tochter des babylonischen Königs Burnaburiasch II. (um 1350 v. Chr.) zur Überstellung an den ägyptischen Hof vorgesehen und erhielt als Zeichen des Verlöbnisses „Öl auf ihr Haupt", doch kam es danach zu Verzögerungen bei ihrer Überstellung nach Ägypten – so, wie es nun auch mit der Tochter des Hattuschili III. geschah.[205]

Das gute Verhältnis Hattuschilis III. zu Babylonien wird schon durch einen Brief angedeutet, den König Kadaschman-Turgu I. (1297–1280 v. Chr.) nach Hattuscha sandte und in dem es um die Entsendung eines Beschwörungspriesters nach Hatti ging.[206] Aus einem in Boghazköy entdeckten Entwurf für ein Schreiben Hattuschilis an seinen „Bruder" Kadaschman-Enlil II. von Babylon (1279–1265 v. Chr.)[207] geht hervor, daß Hattuschili mit dessen Vater Kadaschman-Turgu I. einen paritätischen Staatsvertrag abgeschlossen hatte. So soll Hattuschili dann auch an die „Großen" Babylons geschrieben haben: „Wenn ihr den Nachkommen meines Bruders nicht in seiner Herrschaft schützt, werde ich euch feindlich. Ich will nach Babylon ziehen und es erobern! Auch

Abb. 63 Ruinen der Stadt Babylon; sie stammen weitgehend aus dem 6. Jh. v. Chr.; die Schichten des 2. Jts. v. Chr. konnten wegen des hohen Grundwasserstandes nur zeitweilig und kleinräumig erreicht werden, als sich der Grundwasserspiegel infolge eines Bruchs des Euphrat-Staudamms absenkte.

Abb. 64 Palmenhain im Stadtgebiet Babylons, gelegen im alten Flußbett des Euphrat.

Abb. 63 △

Abb. 64 ▽

wenn sich irgendein Feind gegen euch erhebt oder irgendeine Angelegenheit ihnen (d. h. den Nachkommen des Königs) Schwierigkeiten bereitet, dann schreibt mir. Ich will euch dann zu Hilfe kommen!" Kadaschman-Enlil II. sei aber damals noch klein gewesen, und man habe deshalb in Babylon darauf verzichtet, ihm jenen Brief vorzulesen. Der babylonische Kanzler Itti-Marduk-balatu, der offenbar für den jungen Thronfolger die Regentschaft führte, verbat sich aber diese Einmischung in die inneren Angelegenheiten Babyloniens. Als daraufhin aus Babylon keine Boten in Hattuscha mehr eintrafen, hielt man das in Hattuscha für das Ergebnis böser Einflüsterungen. Um in Babylonien jedenfalls einen Freund zu haben, der sich im Rücken des expandierenden Assyrien befand und dessen Kräfte teilweise binden konnte, hat Hattuschili versucht, Kadaschman-Enlil II. zu überzeugen, eine hethitische Prinzessin an seinem Hofe aufzunehmen.[208] Andererseits hatte sich Hattuschili darum bemüht, für seinen Sohn, den Kronprinzen Tutchalija, eine babylonische Prinzessin als Gemahlin zu erhalten; aber erst Kudur-Enlil I. (1264–1256 v. Chr.) willigte dann – wohl unter dem Eindruck des hethitisch-ägyptischen Friedensschlusses – ein, eine Prinzessin nach Hattuscha zu senden .[209]

Zu dieser Zeit war das assyrische Vordringen in Richtung auf das bislang hethitisch dominierte obermesopotamische Hanigalbat bereits ein Faktor, der sich positiv auf das Verhältnis zu Babylonien auswirkte und zugleich wohl den Friedensschluß zwischen Hatti und Ägypten beschleunigte. Als nun, im 34. Herrschaftsjahr des Ramses II., über die Ehe des Ramses II. mit einer Tochter Hattuschilis verhandelt wurde, befand sich auch eine babylonische Prinzessin in Hattuscha, derer sich Großkönigin Puduchepa fürsorglich angenommen haben soll. Es war wohl dieses als beispielhaft empfundene Verhalten des hethitischen Hofes, das zur Forderung berechtigen sollte, nun auch der hethitischen Prinzessin im ägyptischen Piramesse eine entsprechend angesehene Position zu sichern.

Was das Verhältnis zu A s s y r i e n[210] betraf, das durch seine Eroberungen den Hethitern im obermesopotamischen Raum inzwischen beträchtlich näher gerückt war, so scheint sich Hattuschili darum bemüht zu haben, zu König Salmanassar I. (1273–1244 v. Chr.), der zur Zeit des hethitisch-ägyptischen Friedensvertrages in Assur regierte, „normale" Beziehungen herzustellen, was auch den Austausch von Boten und Geschenken bedeutete. Gerade deshalb aber wurde darüber geklagt, daß seit der Thronbesteigung Hattuschilis kein Abgesandter des assyrischen Herrschers mit Glückwünschen und Geschenken erschienen sei – anders, als es in der erst später verfaßten „Apologie", die ja auch die Thronfolge seines Sohnes Tutchalija vorbereiten und Normalität demonstrieren sollte, dann dargestellt wurde.

Abb. 65   König Salmanassar I. von Assyrien hat jedenfalls die bereits unter Assur-uballit (1365–1328 v. Chr.) sowie seinem Vater Adad-nirari I. (1305–1274 v. Chr.) begonnene assyrische Expansion im oberen Mesopotamien weitergeführt, wobei gewiß die damalige ägyptisch-hethitische Rivalität und militärische Auseinandersetzung dafür einen günstigen Zeitpunkt darstellte. Adad-nirari war damals sogar bis zur mittanischen Hauptstadt Waschukkanni so-

Abb. 65   Ruinen der assyrischen Stadt Assur mit den Resten des einstigen Tempelturmes, die noch etwa 30 m hoch anstehen. Die Anlage war zunächst dem Gotte Enlil, dann dem Stadt- und Reichsgott Assur geweiht.

wie zur – gleichfalls in Obermesopotamien gelegenen – Stadt Harran vorge-drungen.[211] Salmanassar I. konnte dann – zu der Zeit, als Hatti und Ägypten noch nicht Frieden geschlossen hatten – seine Truppen sogar bis in das nahe dem Euphrat gelegene, vom König von Karkamisch kontrollierte Gebiet mar-schieren lassen.[212] Die weitere Annäherung Hattis an Ägypten fand vor die-sem politischen Hintergrund statt, d. h. dem Niedergang der hethitischen Macht in Obermesopotamien. Erst Hattuschilis Sohn und Nachfolger Tutcha-lija IV. hat später, nach dem Tode des Salmanassar I. von Assyrien, einen nähe-ren Kontakt zu dessen Nachfolger Tukulti-Ninurta I. (1243–1207 v. Chr.) ge-sucht – doch es war gerade dieser Herrscher, der dann die hethitische Herr-schaft südlich des Taurus in besondere Bedrängnis bringen sollte. Allerdings vergingen bis dahin noch mehrere Jahrzehnte.

HOCHZEITSVORBEREITUNGEN

Vor diesem politischen Hintergrund wurde also mit den unmittelbaren Vorbe-reitungen der dynastischen Verbindung zwischen Hatti und Ägypten begonnen.[213] Wiederum führte man zwischen Hattuscha und Piramesse eine umfangreiche Korrespondenz, die sich nun vor allem mit der Überstellung von Geschenken sowie der Überführung der Braut befaßte. Diese trug offenbar in Hatti den Namen Scha'uschkanu; er könnte wohl von Puduchepa gewählt worden sein, die dem hurritischen Milieu Kizzuwatnas entstammte, in dem man die Ischtar auch als Scha'uschk/ga bezeichnete. Bereits Amenophis III., der Vater des Amenophis IV./Echnaton, hatte im Brief an einen im südwestlichen Anatolien regierenden Fürsten, Tarchundaradu vom Lande Arzawa, im Hinblick auf seine geplante Eheschließung mit dessen Tochter geschrieben: „Laßt uns die Tochter sehen, welche sie Meiner Majestät zur Ehe herbringen! Und man wird ihr Öl aufs Haupt gießen…"[214]. Diese Zeremonie wurde als eine Art Verlöbnis auch an der künftigen Gemahlin Ramses' II. vollzogen, die einem Stellvertreter des Pharao zugleich die Gelegenheit gab, sie in Augenschein zu nehmen. Ramses hatte die Großkönigin Puduchepa darauf hingewiesen, daß Hatti und Ägypten durch die Eheschließung mit ihrer Tochter nicht mehr nur verbrüdert seien, sondern es würden an diesem Tag (ÄHK 53) „die zwei großen Länder zu einem Lande!" Das konnte Puduchepa nur bestätigen: „Dieses Wort ist sehr, sehr richtig! Als man gutes Feinöl auf das Haupt der Tochter ausgoß, haben es die Götter der Unterwelt an sich genommen, und da wurden schon an diesem Tage die zwei großen Länder zu einem Lande, und ihr, die beiden Großkönige, wurdet zu Partnern einer einzigartigen Brüderschaft. Die uns ebenbürtigen Könige unserer Umgebung – wer von diesen mit uns gut steht, der möge sich vor unserem Antlitz freuen. Wer mit uns in Frieden ist, der möge vor unserem Antlitz bleiben… Daß du, mein Bruder, folgendermaßen geschrieben hast: ‚Als man die Tafel meines Bruders brachte, hat man sie vor meinem Antlitz verlesen. Als ich vom Wohlbefinden meines Bruders, vom Wohlbefinden meiner Schwester und vom Wohlbefinden der Prinzen hörte, da freute ich mich sehr.' So hast du, mein, Bruder (d. h. Ramses), geschrieben. (An den Boten gerichtet:) So sprich zu meinem Bruder, d. h. dem Pharao: ‚Alle Worte, die du geschrieben hast, sind sehr in Ordnung. Wir(!) Großkönige sind Brüder, aber der eine hat den anderen nie gesehen. Unsere Boten, die zwischen uns hin- und hergehen – laßt uns wenigstens vor unsere Boten hintreten, um nach dem Befinden zu fragen!"

Auf der Rückseite des Schreibens wird die auch in anderen Texten genannte Mitgift der Braut erwähnt, nämlich 500 ‚Zivilgefangene' (NAM.RA-Leute, d. h. solche, die nicht während einer Schlacht gefangengenommen, sondern danach deportiert wurden) des nördlich an Hatti grenzenden Kaschkäerlandes sowie eine große Zahl von Pferden, Stieren, Rindern und Schafen. Einiges, was in diesem Brief erwähnt wird, findet sich auch in anderen Schreiben – sowohl das Ritual des Ausgießens von Feinöl auf das Haupt der auserwählten künftigen Königin von Ägypten, als auch die Mitgift. Letztere erscheint zunächst recht dürftig, doch waren Arbeitskräfte in Ägypten offensichtlich sehr gefragt, und der Kaschkäer dürfte auf die Bewohner des Niltales ebenso fremdartig gewirkt haben wie die in Hatti und anderen vorderasiatischen Staaten begehrten Kaschi-Leute, d. h. Kuschiten, die aus Nubien stammten und ein afrikanisches Aussehen besaßen. Als Exoten haben solche auffälligen Fremdlinge das Ansehen wohl in gleicher Weise erhöht, wie das auch an den feudalen Fürstenhöfen Europas der Fall war, an denen „Mohren" dienten. Da es gerade Leute aus dem anatolischen Norden waren, dessen Bewohner zur Hethiterzeit immer wieder Einfälle bis in das Kernland um Hattuscha vornahmen, so bot die Mitgift nun eine gute Möglichkeit, diese offenbar als kräftig bekannten Menschen nach Ägypten zu senden – einmal konnte man sich ihrer auf diese Weise entledigen, zum anderen dem Pharao einen Gefallen tun, der zudem wohl gerade im Hinblick auf die von ihm entfaltete umfangreiche Bautätigkeit in Piramesse vieler Arbeitskräfte bedurfte.

Was die ägyptische Seite nach Hattuscha schickte, wird in den Briefen genau verzeichnet, auch mit Nennung von Gewicht und Qualität. Es waren vor allem kostbare Stoffe, wie man sie in Hatti sonst offenbar nicht kannte und daher besonders schätzte, sowie Schmuck und andere Gegenstände aus wertvollem Material, vor allem aus dem in Hatti so begehrten Gold, das in den östlichen Wüstengebieten des oberen Niltales sowie in Nubien gewonnen wurde und das in Ägypten nach Ansicht der asiatischen Fürsten so reich vorhanden gewesen sein soll „wie Staub". Aber auch Pferde, Kampfausrüstungen, geschnitzte Truhen, Medizin usw. waren sehr willkommen.[215]

Die Überstellung der Braut selbst verzögerte sich allerdings noch, wie die ägyptische Briefkorrespondenz anzeigt, in der ein wachsender Unmut seitens des Pharao erkennbar wird. An ein persönliches Zusammentreffen der beiden bedeutenden Könige, die sich ja bislang – und offenbar auch nicht während der Qadesch-Schlacht, in der Hattuschili als Truppenführer teilgenommen hatte – nie direkt begegnet waren, ist zwar gedacht worden. Ramses wollte den Hochzeitszug zunächst persönlich in seiner Nordprovinz Kana'an/Kinachi empfangen, überließ das aber dann doch seinem dortigen Statthalter, offenbar deshalb, weil es an einer entsprechenden positiven Reaktion aus Hattuscha fehlte, d. h. einer Ankündigung, daß Hattuschili seinerseits den Hochzeitszug bis zur Grenze hethitischer Herrschaft in Syrien begleiten wollte. Der hethitische Großkönig hat jedenfalls auch bei dieser Gelegenheit nicht den Pharao persönlich getroffen. Ein Gelübde der hethitischen Großkönigin Puduchepa könnte mit diesem, dann doch nicht ausgeführten Plan eines Zusammentreffens vielleicht in Verbindung gebracht werden. Es heißt darin: „Wenn Seine Majestät (d. h. Hattuschili) vom ‚Brennen seiner Füße' schnell genesen sollte, dann...." – es folgt das Gelübde einer Schenkung an die Göttin Ningal.[216] Danach wird in zerstörtem Kontext das Land Ägypten erwähnt, das über die Genesung informiert werden sollte – vielleicht wegen des verabredeten Treffens? Daß Hattuschili zeitweilig Fuß-Probleme hatte – etwa infolge eines Gicht-Anfalls? – dürfte dieses Textfragment anzeigen; eine Verbindung mit dem geplanten Besuch Hattuschilis in Ägypten wäre in dem zitierten Text daher vielleicht nicht auszuschließen. Aber es dürfte wohl weniger die strapaziöse Reise bis Ägypten gewesen sein, die Hattuschili davon abhielt, persönlich seine Tochter zu begleiten. Vielmehr fürchtete er wohl, daß dies seitens der ägyptischen Propaganda als seine Unterwerfung unter die Autorität des Pharao ge-

wertet werden könnte – und die Mitgift dann als ein Tribut an den Oberherrn.[217] Wie der ägyptische Bericht über die Hochzeitskarawane zeigt, die
sich dann schließlich nach Piramesse in Bewegung setzte, war diese Befürch-
tung durchaus nicht unbegründet.

DIE REISE DER HETHITISCHEN PRINZESSIN NACH ÄGYPTEN

Die hethitische Prinzessin war also zunächst durch die Ausgießung des Öls
auf ihrem Haupte als künftige Gemahlin des Ramses ausgewiesen worden; in
Ägypten wiederum wurden Vorbereitungen für ihren Empfang getroffen. Im
südöstlichen Fajjum wurde bei Gurob, wo bereits zur Zeit des Thutmosis III.
ein königlicher Harem bestand,[218] unter Papyrus-Resten eine Kleiderliste der
hethitischen Prinzessin entdeckt, für die dort zudem als „Große königliche
Gemahlin" ein Neubau errichtet worden war.[219] Auch in der Residenzstadt Piramesse ist ein entsprechendes Haus für sie hergerichtet worden. Man darf
gewiß davon ausgehen, daß die hethitische Königstochter von einer größeren
Zahl an Hausdamen begleitet wurde, die dann zu ihrer Haushaltung gehörten. Als seinerzeit, um die Mitte des 14. Jhs. v. Chr., die Mittani-Prinzessin Gi-
luchepa an den Hof des Pharao Amenophis III. reiste, sollen sie sogar 317 Ha-
remsdamen begleitet haben.[220] So mußten jetzt Maßnahmen getroffen werden,
daß sie nebst ihrer Mitgift und Begleitung sicher Ägypten erreichte. Ramses
war wegen der Verzögerung der Überstellung der Braut schon unruhig geworden, was sich in einer ganzen Reihe von Briefen an Hattuschili und Puduchepa ausdrückte. So heißt es in einem Brief des Pharao an Hattuschili (ÄHK
50): „Mein Bruder möge die genannten Zivilgefangenen (,Kolonen' aus dem
Kaschka-Land, als Teil der Mitgift) Fußtruppen und Wagenkämpfer aufbre-
chen lassen. Ich begehre die Tochter meines Bruders zu sehen! Frage die Leute
des Landes Ägypten (bei dir), sie mögen es dir bestätigen!" Und in einem weiteren Ramses-Brief an den hethitischen Großkönig (ÄHK 54) wird, mit Bezug
auf ein entsprechendes Schreiben Hattuschilis, gesagt:

„So (sprich) zu meinem Bruder: Was das betrifft, daß du geschrieben hast
wie folgt: ,Fürwahr, die Braut wird zu dir gehen, und ich lasse sie eilen. Und
eine Mitgift werde ich ihr geben, die größer ist als die der Tochter des Landes
Babylonien und des Landes Zulabi; und ich zählte alles auf, was die Braut
bringen wird.' So hast du, mein Bruder, mir geschrieben. Siehe, sehr gut ist
diese Absicht, über die mir mein Bruder geschrieben hat! Und ich werde be-
fehlen, sie in Empfang zu nehmen, und ein schönes Haus habe ich ihr in
freundlicher Absicht gebaut, und meine Brautgabe ist größer als die aller
Großkönige, die uns ebenbürtig sind.

So sprich zu meinem Bruder: Und was du mir geschrieben hast wie folgt:
,Siehe, fürwahr, ich werde meiner Tochter eine Mitgift geben bestehend aus
Zivilgefangenen und aus Pferden und aus Rindern und aus Schafen, und ich
werde meine Tochter senden, die sie (d. h. die Mitgift) ins Land meines Bru-

ders bringen wird. In welchem Lande und welchem Mann soll ich sie übergeben?'
– so hast du, mein Bruder, mir geschrieben.

Siehe, ich habe an den Landesstatthalter Suta in der Ramses-Stadt, der
Stadt, die im Lande Upi (beim heutigen Damaskus) liegt, geschrieben, diese
Zivilgefangenen aus dem Kaschkäerland, diese Pferdeherden, diese Rinderherden sowie diese Schafherden, die ihr bringen laßt, in Empfang zu nehmen; er
wird ihr Führer sein, bis die Braut nach Ägypten kommt. Alle Tagesrationen,
die zuzuweisen sind, die wird er zuweisen.[221] Und ich habe auch an den Landesstatthalter Atachmaschi in der Ramses-Stadt, die im Lande Kana'an (d. h.
der ans Meer grenzenden ägyptischen Nordprovinz) liegt, geschrieben, diese
Zivilgefangenen aus dem Kaschkäer-Land, diese Pferdeherden und diese
Jungstierherden, diese Rinderherden und diese Schafherden, die ihr bringen
laßt, in Empfang zu nehmen; und er wird ihr Führer sein, bis die Braut ins
Land Ägypten kommt."

In gleicher Weise wurde auch an Puduchepa, die Mutter der Braut, geschrieben (ÄHK 55), die in jener wichtigen Angelegenheit ebenfalls mit Ramses ihren eignen Briefwechsel führte. Sie hatte den Pharao dabei auch über die
Kaschkäer informiert, jene nordanatolische Bevölkerung, die in mehrere
Stammesgruppen aufgegliedert war, immer wieder – vor allem zur Erntezeit –
Überfälle bis ins hethitische Kernland vornahm – und die andererseits auch in
der hethitischen Landwirtschaft als Arbeitskräfte eingesetzt wurde. Dazu
gehörten auch Kaschkäer, die hier ,Zivilgefangene' genannt werden, weil sie
– wie schon erwähnt – keine bei Kampfhandlungen gefangengenommenen
Personen waren.[222] Ramses verweist in einem Schreiben an Puduchepa auf
deren brieflich geäußerte Bedenken hinsichtlich des friedfertigen Charakters
jener Kaschkäer, die Teil der Mitgift ihrer Tochter waren, und schreibt ihr dazu
(ÄHK 57): „Diese Leute aus dem Kaschka-Land, die meine Schwester zu senden wünscht, sind wirklich willkommen. Lasse Truppen meines Bruders mit
ihnen zu mir gehen, um die Furcht vor ihnen zu nehmen. Meine Schwester
möge ihren Wunsch ausführen! . . . . . Und was meine Schwester mir geschrieben hat über die Kaschkäer, wie folgt: ,Ich werde niemals zulassen, daß sie
zurückkehren, um in ihren Häusern zu wohnen' – so hat meine Schwester
mir geschrieben. Nun, man handelt so gegen sie zu Recht; und da man so
handelt, so lasse keinen Krieg gegen sie führen und lasse auch gegen sie keine
andere Auseinandersetzung zu! . . . Und da meine Schwester mir geschrieben
hat: ,Lasse sie nicht entfliehen! Sie gehen immer wieder in die Wüstensteppe!'
So (sage ich darauf): Wer dorthin zu gehen wünscht, der soll gehen! Mögen sie
dann zugrunde gerichtet sein, wenn sie sich (in der Wüstensteppe) aufhal-
ten!" Ramses hatte also gegenüber diesem Teil der Mitgift ein etwas anderes,
unbefangeneres Verhältnis als die besorgte hethitische Großkönigin – aber es
gab da auch wirklich einen Unterschied: Die anatolische Landschaft bot auch
außerhalb der bewirtschafteten Zonen noch die Möglichkeit, zu überleben.
Die Sandwüste östlich und westlich des Niltales dagegen aber machte es
schwer, außerhalb der Oasen sogar unmöglich, sich dort länger aufzuhalten,
wenn man nicht Kamelnomade war. Doch das Kamel hat als Tier der Noma-

den erst später Bedeutung gewonnen, und die Kaschkäer waren keine Wüstenbewohner, sondern kamen aus einem gebirgigen und damals noch waldreichen Teil Anatoliens.

Als sich die hethitische Prinzessin, ihr Ehrengeleit und die überstellten Kaschkäer dann schließlich auf den Weg nach Ägypten begaben, hatten sie „viele und weit entfernte Gebirge und schwierige Pässe" zu überwinden, wie es in einem ägyptischen Text heißt. Nach Durchquerung der nordsyrischen Ackerebenen gelangte der Hochzeitszug in Kinachi/Kana'an und Upi auf ägyptisches Territorium. Dort wurde sie von Abgesandten des Pharao in Empfang genommen und erhielt ein ägyptisches Ehrengeleit, das wohl aus mehr als eintausend Mann bestand[223] und sie bis nach Piramesse begleitete.

Weder Hattuschili noch seine Hauptgemahlin Puduchepa haben offenbar anläßlich dieses großen Ereignisses, das sogar von einem als Wunderzeichen betrachteten Erdbeben[224] angekündigt worden sein, ägyptischen Boden betreten.[225] In der ägyptischen Propaganda jedenfalls erscheint Hattuschili – wie das auf der Stele von Abu Simbel bildlich dargestellt wird – als derjenige, der persönlich dem zwischen den Gottheiten Seth und Ptah in einem Kiosk sitzenden Pharao seine Tochter zuführt; allerdings könnte seine Position am Bildrand andeuten, daß er selbst nicht bis Piramesse gelangte. Die Prinzessin wird dabei bereits in ägyptischer Kleidung dargestellt, während Hattuschili hethitisch gewandet ist und eine hohe spitze Mütze trägt. Die hieroglyphisch-ägyptische Beischrift legt dem hethitischen Großkönig sogar die Worte in den Mund[226]: „Ich bin zu dir gekommen, ich bewundere deine Pracht als Bändiger der Fremdländer. Du bist wahrhaftig der Sohn des Gottes Seth (d. h. des Wettergottes); dieser hat dir das Hatti-Land zugewiesen (!). Ich habe mich all meiner Güter entäußert, vor allem meiner ältesten Tochter, um sie vor dein Angesicht zu führen. Gut ist alles, was du für uns bestimmtest, ich selbst bin für immer und ewig unter deinen Füßen (!), zusammen mit dem gesamten Hatti-Land. Du bist auf dem Thron des Gottes Re erschienen und hast jedes Land für immer unter deinen Füßen!" Zweifellos hat der hethitische Herrscher nicht auf diese unterwürfige Weise an seinen „Bruder" auf dem Pharaonenthron geschrieben, doch wandte sich ja der hieroglyphische Text an Ägypter und interpretierte die Darstellung daher zum größeren Ruhme des Pharaos.

Als „starker Stier, Geliebter der Maat, Protektor Ägyptens, reich an Jahren und Siegen, Herrscher der Wüste, Retter seiner Truppen (in der Schlacht von Qadesch), Verteidiger seiner Wagenkämpfer, edel in seiner Haltung, schön mit der blauen Krone" ließ sich Ramses auf den Hochzeitsstelen feiern. Diese propagandistische Darstellung der Eheschließung zeigt jedoch recht deutlich, in welchem Maße wohl die hethitische ,Unterwerfung' erst herausgestellt worden wäre, wenn Hattuschili tatsächlich seine Tochter an den Nil begleitet hätte.

Abb. 66. 67   Die Darstellung auf der Hochzeitsstele von Abu Simbel,[227] die die hethitische Prinzessin auf dem Wege zu ihrem künftigen Gemahl Ramses zeigt, gibt weder von deren wirklichem Aussehen einen Eindruck noch von der Physiognomie des Hattuschili. Der hieroglyphische Text preist Ramses als den, „der

Abb. 66   Die sog. Hochzeits- oder Heirats-Stele von Abu Simbel, angebracht am großen Tempel des Ramses II. in Abu Simbel anläßlich seiner Vermählung mit der hethitischen Prinzessin, der Tochter von Hattuschili III. und Puduchepa.

Abb. 67   Hochzeitsstele des Ramses II. in Abu Simbel: Hattuschili führt dem zwischen Gottheiten sitzenden Ramses seine Tochter zu. Die Darstellung zeigt Hattuschili, der Piramesse offenbar niemals betreten hat, am Rande der Szene.

seine Grenzen dort setzt, wo immer er es wünscht, ohne Widerstand zu finden – ausgenommen das (nunmehr ja verbündete) Hatti-Land" und stellt dem zwar nicht unbedingt eine persönliche Abwertung des hethitischen ‚Bruders' gegenüber. Aber die Steleninschrift gibt auch eine Ansprache des Hattuschili an seine Truppen und die hohen Würdenträger wieder, die auf eine Notsituation verweist, in der sich Hatti zu dieser Zeit befand und die ihn daher als einen König charakterisiert, der mit großen Problemen zu kämpfen hatte – auch durch eine lang anhaltende Dürre, die die Ernteerträge in Frage stellte:[228] „Der große Herrscher (d. h. Hattuschili) sprach zu seiner Armee und seinen hohen Offizieren wie folgt: ‚Was für eine Situation! Unser Land ist ruiniert, unser Wettergott (hier: Seth) ist böse mit uns. Der Himmel gießt keinen Regen auf uns, jedes Fremdland ist feindlich und kämpft gegen uns, allesamt." Das ist eine deutlich negative Gegenüberstellung zur vorteilhaften Situation des ägyptischen Großkönigs und spiegelt eine problematische Lage wider, die nicht unbedingt aktuell sein muß, sondern die Summe einer langen Erfahrung wiedergeben dürfte: Anders als Ägypten war der hethitische Staat von Fürstentümern umgeben, die jede Schwäche der Großkönige nutzten, um abzufallen oder Übergriffe auf hethitisches Territorium vorzunehmen. Und unter den feindlichen ‚Fremdländern' ist gewiß vor allem Assyrien gemeint, das sich Territorien in Obermesopotamien unterwarf, auf die die Hethiter Anspruch erhoben. Daß Regen fernblieb, war ein besonderes Problem des anatolischen Hochlandes; damit verbundene Mißernten haben mehrfach sogar zu ‚Hungerjahren' geführt.[229] Vor allem das durch den Nil bewässerte, d. h. von Regenfällen im Flußtal unabhängigere Ägypten kam dann als Lieferant von Getreide in Frage (vgl. dazu unten).

Eine weitere monumentale Stele des Ramses, die im Tempeldistrikt von Tanis im Nildelta errichtet wurde, stellt gleichfalls die hethitische Prinzessin bildlich dar, die hier als „Tochter des großen Fürsten von Hatti" bezeichnet wird. Eine sehr kleine Figur im darunter befindlichen hieroglyphischen Text könnte als Hattuschili gedeutet werden; sie ist gebeugt, spreizt die Arme ab und trägt die typische hohe und spitz zulaufende Kappe.[230]

Wie schon erwähnt, haben sich Ramses und Hattuschili niemals persönlich kennengelernt. Für den hethitischen König wäre eine so weite Reise schon im Hinblick auf die politische Situation in Hatti und im übrigen Vorderasien wohl nicht angezeigt gewesen. Für Ramses ist aus der sehr umfangreichen Überlieferung über seine Regierung nicht bekannt, daß er sich jemals zu einem Staatsbesuch jenseits der ägyptischen Grenzen aufgehalten hätte. Allenfalls wäre eine Zusammenkunft beider Herrscher im ägyptisch-hethitischen Grenzbereich in Syrien infrage gekommen. Jeder der beiden „Brüder" wollte offenbar vermeiden, durch ein ‚Entgegenkommen' im Sinne dieses Worts oder gar ein Erscheinen am Hofe des anderen als geringeren Ranges oder gar unterlegen zu gelten.

Auf den Hochzeitsstelen von Abu Simbel und Karnak ist das große Ereignis der Reise der Braut nach Ägypten und ihres Einzuges in Piramesse – nach einer (angeblichen) unterwürfigen Anrede des Hethiterkönigs an den Pharao – beschrieben worden. Nach dem bereits erwähnten Hinweis auf die durch Trockenheit bedingte Notsituation des Hattuschili und seines Landes, heißt es bei Ramses: „ Dann veranlaßte er (d. h. Hattuschili), daß seine älteste Tochter gebracht werde, mit herrlichen Gaben vor ihr – reichlich Gold, Silber und Kupfer, Sklaven, Pferdegespanne ohne Zahl, Rinder, Ziegen und Schafe zu Zehntausenden" . . . auch hier wieder offensichtlich übertreibend! Und danach fährt der Text fort:" Dann kam jemand, um Seine Majestät (d. h. Ramses) zu informieren, indem er sprach: ‚Siehe, der große Herrscher von Hatti hat seine älteste Tochter gesandt, mit Tribut (!) jeder Art; sie (d. h. die Abgesandten) bedecken die Straßen bei ihrem Schreiten: Die Prinzessin von Hatti, zusammen mit den Großen, und sie haben nun die Grenze Seiner Majestät (in Syrien) erreicht. Laß die Armee und die Beamten gehen, um sie willkommen zu heißen. . .' Da ward Seine Majestät (Ramses) von Freude erfüllt. Glücklich betrat er den Palast (in Piramesse), als er von diesem wunderbaren Ereignis erfuhr, desgleichen in Ägypten (bislang) unbekannt war. So entsandte er schnell Truppen und Beamte, um sie willkommen zu heißen . . ."

Dennoch machte sich Ramses um die Delegation Sorgen: „Dabei fragte er sich: ‚Wie wird es jenen, die ich in solcher Angelegenheit nach Syrien gesandt habe, in diesen Tagen mit Regen und Schnee, wie sie im Winter vorkommen, ergehen?" Ramses, der sich also um seine eigenen, das Klima am Nil gewöhnten Abgesandten Gedanken machte, wandte sich daher an den auch in Ägyp-

ten verehrten Wettergott Sutech/Seth, und er hatte mit seinem Gebet offensichtlich Erfolg: „Und so war der Himmel ruhig. Sommertage kamen inmitten
der Winterszeit, so daß diese Truppe und die Beamten frohen Herzens (nach
Syrien) abmarschierten" – also es war ein Wunder geschehen! Fußtruppen,
Streitwagen und Beamte aus Ägypten bildeten nunmehr zusammen mit der
Begleitmannschaft aus Hatti eine Eskorte für die Prinzessin. Daß dabei eine
gute Stimmung herrschte, wird mit den Worten beschrieben: „Sie aßen und
tranken miteinander, eines Herzens wie Brüder. Niemand schmähte seinen
Kameraden, es herrschte Frieden und Brüderschaft zwischen ihnen."

Wie es heißt, sollen die syrischen Fürsten von dieser Gemeinsamkeit zwischen den ägyptischen und hethitischen Truppen, die sich ja bei Qadesch als
Gegner gegenübergestanden hatten, sehr beeindruckt gewesen sein – und das
war zweifellos auch beabsichtigt. Es hielt sie gewiß davon zurück, gegen
diese beiden, nunmehr verbündeten und verschwägerten Großkönige zu re-
bellieren. Auch die wohlbehaltene Ankunft der hethitischen Braut in Piramesse wird dann beschrieben: „Als nun der Hochzeitszug in Piramesse ein-
traf, veranstaltete er (d. h. Ramses) eine Feier für das große Wunder der Tap-
ferkeit und des Sieges (!), und das geschah im Jahre 34 (seiner Herrschaft), im
3. Monat des Winters" (d. h. etwa Dezember/Januar des Jahres 1246/45
v. Chr.). „Dann wurde die Tochter des großen Herrschers von Hatti, die nun
auf ihrer Reise nach Ägypten eingetroffen war, vor Seine Majestät geleitet, mit
großartigem und reichem Tribut – zahllos und vielgestaltig – in ihrem Gefolge". …. „Es war in der Tat ein großes und wunderbares Ereignis, ein kostbares
Wunder, bislang nicht gehört in der mündlichen Überlieferung und ohne Parallele in den Schriften der Vorfahren: Die Tochter des großen Herrschers von
Hatti war eingetroffen, reiste nach Ägypten, zum König von Ober- und Unterägypten, Usimare Setepenre, dem Sohne des Re, Ramses II., er lebe ewiglich. Und es zeigte sich, daß sie schön war in der Meinung Seiner Majestät,
und er liebte sie über alles". …. „Ihr (ägyptischer) Name wurde proklamiert:

Abb. 68 ‚Königliche Gemahlin, Maat-Hor-Neferu-Re [231] – sie möge leben – Tochter des
großen Herrschers von Hatti, Tochter der großen Königin von Hatti'. Sie
wurde im Palast eingeführt, in den königlichen Bereich, als tägliche Begleitung der Majestät; ihr Name wurde im Lande bekanntgegeben." Und eine
verkürzte Version dieses Textes fügt noch hinzu: „Wenn danach ein Mann
oder eine Frau in Geschäften nach Syrien reiste, konnten sie sogar das Hatti-
Land (nunmehr) ohne Furcht erreichen – wegen der Siege(!) Seiner Majestät."
Von Hattuschili selbst ist hier keine Rede, doch hätte man ihm gewiß auch in
den Inschriften Aufmerksamkeit geschenkt, wäre er tatsächlich in Piramesse
dabeigewesen.

Die hethitische Prinzessin war auch von einer Schutztruppe aus ihrem Hei-
Abb. 69 matland direkt bis Piramesse begleitet worden. Die archäologischen Forschungen in Qantir/Piramesse haben Reliefs mit der Darstellung von Schil-
den erbracht, und zwar eines sog. Achterschildes und eines trapezförmigen
Schildes mit einem Stierkopf als Schmuck. Derartige Schilde waren in Ägypten bislang nicht üblich, und man darf wohl annehmen, daß es sich hier um

Abb. 68   Amulettplakette mit dem Namen
der hethitischen Prinzessin, die als Maat-Hor-
Neferu-Re eine Gemahlin Ramses' II. wurde.

Abb. 69   Hethitisches »Achterschild«
als Model für die Herstellung von Metall-
beschlägen, gefunden in Piramesse.
Solche Schilde werden für die Hethiter auch
auf den Reliefs zur Qadesch-Schlacht
wiedergegeben (s.u.).

solche aus dem hethitischen Bereich handelte, zumal auch Waffen „hethitischen" Typs entdeckt wurden. Offenbar wurde ein hethitisches Truppenkon-
tingent dauerhaft in Piramesse stationiert, um als spezielle Schutzgarde der
nunmehrigen königlichen Gemahlin aus hethitischem Hause zu dienen. [232] Es
wäre das wohl nichts Besonderes gewesen, wenn man berücksichtigt, daß in
Ägypten Truppen in fremder Gewandung durchaus nicht ungewöhnlich waren. Beispielsweise erscheinen auf Papyrusfragmenten el-Amarnas Männer in
mykenischer Tracht, und zwar inmitten einer marschierenden ägyptischen
Truppenabteilung.[233] Es ist ein Ramses-Brief an Puduchepa überliefert, aus
dem hervorgeht, daß Brüder der nunmehrigen Gemahlin des Pharao, Söhne
der Puduchepa, ihre Schwester in Ägypten besuchten oder zumindest die Absicht dazu hatten (ÄHK 65): „So (sprich) zu meiner Schwester: Siehe, fürwahr, ich freue mich über deine Söhne, und mein Herz wünscht, sie freundlich zu empfangen." Daß die Brüder der nach Ägypten gesandten Prinzessin
sich um diese kümmern würden, hatte Puduchepa dem Ramses schon zuvor
jedenfalls mitgeteilt (ÄHK 105): „Der Tochter, die ich meinem Bruder geben
werde, sollen die Götter die Erfahrenheit und die Erziehungsgabe der Königin (d. h. der Puduchepa) ebenfalls geben! Und auch das habe ich, die Königin, gesagt: „Ihre Brüder werden sich um sie kümmern."

Diese dynastische Verbindung, die Hatti und Ägypten – den Briefen zu-
folge – „zu einem Land gemacht" hatte, fügte der großen Zahl der Kinder des
Ramses offenbar jedoch keinen weiteren Sohn hinzu. Die hethitische Prinzes-
sin, nunmehr ägyptisch Maat-Hor-Neferu-Re genannt und als solche auch auf
Skarabäen bezeugt, gebar dem Pharao neun Monate nach der Hochzeit ein
Kind, allerdings „nur" eine Tochter. Der Name dieses Enkelkindes auch des
Hattuschili und der Puduchepa wurde von dem ägyptischen Namen der
Mutter abgeleitet und lautete Neferu-Re. Die Schwangerschaft der Tochter
des Großkönigs war zuvor bereits in der hethitischen Residenz mit Freude
aufgenommen und mit der Hoffnung verbunden worden, daß nun Hatti und
Ägypten – durch die Geburt eines Sohnes – tatsächlich zu einem Lande werden könnten (ÄHK 66/7). Dann aber wurde ein Mädchen geboren. Aus Hattuscha trafen dennoch Glückwunschschreiben ein, die der Freude des großköniglichen Paares Ausdruck verliehen (ÄHK 109): „... Die Götter haben meinen Wunsch verwirklicht und haben meinem Bruder und meiner Tochter eine
Prinzessin geschenkt, und ich, der Großkönig, sehe in der Tochter das Wirken einer göttlichen Bestimmung..." Die Reaktion an den anderen Höfen des Vorderen Orients scheint sehr verhalten gewesen zu sein; fürchtete man vielleicht, daß Hatti und Ägypten später wirklich zu einem Lande werden könnten? Es heißt dann weiter: „Die Könige, denen ich eine Mitteilung gemacht
habe, die haben mir nicht geantwortet, und (auch) meinem Bruder werden sie
nicht antworten! Ich habe mich (jedenfalls) über deine Tochter gefreut. Der
Himmel, die Erde (und) die Flüsse waren in Freude, daß die Götter Euch
Glück bereitet haben. Als unter dem Himmel meinem Bruder und meiner
Tochter jeweils Heil geschah, haben mir die Götter ebensolche Freude bereitet." Immerhin heißt es in der in Hattuscha verbliebenen Kopie eines Briefes,

den Ramses an Hattuschili gerichtet hatte (ÄHK 68): „Was aus dem Schreiben hervorgeht, das du hast bringen lassen (mit dem Inhalt): ‚Eine Tochter wurde dem König des Landes Ägypten geboren' – so spricht das Schreiben – ‚und die großen Götter des Landes Ägypten sagten zu ihm (d. h. Ramses) – und zuverlässig ist die Rede in ihrem Munde, und wie die Menschen schlossen sie sich ihr (d. h. betreffend die Rede) zusammen – und sie sagten zu ihm (d. h. Ramses) wie folgt: ‚Diese Tochter, die man dir geboren hat, bring sie uns, und wir werden sie in die Königinherrschaft über ein auswärtiges Land geben, und das Land, in das wir sie geben werden, um die Königinherrschaft auszuüben, wird sich mit dem Lande Ägypten verbünden, und wie ein Land werden sie beide sein'.“ Also konnte es auch politisch von Nutzen sein, wenn das Neugeborene „nur" ein Mädchen war!

In einem anderen Brief des Hattuschili (ÄHK 110) klingt dann allerdings doch etwas Bedauern darüber an, daß es kein Sohn war, der dem Ramses von der hethitischen Prinzessin geboren wurde. Zunächst zitiert Hattuschili aus einem Brief des Pharao: „Der Sonnengott hat meinen Wunsch erfüllt; dieses Haus ist mit dem Haus meines Bruders befreundet, denn deine Tochter ist (eine) Königin des Landes Ägypten", und der Hethiterkönig fährt dann fort: „Ich hätte das Land Hattuscha ihrem Sohn gegeben, wenn sie einen Sohn geboren hätte, aber du hast meiner Tochter keinen Sohn gezeugt .... Ist es meinem Bruder, wie gesagt, nicht möglich, einen Sohn zu zeugen?" Es hätte dann wohl dazu kommen können, daß Hatti und Ägypten wirklich zu einem Lande wurden? Im Interesse Ägyptens scheint das aber ohnehin kein wirklicher Wunsch gewesen zu sein, zumal Ramses ja selbst reichlich mit Söhnen versehen war.

Ramses hatte wohl aufgrund seiner „Verbrüderung" mit Hattuschili und zugleich als Schwiegersohn und Erzeuger einer Enkelin des hethitischen Großkönigs auf die Möglichkeit verwiesen, daß die angestrebte Einheit zwischen Hatti und Ägypten auch dadurch erreicht werden könnte, wenn er selbst die „hohe Stelle" Hatti einnahm, wie sie bislang nur der Thronfolger sowie die großköniglichen Söhne im syrischen Karkamisch und südanatolischen Tarchuntascha innehatten. Das hätte – wenigstens theoretisch – die Möglichkeit eingeschlossen, daß der Pharao einmal die Thronfolge in Hattuscha hätte antreten können! Das Antwortschreiben Hattuschilis ist nur fragmentarisch erhalten und zudem in hethitischer Sprache verfaßt; es handelt sich somit wohl nur um einen Entwurf, der dann noch in das Babylonische übersetzt werden mußte, um auf den Weg nach Ägypten geschickt zu werden (ÄHK 108); ob der entsprechende babylonische Text überhaupt jemals nach Piramesse gelangte, bleibt also fraglich. Es dürfte jedenfalls daraus hervorgehen, daß Ramses seitens des Hattuschili, der ja in Tutchalija ohnehin einen Sohn als Nachfolger hatte, für die Thronfolgerposition als zu alt betrachtet wurde.[234] Es blieb eine Illusion, daß aus Hatti und Ägypten jemals wirklich ein Reich werden könnte.

EINE ZWEITE HETHITISCHE PRINZESSIN ALS GEMAHLIN DES RAMSES ?

Der Friedensvertrag des 21. Regierungsjahres des Ramses II. sowie die dynastische Verbindung mit Hatti in seinem 34. Herrschaftsjahr markieren deutlich die Wende in den Beziehungen zwischen den beiden Ländern. Es gibt bisher keine Anzeichen dafür, daß sich dieses gute Verhältnis zueinander während der noch folgenden Jahre – Ramses verstarb ja erst in seinem 67. Herrschaftsjahr – wieder verschlechtert hätte. Einige der Briefe, die wegen eines jetzt von Ramses getragenen Titels „*insibja-*" Briefe[235] genannt werden (ÄHK 69–74) und seinen Regierungsjahren 42 bis 56 zugehören könnten, dürften sich auf eine zweite Hochzeit beziehen, die dann in die Zeit zwischen dem 42. und 56. Jahr seiner Herrschaft (d. h. zwischen 1237 und 1223 v. Chr.) stattgefunden haben müßte. Daher ist wohl auch ein Brief des Ramses an Puduchepa in die Zeit der Vorbereitung dieser zweiten Eheschließung zu stellen, in dem er auf einen Wunsch der hethitischen Königin Bezug nimmt (ÄHK 73): „Und was meine Schwester mir geschrieben hat wie folgt: ‚Du sollst sie als große Königsgemahlin des Königs im Lande Ägypten einsetzen" … (so sage ich darauf): Veranlaßt, daß die Tochter zu mir gebracht wird, und ich werde die Tochter des Großkönigs, des Königs des Landes Hatti, als große Königsgemahlin in meinem Lande einsetzen!" Es scheint, daß es die Großkönigin Puduchepa war, die mit besonderem Engagement diese zweite hethitisch-ägyptische Eheschließung betrieb. Vielleicht war zu dieser Zeit Hattuschili schon verstorben, und sein Sohn und Nachfolger Tutchalija IV. sollte durch eine solche Verbindung in seiner Position gestärkt werden?[236] In Ägypten gibt es zwei mit Inschriften versehene Stelen, die sich auf dieses Ereignis einer zweiten dynastischen Verbindung zwischen Ägypten und Hatti beziehen dürften; sie wurden in Koptos und Abydos entdeckt.[237] Der Text ist auf der Koptos-Stele besser erhalten: Nach der umfangreichen Titulatur des Ramses heißt es hier: „Seine Majestät ordnete an, daß ein Bericht der großen Herrlichkeiten angefertigt werde, die die Götter (es folgen deren Namen und Beinamen) dem König Ramses gewährten, indem sie, die großen Götter des Landes Ägypten, die großen Herren aller Fremdländer veranlaßten, ihren Tribut (so werden die Geschenke auch hier bezeichnet) dem Ramses – er lebe ewiglich – zu überbringen: ihre ansehnlichen Kinder (das meint die auswärtigen Prinzessinnen), zusammen mit viel Gold, viel Silber und jeder (Art von) wertvollem Edelstein.

Das große Oberhaupt von Hatti ließ die außerordentlich reiche ‚Beute' aus Arzawa (in Südwestanatolien) und die außerordentlich reiche ‚Beute'(!) aus Qode/Kizzuwatna (in Südostanatolien) – beide sind nicht zu beschreiben! – dem Ramses überbringen, ebenso viele Pferde sowie Rinder-, Ziegen- und Kleinviehherden, zusammen mit seiner anderen (!) Tochter, die er für Ramses – er lebe ewiglich – nach Ägypten bringen ließ; das geschah (nun) zum zweiten Male!

Es waren nicht die Truppen, die sie herführten, es waren nicht die Streitwagen, die sie brachten, (sondern) es war die Macht der Götter des Landes Ägypten und der Götter eines jeden Fremdlandes, die die großen Fürsten jedes Fremdlandes veranlaßten, auf ihren Schultern ihren Tribut dem Ramses – er lebe ewiglich – zu bringen: Ihr Gold, ihr Silber, ihre Gefäße aus Grünstein…ihre Pferde, ihre Rinder-, Ziegen- und Kleinviehherden zusammen mit den Kindern der großen Herren des Landes Hatti. Sie selbst überbrachten ihre Anteile aus allen Grenzgebieten der Länder des Ramses – er lebe ewiglich – indem sie persönlich kamen. Es waren aber (in Wirklichkeit) nicht die Häuptlinge, die sie überbrachten, nicht die Armee, nicht eine Wagenkämpfertruppe…, sondern es war Ptah-Tanen selbst, der Göttervater, der alle Länder, alle Fremdländer für immer und ewig unter die Füße dieses guten Gottes (d. h. des Ramses) legte."

Daß die erste hethitische Gemahlin des Ramses inzwischen verstorben war, muß nicht notwendigerweise angenommen werden. Ein Papyrusfragment, das im königlichen Harem von Gurob am Rande des Fayum gefunden wurde, könnte sogar annehmen lassen, daß eine Hethiterprinzessin noch im 61. Regierungsjahr des Ramses am Leben war – aber war es die erste oder die zweite?[238] Die chronologische Zuordnung der Ramses-Korrespondenz zu den inter-dynastischen Ereignissen ist nicht immer mit Sicherheit vorzunehmen, und daß es noch zu einer zweiten Eheschließung mit einer hethitischen Prinzessin kam, ist vor allem der Koptos-Stele zu entnehmen, die – wie oben zitiert – ausdrücklich darauf verweist, daß die Überstellung einer Prinzessin aus Hattuscha nach Ägypten nun „zum zweiten Male" erfolgte. Aufgrund der hethitisch-ägyptischen Korrespondenz scheint zudem die Annahme berechtigt, daß es Puduchepa selbst gewesen ist, die diese zweite dynastische Verbindung mit Ramses in die Wege leitete – wohl schon zu der Zeit, als ihr Gemahl Hattuschili bereits verstorben war und der junge Nachfolger, ihr Sohn Tutchalija IV., dringend einer politischen Aufwertung bedurfte.[239]

Die Briefe der späten Korrespondenz zwischen Hatti und Ägypten zur Zeit des *Abb. 70* Pharao Ramses II. lassen oft nicht mit Sicherheit erkennen, ob sie noch an Hattuschili III. oder bereits an seinen Sohn und Nachfolger Tutchalija IV. gerichtet waren. Während dessen frühen Regierungsjahren war seine Mutter Puduchepa jedenfalls noch am Leben, und nicht nur das: Sie hat auch jetzt noch tatkräftig an der hethitischen auswärtigen Politik mitgewirkt. Eine Erneuerung des Bündnisses Tutchalijas IV. mit Ägypten wäre auch im Hinblick auf die Situation im oberen Mesopotamien nützlich gewesen, wo die Assyrer ihre militärische Präsenz verstärkten. Der assyrische König Tukulti-Ninurta I. (1243–1207 v. Chr.) griff nicht nur das hethitisch dominierte Fürstentum Hanigalbat in Obermesopotamien an, sondern bedrohte dabei auch die Herrschaft der Hethiter im westeuphratischen Syrien. Wie er in einer seiner Inschriften behauptet, habe er „28800 Hethiter jenseits (d. h. westlich) des Euphrat entwurzelt" und nach Assyrien gebracht.[240] Auch wenn mit den „Hethitern" hier nicht direkt Bewohner Anatoliens gemeint sein müssen, die sich im Euphratgebiet aufhielten, sondern vielleicht nur Untertanen des hethitischen Großkönigs in Syrien, zudem auch die Zahlenangabe nicht unbedingt zutreffen muß, so erhielt die hethitisch-assyrische Rivalität in Obermesopotamien nunmehr doch eine neue Dimension. Gerade wegen der „assyrischen Gefahr" wären

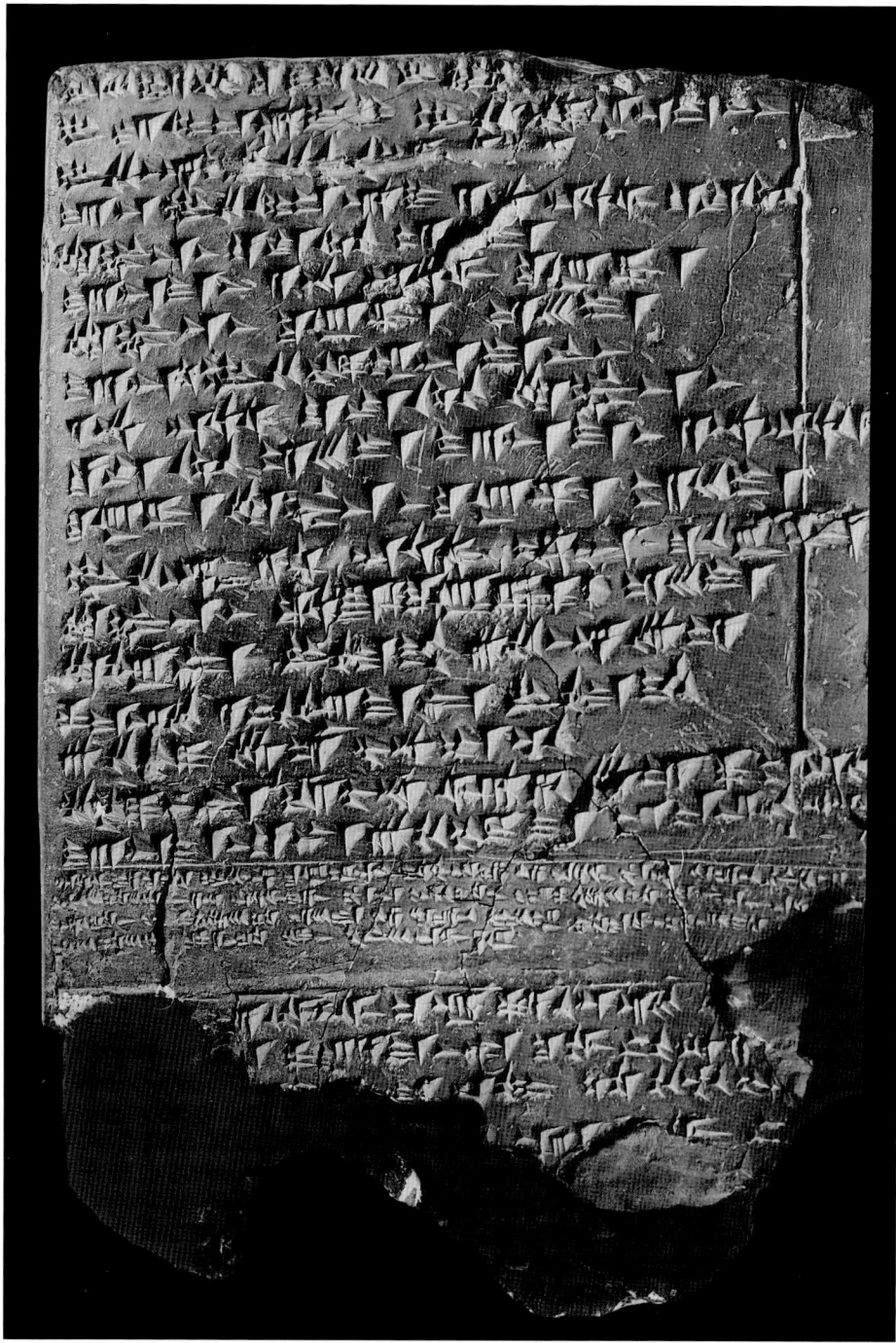

*Abb. 70 Teilaufnahme einer in Boghazköy gefundenen Tontafel, die den Vertrag des Tutchalija IV.,
des Sohnes des Hattuschili III., mit dem Fürsten Scha'uschga-muwa von Amurru (in Mittelsyrien) enthält. Die hier wiedergegebene Kolumne der Rückseite behandelt u. a. eine hethitische
Blockade des assyrischen Mittelmeerhandels.*

eine Erneuerung des Vertrags und der dynastischen Verbindung mit Ägypten vorteilhaft gewesen und hätte zudem auch eine Absicherung der gemeinsamen Grenze in Mittelsyrien bedeutet. Vielleicht kann ein Brief in diesen Zusammenhang gehören, dessen zeitliche Zuweisung allerdings noch unsicher ist und in dem es heißt (ÄHK 74): „Wir wollen uns gegenseitig vertragen und miteinander wollen wir einen Vertrag schließen! Jetzt werden die Götter des Landes Ägypten und die Götter des Landes Hatti schöne Brüderschaft zwischen uns und schönen Frieden zwischen uns gewähren für ewig – so hast du (d. h. der hethitische Großkönig), „mein Bruder, mir geschrieben. Ich bin sehr, sehr freudig gestimmt über deine Tafel, denn ich liebe meinen Bruder seit jeher und werde ihn lieben auf ewig…" Vielleicht war auch Ägypten zu dieser Zeit mit der Abwehr von „Seevölker"-Gruppen im Bereich des westlichen Nildeltas schon in Anspruch genommen und daher an einer Fortsetzung des guten Verhältnisses zu den Hethitern besonders interessiert? Jedenfalls meldete ein Text sogar schon im Jahre 2 der Regierung des Ramses, daß „Krieger des Meeres" besiegt wurden und die Bewohner Unterägyptens sich nun wieder „ruhig zum Schlafen niederlegen" konnten. Ramses scheint deshalb schon damals feste Plätze am Mittelmeer ausgebaut zu haben.[241] Wir werden sehen, daß seine Sorge wegen einer Bedrohung durch Angehörige der „Seevölker", die aus dem westmediterranen Raum nun bis an die syrisch-ägyptischen Küsten vordrangen, sowie durch die benachbarten Libyer nicht unberechtigt war.

ÄGYPTISCHE ÄRZTE AM HETHITISCHEN HOF

Sowohl aus der hethitischen Korrespondenz mit Babylonien als auch mit Ägypten wird deutlich, welch hohe Wertschätzung Ärzte und Arzneien aus diesen Ländern in Hattuscha genossen.[242] Hattuschili III. erfragte des öfteren die Übersendung von Medizin und die Entsendung von Ärzten aus Ägypten, dessen Heilkunst weithin berühmt war. Die aus dem Niltal überlieferten Papyrus-Kompendien über medizinische Probleme verweisen sowohl auf die Diagnose als auch auf die Behandlungen der Krankheiten, wobei auch hier neben praktischen Maßnahmen die Beschwörungen eine Rolle spielten.[243] Hattuschili selbst hat nicht nur zeitweilig, wie schon erwähnt wurde, an „brennenden Füßen" gelitten, sondern offenbar auch an einer Augenkrankheit. Diese Erkrankung wird in zwei Orakeltexten aus Hattuscha bezeugt und soll der Großkönigin Puduchepa in einem Traum angekündigt worden sein – eines von vielen ‚Traumgesichten', die für sie überliefert sind. Wie es scheint, hatte man wegen der Augenkrankheit bereits einen babylonischen Arzt konsultiert, der aber dann selbst erkrankte und die Behandlung nicht fortsetzen konnte.[244] Es wurden nun brieflich Heilmittel aus Ägypten erbeten; Ramses verweist im Zitat auf einen entsprechenden Brief seines „Bruders" in Hattuscha (ÄHK 30): „Und was mir mein Bruder geschrieben hat wie folgt: ‚Laß wirksame Arzneien für meine Augen bringen, die du mir schon zuvor gesandt hast' – so hat mein Bruder mir geschrieben. Ich habe nunmehr wirksame Arzneien für die Augen meines Bruders bringen lassen..."

In einem anderen Schreiben an Ramses hatte sich Hattuschili in einer ganz besonderen Angelegenheiten an den Pharao gewandt – nicht für sich selbst, sondern für seine etwas ältere Schwester Massanauzzi, babylonisch Matanazi geschrieben (ÄHK 75). Nach der üblichen Übersendung von guten Wünschen heißt es in der Antwort des Pharao: „So sprich zu meinem Bruder: Was mir mein Bruder geschrieben hat wegen Matanazi, seiner Schwester, wie folgt: ‚Mein Bruder möge mir einen Mann senden, um eine Arznei für sie zu bereiten um sie gebären zu lassen' – so hat mir mein Bruder geschrieben. So (sage ich darauf) zu meinem Bruder: Nun siehe, was die Matanazi betrifft, die Schwester meines Bruders – der König, dein Bruder (d. h. Ramses) kennt sie! Eine Fünfzigjährige oder eine Sechzigjährige ist sie! Und siehe, eine Frau, die fünfzig Jahre alt ist, oder eine, die sechzig Jahre alt ist, für die kann man keine Arznei bereiten, um sie noch gebären zu lassen. Aber dennoch: Der Sonnengott oder der Wettergott mögen (ihr zuliebe) einen Befehl geben, denn die magische Heilbehandlung, die sie (d. h. die Götter) bewirken werden, wurde (auch früher) für die Schwester meines Bruders bewirkt. Und ich, der König, dein Bruder, will einen fähigen Beschwörungspriester senden und einen fähigen Arzt und sie werden für sie eine Arznei für ihr Gebären bereiten." (Es folgt die Nennung des den Brief begleitenden Geschenks).

Hattuschili war, als letzter Sohn Murschilis II., offenbar nur wenig jünger als seine Schwester; wahrscheinlich befand er sich zur Zeit dieser Korrespondenz ebenfalls in seinem sechsten Lebensjahrzehnt. Denn schon zur Zeit der Schlacht von Qadesch, d. h. im 5. Regierungsjahr des Ramses, hatte er wichtige Ämter in Hatti inne, befehligte Truppen und heiratete, auf dem Rückweg aus Syrien, die Puduchepa, die ihn dann noch überlebte. Auch ein Neffe des Hattuschili, Kurunta, der nun im Lande Tarchuntascha im südlichen Anatolien ein hethitisches Unterkönigtum regierte, erhielt von Ramses II. Arzneien übersandt.[245] Bestand an dieser Verbindung seitens Ägyptens jetzt vielleicht auch deshalb besonderes Interesse, da Tarchuntascha wegen seiner Lage nahe der Südküste Anatoliens einen Riegel gegen zu Lande anrückende Gruppen der sogenannten „Seevölker" bilden konnte?

Die Krise am Ende der späten Bronzezeit

HUNGERSNOT UND VERFALL DER HETHITISCHEN AUTORITÄT

Als Hattuschili III. verstarb – genaue Jahresangaben können – wie für alle *Abb. 71. 72* hethitischen Großkönige – nicht mit einiger Sicherheit vorgeschlagen werden, hat Ramses II. noch bis 1213 v. Chr., also eine ganze Reihe weiterer Jahre in Ägypten geherrscht. Damit war er auch noch regierender Zeitgenosse des hethitischen Großkönigs Tutchalija IV., der seinem Vater Hattuschili III. entsprechend dessen Wunsch auf den großköniglichen Thron in Hattuscha folgte. Zu dieser Zeit gab es neben der großköniglichen Autorität in Hattuscha zudem die zwei hethitischen Vizekönigtümer, deren Fürsten die dritte Position nach dem Großkönig selbst und nach dem designierten Thronfolger im Reiche einnahmen und die Kontrolle über das hethitische Syrien bzw. das südliche Anatolien ausübten. Diese Könige residierten schon seit langem in Karkamisch am Euphrat bzw. seit kürzerem auch in Tarchuntascha, gelegen im südlichen Anatolien. Wie es scheint, war allein von Hattuscha im zentralen Anatolien aus das Reich nicht mehr hinreichend zu verwalten und militärisch zu sichern. Hattuscha blieb aber nach wie vor die Residenz des Großkönigs sowie das Zentrum des Staatskultes und behielt damit seine wesentlichen Funktionen. Als Hattuscha diese Aufgabe später nicht mehr effektiv auszuüben vermochte, war es auch nicht mehr Hauptstadt und verfiel; der hethitische Staat in Anatolien brach zusammen. Welche Faktoren dabei eine wesentliche Rolle gespielt haben, ist noch nicht mit Sicherheit zu sagen. Eine Eroberung und Zerstörung der Stadt durch einen – bisher nicht zu identifizierenden – Feind läßt sich bislang weder im textlichen noch im archäologischen Befund feststellen. Dabei muß berücksichtigt werden, daß das hethitische Reich, anders als Ägypten, niemals ein „durchorganisiertes" Staatswesen dargestellt hat, dessen einzelne Teile nicht nur durch die Unterwerfung unter den Großkönig, sondern auch wirtschaftlich und kulturell eine Einheit gebildet hätten. Herrschaft und Subordination, nicht Integration hatten die Grundlage für die Existenz des Reiches gebildet. Ein solcher Staat mußte sehr empfindlich auch auf Entwicklungen reagieren, die in den benachbarten Gebieten des Vorderen Orients vor sich gingen. Anzeichen für den Verfall des Großreiches lassen sich jedenfalls in der inschriftlichen Überlieferung feststellen, vor allem aus der Zeit, als in Hattuscha Schuppiluliuma II. regierte; er war der letzte Großkönig der Hethiter.

Was Karkamisch betrifft, so hatte seine dominierende Rolle im syrischen

Abb. 71   Relief des Großkönigs Tutchalija IV., der mit einem kurzen Rock bekleidet und mit einer Lanze bewaffnet ist. Er trägt hier – wie auch auf seinem Siegel – die auf Göttlichkeit weisende Hörnerkrone. Die »Brüderschaft« mit dem ägyptischen Pharao, der sogar selbst als Gott verehrt wurde, hat offenbar auch den Sohn Hattuschilis in die Nähe der Götter rücken lassen.

Abb. 73

Reichsteil bereits zur Zeit des Schuppiluliuma I. begonnen, also um die Mitte des 14. Jhs. v. Chr. Karkamisch wurde ein hethitisches Verwaltungszentrum; seine der großköniglichen Familie entstammenden Könige regierten die Gebiete zwischen dem Euphrat und der Mittelmeerküste mit zunehmender

Abb. 72   Relief des Tutchalija IV. im Felsheiligtum Yazilikaya bei Boghazköy, Kammer B. Der Großkönig wird von seinem Schutzgott Scharruma „bei der Hand genommen" (sog. Umarmungs-szene) und geleitet.

Selbständigkeit.[246] Zur Zeit des Hattuschili wurde dann, wie schon erwähnt, Prinz Kurunta (hurritischer Name wohl: Ulmi-Teschub) im südanatolischen Tarchuntascha (nordwestlich des heutigen Karaman) König – dort also, wohin Muwattalli II. bereits einmal zeitweilig die großkönigliche Residenz verlegt

Abb. 73 In Babylonisch abgefaßte Übereinkunft des Königs Ini-Teschub von Karkamisch, der der hethitischen großköniglichen Dynastie entstammte, mit dem König der wichtigen Hafenstadt Ugarit. In der Tafelmitte ist – wie das auch für den Hattuschili-Ramses-Vertrag angegeben war – sein Siegel eingedrückt.

hatte. Er erhielt etwa die gleichen Befugnisse wie der König von Karkamisch in Syrien, und während der Karkamisch-König auch den wichtigen nordsyrischen Hafen Ugarit unter seiner Kontrolle hatte, verwaltete der König von Tarchuntascha die Hafenstadt Ura, die wohl nahe der Mündung des Göksu in das Mittelmeer gelegen war; von Ura aus verliefen wichtige Routen über den

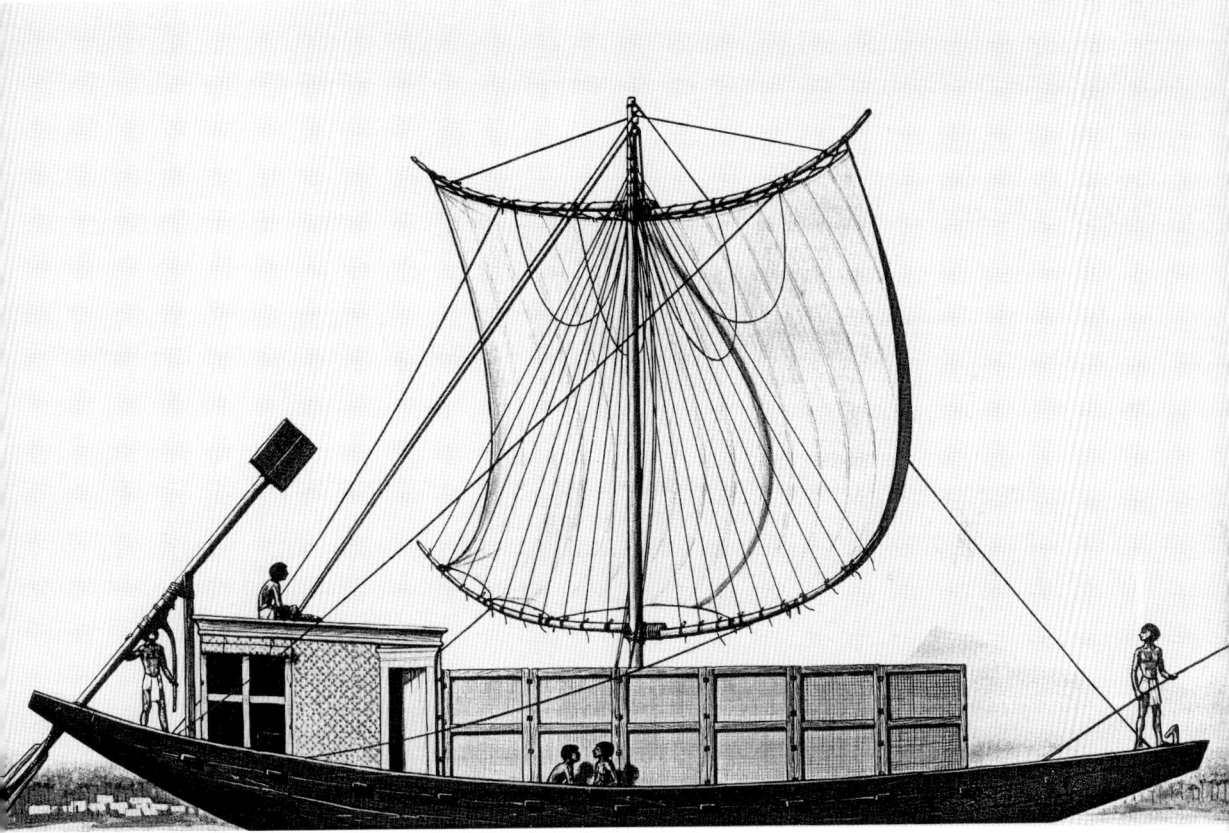

Abb. 74   *Rekonstruktion eines ägyptischen Lastschiffes des Neues Reiches. Vielleicht sah der
Schiffstyp, für den Ramses II. einen Bauplan nach Hattuscha sandte, ähnlich aus?*

Taurus in das zentralanatolische Gebiet. Diese Häfen wurden nun umso wichtiger, als im zentralen Anatolien infolge einer Reihe von Trockenjahren das Getreide knapp wurde und entsprechende Importe – vor allem aus dem befreundeten, von Regenfällen unabhängigen Ägypten – immer notwendiger wurden. „Hungerjahre" werden auch sonst in den hethitischen Texten erwähnt, wofür vor allem ausbleibende oder unzureichende Regenfälle wie auch kriegerische Ereignisse verantwortlich gewesen sein dürften.[247]

Probleme hinsichtlich der Versorgung mit Nahrungsmitteln waren allerdings nicht nur auf Anatolien beschränkt; auch für Emar im syrischen Euphrattal bezeugen Texte eine Verknappung von Lebensmitteln sowie dementsprechend steigende Getreidepreise.[248] Für das Gebiet von Ugarit verweist ein Brief auf Engpässe bei der Versorgung der Bevölkerung mit Getreide und anderen Nahrungsmitteln, und der Absender dramatisiert die Lage sogar mit den Worten: „Wir sind dabei, vor Hunger zu sterben".[249] Bereits zur Zeit des Ramses II. und Hattuschili III. segelten Schiffe, beladen vor allem mit Gerste *Abb. 74*

und Weizen, vom Niltal in den hethitischen Bereich. Ein Ramses-Brief an Hattuschili (ÄHK 78) übermittelt die Botschaft des Pharao, daß der hethitische
Prinz Hischmi-Schar(ru)ma kommen solle, „um alle Schiffe eilends in Empfang zu nehmen, die man mit Gerste und mit Weizen versorgt hat". Und er
fügt hinzu, daß man alle diese Schiffe schnellstens wieder zurücksenden solle –
offenbar war das des öfteren verzögert oder überhaupt unterlassen worden.
Schiffsbau gehörte wohl nicht zu den besonderen Kenntnissen in Hatti, und
so schrieb Ramses dem Hattuschili in einem anderen Brief (ÄHK 79): „So
(sprich) zu meinem Bruder: Was dieses Schiff angeht, so habe ich dir nunmehr
den Bescheid mitgeteilt, es dir zu bringen und ich sandte meine Boten zum
König des (mittelsyrischen) Landes Amurru, damit sie es bringen, und sie
sagten zu ihm wie folgt: ‚Bringe es zum König des Landes Hatti!' – so sagten
sie zu ihm. ... Siehe, ich habe dir nunmehr ein Schiff gesandt, und ein zweites
Schiff werde ich dir im nächsten Jahr senden. Deine Zimmerleute, die sollen
sich eine Kopie zeichnen entsprechend diesen Schiffen, die ich dir bringen
lasse... und sie sollen sich eine Zeichnung machen. Sie sollen diese Schiffe
nachbauen, und mein Bruder soll die Spanten(?) kunstvoll anfertigen lassen.
Mit Erdpech sollen sie die Schiffe verpichen von außen und innen, damit kein
Wasser eindringt in diese Schiffe (und) um nicht zuzulassen, daß sie unterge-
hen inmitten des Meeres! ... Den Bauplan für dieses Schiff, das dir der König
bringen ließ, – auf einer Tafel hat er ihn aufgezeichnet." (Weitere Hinweise
den Schiffsbau betreffend sind auf der Tafel abgebrochen).[250] Offenbar fehlte
es den Hethitern selbst, die ansonsten über die Schiffe von Ugarit oder Ura
verfügen konnten, an sachkundigen Schiffsbauern. Ihre Zimmerleute mögen
zwar sehr geübt im Erbauen von Fachwerkhäusern gewesen sein, hatten aber
verständlicherweise wenig Erfahrung in der Konstruktion seegängiger Schiffe
– was zumindest im zentralen Anatolien ja auch nicht notwendig war. Aber
gerade dieses Transportmittel, das zudem unsicher gewordene Landrouten
weitgehend vermeiden konnte, wurde für den Getreidetransport benötigt,
„um dieses Land (Hatti) am Leben zu halten", wie es in einer ägyptischen Inschrift aus dem 5. Regierungsjahr des Merenptah (1213–1203 v. Chr.) heißt,
des 13. Sohnes des Ramses II. und dessen Nachfolger.[251] Dabei hatte dieser
Pharao selbst vor allem in den asiatischen Besitzungen Ägyptens mit Problemen zu kämpfen, die die ägyptische Autorität dort in Frage stellten und im
Deltagebiet Unruhe schafften.[252]

Abb. 75   Daß zu dieser Zeit der Einfluß der Hethiter auf den syrischen Küstenbereich mit seinen Häfen bereits nachgelassen hatte, wird durch eine ganze
Reihe von textlichen Zeugnissen belegt.[253] Ugarits Abwendung von Hatti
hatte sich bereits darin angedeutet, daß es unzureichenden Tribut nach Hattuscha sandte und auch seinen militärischen Verpflichtungen als vertraglicher Untertan Hattis offenbar nicht mehr gerecht wurde.[254] Es gibt deutliche
Hinweise auf eine geschwächte Position des hethitischen Großkönigs südlich
des Taurus. Ammurapi von Ugarit – der letzte inschriftlich überlieferte König
dieser Stadt, orientierte sich jedenfalls nun wieder stärker auf Ägypten, während der König von Karkamisch noch größere Eigenständigkeit entwickeln

konnte oder, besser: mußte, da jenseits des Euphrat Assyrien eine wachsende Rolle spielte. Karkamisch vermag dafür keine eigenen Indizien zu liefern, da seine Archive noch nicht entdeckt wurden und nur Briefe seiner Herrscher überliefert sind, die bei den Ausgrabungen in Ugarit zutage kamen. Im Palast Ugarits wurden dabei zwei Alabastervasen entdeckt, die eine hieroglyphisch-ägyptische Inschrift tragen. Sie nennt den „Horus-Falken und starken Stier, den Liebling der Maat und Herrn beider Länder (bzw. Kronen) Ramses (II.)"[255] und bezeugt damit den engen Kontakt, der damals zwischen den Höfen in Piramesse und Ugarit bestand. Unter den syrischen Schiffen, die in der Delta-Stadt anlegten, waren daher zweifellos auch solche aus Ugarit.

In welchem Maße in Ugarit der ägyptische Pharao jetzt wieder als Autorität galt, wird auch durch einen Brief bezeugt, der aus dieser – formal immer noch unter hethitischer Oberhoheit stehenden – Stadt an Pharao Merenptah, den Sohn und Nachfolger des Ramses II., gesandt wurde.[256] Der König Ugarits, ein Untertan der Hethiter, schrieb darin an Merenptah und gratulierte ihm zu seiner Thronbesteigung; dabei bat er den neuen Pharao, Sohn des Ramses II., darum, ihm seine Statue zu senden, um sie angesichts des Gottes Baal im Wettergott-Tempel Ugarits aufzustellen. Daß dort jemals eine Statue des hethiti-

Abb. 76

Abb. 75   *Ugarit/Ras Schamra. Die hier seit 1929 durch französische Ausgrabungen freigelegte Hafenstadt spielte nicht nur im Seehandel, sondern auch als den Hethitern offiziell untergeordneter Fürstensitz eine Rolle.*

*Abb. 76   Ugarit. Die Reste des einstigen Baal-Tempels der Stadt, für den der ugaritische König
brieflich ein Bildnis des neuen ägyptischen Pharao Merenptah erbat.*

schen Oberherrn gestanden hatte, ist nicht bekannt; auch bei den Ausgrabungen des Tempels ist ein solches Königsbild nicht entdeckt worden. Aber Merenptah scheint dennoch gezögert zu haben, dem Wunsche des ugaritischen
Königs, der immer noch hethitischer Vasall war, zu entsprechen. Bei den archäologischen Untersuchungen in der Umgebung des ugaritischen Königspa-
lastes ist jedoch ein Schwert entdeckt worden, das mit der Namenskartusche
des Pharao Merenptah versehen wurde; der Fundort, ein Wohnhaus östlich
vom Palast, gehört stratigraphisch in die letzte archäologische Schicht Ugarits, bevor die Stadt dann zerstört wurde. Die Straße, an der dieses Haus lag,
wurde dementsprechend vom Ausgräber, Cl.F.-A.Schaeffer, als „Straße des
Merenptah" bezeichnet.[257] Der Typ des Schwertes ist nicht deutlich ägyptisch,
sondern eher kleinasiatisch-ostmediterran und wurde wohl von Merenptah in
Auftrag gegeben. Ein ganz ähnliches Schwert aus dem 13. Jh. v. Chr. ist in
Qantir im östlichen Nildelta, dem Gebiet der Ramses-Stadt (Piramesse), gefunden worden. [258] In dem Palastviertel der Könige Ugarits am nahegelegenen Ras Ibn Hani kam zudem der Entwurf eines Briefes zutage, gerichtet an
den „guten König, den gerechten König, den König der Könige, den Herrn
des gesamten Landes Ägypten".[259] War für Ugarit der Großkönig von Hatti zu

dieser Zeit nicht mehr der „gute König"? Es gibt noch weitere Indizien dafür, daß zu dieser Zeit Ugarit – und wohl auch andere syrische Fürstentümer – ihre Beziehungen zum hethitischen Oberherrn vernachlässigten und sich eher mit dem immer noch mächtigen Ägypten gut zu stellen versuchten. Der hethitische Herrscher und seine ‚Großen' mußten sich dagegen über geringe Geschenke, die Überstellung minderwertiger Pferde oder unzureichender Truppen beklagen.[260]

Dieses Verhalten wird auch im Hinblick auf die politischen Ereignisse verständlicher, die sich in den späteren Regierungsjahren des assyrischen Königs Tukulti-Ninurta I. (1243–1207 v. Chr.)[261] in Obermesopotamien abspielten. Ein in Ugarit entdeckter Text,[262] ein Brief eines Königs von Assyrien (wohl Tukulti-Ninurta I.) an den König dieser Stadt, berichtet von einer Schlacht zwischen Truppen der Hethiter und Assyrer, die im Lande Nichrija (in Obermesopotamien) stattfand. Als Gegner des assyrischen Königs kommt wohl Tutchalija IV. in Frage, allenfalls noch – nach dem nur kurz regierenden Arnuwanda III., Sohn des Tutchalija IV., der kinderlos verstarb – Schuppiluliuma II.; beide sind als Zeitgenossen des Tukulti-Ninurta bezeugt. Demnach soll der hethitische König dem König von Assyrien den Krieg erklärt haben – zu einer Zeit, in der das Verhältnis zu Ägypten auch durch dynastische Beziehungen abgesichert war. Der König von Assyrien sandte Truppen ins nördliche Mesopotamien, und im Lande Nichrija kam es zum Kampf; ein Vergleichsangebot des Assyrers soll vom hethitischen Großkönig abgelehnt worden sein. Bei der nachfolgenden Auseinandersetzung trug Tukulti-Ninurta den Sieg davon – ein Ereignis, das, wie der Fundort des keilschriftlichen Berichts in Ugarit zeigt, auch dem König von Ugarit mitgeteilt wurde und ihn vielleicht darin bestärkte, nun noch mehr auf die ägyptische als auf die hethitische Karte zu setzen.[263]

Die „Seevölker" und ihr Auftreten im ostmediterranen Raum

Für den letzten inschriftlich bezeugten hethitischen Großkönig, Schuppiluliuma II., der nach Arnuwanda (III.) den Thron in Hattuscha bestieg, ist eine militärische Aktivität im südanatolischen Küstenraum überliefert.[264] Sie dürfte mit jenen auf Schiffen sowie dem Landweg im orientalischen Mittelmeerraum auftretenden Gruppen in Verbindung gebracht werden, die in ägyptischen Texten als Gruppen der „Seevölker" bezeichnet sind und mit ihren Angriffen auf die Zentren des ostmediterranen Raumes, die wirtschaftlich und kulturell eng miteinander verbunden waren,[265] zum Zusammenbruch auch der politischen Strukturen in diesem Raum beitrugen. Ihre Aktionen waren wohl durch die Krise des ostmediterranen Wirtschaftssystems begünstigt, jedoch gewiß kaum deren Ursache.[266] Schon Ramses II. erwähnt sie in seinem 2. Regierungsjahr als „Krieger des Meeres" vor der libyschen Küste und mußte dementsprechend seine Grenzbefestigungen dort ausbauen, sodaß die Bewohner Unterägyptens sich ruhig „zum Schlafen hinlegen konnten".[267] Aber ihre Angriffe wirkten sich letztlich doch negativ auf die Sicherheit im

Deltagebiet aus und trugen wahrscheinlich dazu bei, daß die ägyptische Herrschaft auch über das südliche Palästina verloren ging. Das Fehlen einer starken politisch-militärischen Kontrolle begünstigte Unruhen im Delta und in den nordöstlich angrenzenden asiatischen Territorien; zugleich kam es zu einer Enturbanisierung und einer verstärkten Zuwanderung von Fremden.[268]

Die veränderte Position des hethitischen Großkönigs in Syrien – und damit auch gegenüber Ägypten – dürfte sich auch darin andeuten, daß er durch den Abschluß eines paritätischen Staatsvertrages mit dem König Talmi-Teschub von Karkamisch diesen praktisch ranggleich mit dem Großkönig in Hattuscha machte.[269] Der hethitische Großkönig mußte offenbar seine Kräfte auf die Abwehr von Gegnern konzentrieren, die zu Lande in Südanatolien[270] und zu Wasser vor der Küste von Alaschija, vielleicht Zypern, auftauchten.[271] Mit Alaschija wurde ein Vertrag geschlossen, der neben der Auslieferung von Flüchtlingen auch die Pflicht zur Information über „Böses" festlegte.[272] Es ist sogar eine Seeschlacht überliefert, bei der sich die Hethiter offenbar der Schiffe aus Ura oder Ugarit bedienten.

Abb. 77   Zwei Briefe wohl des Schuppiluliuma II., die in Ugarit entdeckt wurden, sind in diesen Zusammenhang zu stellen: Einmal ein Schreiben an den Stadtpräfekten von Ugarit, in dem auf die Jugend und Unerfahrenheit des ugaritischen Königs, gewiß Ammurapi, verwiesen wird. In diesem Kontext wird eine Gruppe der Seevölker, hier als „Schikila" bezeichnet, als Leute genannt, „die auf Schiffen leben".[273] Ein anderer, ebenfalls in Ugarit entdeckter Brief der „Sonne", d. h. des hethitischen Großkönigs, an Ammurapi von Ugarit erwähnt den Angriff eines Feindes, der dem Adressaten wohl gut bekannt war und zu dem auch die die ägyptische Küste bedrängenden „Seevölker" gehört haben dürften, und übermittelt zugleich die Anforderung von Lebensmitteln aus bzw. über Ugarit.[274] Diese „Seevölker" waren offenbar verschiedene Gruppen, die ihren Ursprung im westlichen Mittelmeerraum hatten und wohl auch – worauf Namen wie ‚Schikila' und ‚Scherden' weisen könnten – Leute aus Sizilien und Sardinien einschlossen. Anfang des 12. Jhs. v. Chr. wurde Ugarit geplündert und zerstört; Anzeichen heftiger Kämpfe wurden in den Straßen der Stadt bei den Ausgrabungen gefunden.[275] Im Gegensatz zu anderen Städten, die nach einer solchen Katastrophe bald wiederbesiedelt wurden, blieb Ugarit verlassen. Wenig später wurde dann das nahe, mit Bauten der ugaritischen Könige versehene Ras Ibn Hani von Leuten besiedelt, die eine Keramik produzierten, die eher in einer mykenischen Tradition stand als in der Ugarits.[276]

Die hethitische Herrschaft im östlichen Mittelmeergebiet brach nunmehr zusammen – auch ohne daß die Hauptstadt Hattuscha selbst von Angehörigen dieser „Seevölker" besetzt worden wäre oder andere Neuankömmlinge dort Fuß gefaßt hätten. Allerdings dürfte die erwähnte Inschrift von der „Südburg" von Hattuscha auf einen letzten Versuch der Hethiter verweisen, das weitere Vordringen von „Seevölker"-Gruppen im südanatolischen Küstenraum zu verhindern.[277] Die Wirkung dieser Zuwanderer wäre aber zweifellos

Abb. 77 Kampf der Truppen des Ramses III. gegen Angehörige der »Seevölker«, die aus dem zentralen Mittelmeergebiet bis zur Nilmündung vordrangen, aber offenbar auch die südanatolische Küste und Zypern heimsuchten.

nicht so tiefgreifend gewesen, hätten nicht negative politische und soziale Entwicklungen im spätbronzezeitlichen Vorderasien ihren Erfolg begünstigt.[278] Die Stadt Karkamisch am Euphrat selbst ist von den Vorstößen von „Seevölker"-Gruppen weniger getroffen worden, wurde aber hinsichtlich ihrer Kontrolle anderer nordsyrischer Territorien nunmehr auf ihr engeres Gebiet eingegrenzt. Ihre Dynastie vermochte die ihrer hethitischen Oberherren in Hattuscha zu überleben, und in der frühen Eisenzeit stellte Karkamisch dann wiederum ein bedeutendes Zentrum dar – in ‚hethitischer' Tradition, die sich mit der zugewanderter Gruppen zu einer neuen Synthese verband.

Während also der Hethiterstaat Anatoliens im frühen 12. Jh. v. Chr. von der politischen Landkarte und auch aus dem historischen Gedächtnis verschwand, durchlebte Ägypten eine Zeit der Krise. Nachfolger des in hohem Alter verstorbenen Ramses II. auf dem ägyptischen Thron wurde sein bereits erwähnter 13. Sohn Merenptah (1213–1203 v. Chr.). Er hatte sich, ebenso wie bereits sein Vater, mit den sog. Libyern[279] auseinanderzusetzen, Völkern des Westens, gegen die schon Ramses II. an der Küste eine Reihe von Forts angelegt hatte. Zur Zeit des Merenptah begann eine neue libysche Offensive, und im Jahre 4 kam es zu einer für Ägypten siegreichen Schlacht, die wenigstens zeitweilig eine Entschärfung der Situation brachte.

Abb. 78   Eine Stele aus dem 5. Regierungsjahr Merenptahs, die in Qurna entdeckt und wegen einer Erwähnung Israels (nicht bereits als Staat, sondern als ethnische Größe) in der Literatur jetzt als „Israel-Stele" bezeichnet wird, sei hier wegen der Anschaulichkeit ihrer Schilderung in der Übersetzung von E. Hornung[280] auszugsweise wiedergegeben. Nach der Angabe des Datums und der Titel des Merenptah sowie des Anlasses heißt es: „Er hat die Libyer zurückgedrängt, die in Ägypten eingedrungen waren, voll Schrecken ist ihr Herz wegen Ägypten. Ihre Vorhut hat die Nachhut im Stich gelassen, ihre Füße hörten nicht auf, davonzulaufen. Ihre Bogenschützen ließen ihre Bogen im Stich, das Herz ihrer Läufer war matt vom Laufen. Sie banden ihre Wasserschläuche auf und gossen sie auf die Erde aus, ihr Gepäck wurde aufgeschnürt und beiseite geworfen. Der elende, feindliche Fürst der Libyer war in tiefer Nacht geflohen, ganz allein. Kein Federschmuck war auf seinem Haupt, seine Füße liefen barfuß, seine Weiber waren vor seinen Augen fortgeführt worden. Sein Proviant war ihm abgenommen worden und nicht einmal Wasser hatte er im Schlauch, um sein Leben zu fristen. Grimmig blickten seine Gefährten, bereit, ihn zu erschlagen, und von seinen Anführern bekämpfte einer den anderen. Ihre Zelte wurden angezündet und zu Asche verbrannt, alle seine Vorräte verzehrten die (ägyptischen) Truppen. Als er (d. h. der libysche Fürst) in sein Land zurückkam, voller Trauer, da war jeder Zurückgebliebene in seiner Heimat zu enttäuscht, um ihn zu begrüßen…. Ein großes Wunder ist also für Ägypten geschehen! Der es angriff, ist gefangen in seine Hand gegeben durch den Rat des göttlichen Königs, der über seine Feinde triumphiert in Gegenwart des Gottes Re…." Es folgt dann eine Darstellung der Freude, die in Ägypten über diesen Sieg herrschte, sowie eine Schilderung des nunmehr wieder friedlichen Lebens im westlichen Deltagebiet: „Große Freude ist für Ägypten ausge-

Abb. 78   Von den Ägyptern besiegte Libyer, aus propagandistischen Gründen ebenso wie die »Seevölker«-Szenen an den Außenwänden des Tempels von Medinet Habu dargestellt.

brochen, und Jubel dringt aus den Städten Ägyptens! Sie erzählen von den Siegen, die Merenptah errungen hat im Libyerland. Wie liebenswert ist er, der siegreiche Herrscher, wie groß ist der König durch die Götter geworden! Wie verständig ist er, der Herr des Befehls, und wahrlich, angenehm ist es, wenn man sitzt und schwatzt. Frei wandelt man auf dem Weg dahin, (denn) es gibt keinerlei Furcht in den Herzen der Menschen. Die Festungen bleiben sich selbst überlassen, die Brunnen stehen offen, zugänglich(?) für die Boten. Die Zinnen der Mauern liegen ruhig da, erst das Sonnenlicht weckt ihre Wächter auf. Die nubischen Söldner liegen schlafend da, Grenztruppen und Wüstenpolizei streifen nach Wunsch im Fruchtland umher. Das Vieh auf den Weiden läßt man frei laufen und ohne Hirten (sogar) die Nilflut überqueren. Es gibt kein lautes Geschrei in der Nacht: „Halt da! Herkommen!" in fremder (d. h. libyscher) Sprache. Man geht und kommt mit Gesang, es gibt keinen Klagegeschrei von trauernden Leuten. Die Ortschaften sind wieder neu besiedelt, und wer sein Feld bestellt, wird (auch) davon essen. (Gott) Re hat sich Ägypten wieder zugewandt – er ist geboren, um sein vom Schicksal bestimmter Retter zu sein, der König von Ober- und Unterägypten Ba-en-Re Meri-Amun, Sohn des Re Mer-en-Ptah Hetep-her-Maat! Abgeschlossen wird dieser Stelentext mit einem Ausblick auf die Situation in anderen Ländern. Demnach haben alle Fürsten nun ihre friedlichen Absichten bekundet, das ehemals feindliche Libyen lag verwüstet, Hatti war längst kein Gegner mehr für Ägypten. Das dereinst ägyptische Land Kana'an wurde geplündert, andere Orte Palästinas, wie Aschkalon und Gezer, wurden ebenfalls ausgeraubt oder zerstört, „Israel liegt wüst und hat keinen Samen, und Syrien ist ‚zur Witwe' für Ägypten geworden" – d. h. hatte keinen (hethitischen) Oberherrn mehr?

Dieser letzte Teil des Stelentextes hat viele Interpretationen erfahren,[281] verweist aber jedenfalls deutlich auf einen Zusammenbruch der politischen und auch sozialen Strukturen im westlichen Vorderasien während der Krisenzeit im späten 2. vorchristlichen Jahrtausend. Nachfolger des Merenptah wurden die nur kurz regierenden Pharaonen Sethos II., Amenmesse sowie Siptah, von dessen Kanzler Bay/Baja aus dem nordsyrischen Ugarit ein Brief überliefert ist, den er an den letzten König dieser Stadt, Ammurapi, sandte – damals existierte also Ugarit noch.[282] Für kurze Zeit bestieg in Ägypten dann die Gemahlin des Siptah, Tausret/Tewosret, den Thron, und mit Sethnacht begann eine neue, 20. Dynastie. Ramses III. (ca. 1183/82–1152/51 v. Chr.), Sohn des Sethnacht, hat sich in seinem 8. Regierungsjahr mit einem erneuten Angriff von „Seevölker"-Gruppen in einer Seeschlacht erfolgreich auseinandergesetzt und seinen Erfolg auch auf Reliefs in Medinet Habu darstellen lassen.[283]

Die Kontrolle über die früheren Provinzen in Asien, Ube und Kana'an, hat Ägypten jedoch nicht zurückgewinnen können. Eine fiktive Erzählung, niedergeschrieben, zur Zeit der 22. Dynastie, über die Reise des „Hallenältesten des Amon" Wenamon nach Byblos, um von dort Holz für die heilige Barke des Gottes Amon zu holen, reflektiert deutlich den Rückgang ägyptischen Ansehens in Syrien. Der Pharaonenstaat hat dann jedoch noch bis in die Zeit Alexanders des Großen, also bis in das 4. vorchristliche Jahrhundert unter Wahrung seiner Jahrtausende alten Traditionen fortbestehen können – und dabei auch das Gedächtnis an Ramses II., „den Großen", bewahrt. Das Wissen um den bronzezeitlichen Hethiterstaat ging jedoch verloren und wurde erst durch die 1906 begonnenen Ausgrabungen in Boghazköy/Hattuscha und ihre Tontafelfunde wiedergewonnen.

Anhang

ANMERKUNGEN

[1] Der hier in der gräzisierten Form verwendete ägyptische Königstitel entspricht ägyptischem *per-aa* „großes Haus" (d. h. „Palast"), wie er ab dem ägyptischen Neuen Reich auch als Bezeichnung des Königs verwendet wurde.

[2] Mit der Bezeichnung Hattuschilis als dem dritten großköniglichen Träger dieses Namens wird einer hethitologischen Konvention gefolgt, auch wenn die Regierung eines zweiten Großkönigs dieses Namens bislang nicht mit einiger Sicherheit nachgewiesen werden kann. Dasselbe trifft auch auf seinen Sohn und Nachfolger Tutchalija zu, der als der IV. bezeichnet wird, wenngleich die Regierung eines Tutchalija III. noch umstritten ist.

[3] Vgl. dazu etwa die Übersicht bei N. Reeves und R. H. Wilkinson, Das Tal der Könige. Geheimnisvolles Totenreich der Pharaonen, Augsburg 2000, S. 140–143.

[4] Vgl. dazu M. Bucaille, Les momies des pharaons et la médicine. Ramsès à Paris, Paris 1987.

[5] Knappe Darstellung bei S. Ikram und A. Dodson, The Mummy in Ancient Egypt. Equipping the Dead for Eternity, London 1998, S. 325 f. Darüber hinaus sind auch in letzter Zeit eine ganze Reihe weiterer Werke publiziert worden, die sich ägyptischen Mumien widmen, vgl. etwa S. Ikram – A. Dodson, Royal Mummies in the Egyptian Museum, Cairo 1997. Zu den Mumien und ihrer Entdeckung jetzt auch zusammenfassend N. Reeves – R. H. Wilkinson, Das Tal der Könige. Geheimnisvolles Totenreich der Pharaonen, Augsburg 2000, wo auch die einschlägige Literatur notiert wird.

[6] Vgl. dazu A. T. Sandison, in: Lexikon der Ägyptologie 1, Wiesbaden 1975, Sp. 610 ff.

[7] Vgl. dazu K. Bittel, in: H. A. Hoffner – G. M. Beckman (eds.), Fs. H. G. Güterbock, Chicago 1986, 39–48, Abb. 4.

[8] Vgl. zur Beisetzung und den entsprechenden Totenritualen V. Haas, Geschichte der hethitischen Religion, Leiden–New York–Köln 1994, S. 219 ff.

[9] Vgl. dazu A. Ünal, Hattusili III. (Texte der Hethiter, Hefte 3 und 4), Heidelberg 1974, ferner zusammenfassend H. Klengel, Geschichte des hethitischen Reiches, Berlin 1999, S. 235 ff.

[10] Vgl. dazu jetzt Chr. Desroches Noblecourt, Ramses, Sonne Ägyptens. Die wahre Geschichte, Bergisch-Gladbach 1997.

[11] Vgl. dazu C. Pulak, Das Schiffswrack von Uluburun, in: In Poseidons Reich. Archäologie unter Wasser, Mainz 1995, S. 43 ff. mit Abb. 13.

[12] J. von Beckerath, Chronologie des Pharaonischen Ägypten, Mainz 1997.

[13] Vgl. dazu zuletzt G. Beckman, in: Akkadica 119/120 (2000) S. 19 ff.

[14] Für die Geschichte des hethitischen Staates sei hier nur auf zwei neuere zusammenfassende Werke verwiesen, die im folgenden zugrundegelegt werden, ohne sie jeweils auch zu nennen: T. Bryce, The Kingdom of the Hittites, Oxford 1998, sowie H. Klengel, Geschichte des hethitischen Reiches, Leiden–Boston–Köln 1999. Dort ist dann auch das verfügbare Quellenmaterial verzeichnet.

[15] Zu diesem Datum sowie den Regierungsdaten der Pharaonen s. hier und im folgenden J. von Beckerath, Chronologie des pharaonischen Ägypten. Die Zeitbestimmung der ägyptischen Geschichte von der Vorzeit bis 332 v. Chr. (Münchner Ägyptologische Studien, Bd. 46), Mainz 1997. Zum Fund der beschrifteten Tonscherbe in Ebla vgl. G. Scandone Matthiae, Studi Eblatiti I/3–4 (1979) S. 33 ff. Dort wird auch eine ebenfalls in Ebla entdeckte Inschrift

des Pharao Chefren (4. Dynastie, 26. Jahrh. v. Chr.) auf einem Vasenfragment behandelt. Vgl. auch dies., in: Ebla. Alle origini della civiltà urbana, Milano 1995, S. 234 ff.

[16] Vgl. dazu G. Herrmann, Iraq 30 (1968) S. 21 ff. sowie H. Klengel, Handel und Händler im alten Orient, Leipzig 1979, S. 22 ff.

[17] Vgl. dazu M. Lichtheim, Ancient Egyptian Literature, I: The Old and Middle Kingdoms, Berkeley – Los Angeles – London 1975, S. 46.

[18] Vgl. dazu E. Blumenthal, ZÄS 107 (1980) S. 5 ff.

[19] Sog. Klage des Ipu-wer, vgl. W. A. Ward, Egypt and the East Mediterranean World 2200–1900 B. C., Beirut 1971, S. 54 ff., sowie M. Lichtheim, Ancient Egyptian Literature, I: The Old and Middle Kingdoms, Berkeley – Los Angeles – London 1975, S. 152.

[20] Vgl. zur Geschichte Ugarits I. Singer, in: W. G. E. Watson – N. Wyatt (eds), Handbook of Ugaritic Studies, Leiden – Boston – Köln 1999, S. 603 ff.

[21] Vgl. allgemein dazu H. Klengel, OLZ 96 (2001) Sp. 349 ff., wo auf die Verlagerung des Schwerpunktes überregionaler Beziehungen in den östlichen Mittelmeerraum eingegangen wird.

[22] Vgl. H. Klengel, MDOG 132 (2000) S. 239 ff. und die dort genannte Literatur. In Qatna selbst wurde eine Sphinx mit einer ägyptischen Weihinschrift für die Prinzessin Ita, Tochter des Amenemhet, gefunden.

[23] Vgl. W. Helck, Die Beziehungen Ägyptens zu Vorderasien im 3. und 2. Jahrtausend, Wiesbaden 1962 (und 1971), S. 69 ff.

[24] Wohl der Vorname eines Pharao der 13. Dynastie, d. h. der sog. „Zweiten Zwischenzeit" Ägyptens (18./17. Jh.); vgl. P. Matthiae, Aux origines de la Syrie. Ebla retrouvée, Paris 1996, S. 115 ff.

[25] Vgl. dazu jetzt auch M. Bietak, in: H. Guksch–D. Polz (Hrsg.), Stationen. Beiträge zur Kulturgeschichte Ägyptens. Rainer Stadelmann gewidmet, Mainz 1998, S. 165 ff.

[26] Vgl. dazu den Überblick bei M. Bietak, Avaris. The Capital of the Hyksos. Recent Excavations at Tell el-Dab'a, London 1996, S. 49 ff., ferner E. D. Oren (ed.), The Hyksos: New Historical and Archaeological Perspectives, Philadelphia 1997.

[27] H. Stock, MDOG 94 (1963) S. 73 ff.

[28] Dazu E. Porada, AJA 88 (1984) S. 485 ff., vgl. auch H. und E. Klengel, in: Les Annales Archéologiques Arabes Syriennes 43 (1999) S. 169 ff., insbes. S. 172.

[29] Vgl. zum Folgenden insbesondere H. Klengel, Geschichte des hethitischen Reiches, Leiden-Boston–Köln 1999, S. 38 ff.

[30] H. Otten, ZA NF 21 (1963) S. 156 ff. (Zitat S. 161).

[31] M. Salvini, SMEA 34 (1995) S. 61 ff.

[32] Vgl. H. Klengel, in: XXXIVème Rencontre Assyriologique Internationale – Istanbul 1987, Türk Tarih Kurumu 1998, S. 331 ff.

[33] Vgl. dazu jetzt die zusammenfassende Darstellung der Hurriter, ihrer Sprache und ihrer keilschriftlichen Tradition in M. Salvini (Hrsg.), La civiltà dei Hurriti (La Parola del Passato, LV), Neapel 2000.

[34] In der keilschriftlichen Überlieferung wird diese Bezeichnung des obermesopotamisch-nordsyrischen Königreiches, in dem eine im wesentlichen hurritische Bevölkerung von einer indo-arischen Schicht politisch dominiert wurde, unterschiedlich wiedergegeben.

[35] H. Klengel, RHA 38 (1978) [1980] S. 91 ff.; G. Wilhelm, Grundzüge der Geschichte und Kultur der Hurriter, Darmstadt 1982; C. Kühne, in: D. I. Owen – G. Wilhelm (eds.), Nuzi at Seventy-Five, Bethesda 1999, S. 203 ff.

[36] Vgl. dazu T. Kendall, Kerma and the Kingdom of Kush 2500 – 1500 B.C., Washington 1997.

[37] Vgl. dazu W. Helck, Die Beziehungen Ägyptens zu Vorderasien im 3. und 2. Jahrtausend v. Chr., Wiesbaden 1962, S. 109 ff. (Neue Ausgabe: 1971); D. B. Redford, Egypt, Canaan, and Israel in Ancient Times, Princeton 1992, S. 192 ff. ; H. Klengel, Syria 3000 to 300 B. C. A Handbook of Political History, Berlin 1992, S. 84 ff.

[38] Vgl. dazu H. Klengel, Syria 3000 to 300 B.C., Berlin 1992, S. 85 ff.

[39] Vgl. dazu G. Wilhelm, RlA VIII (1993–97) S. 291 ff. sowie ders., The Hurrians, Warminster 1989, S. 20 ff.

[40] Bericht des Thutmosis III. auf der Stele vom Dschebel Barkal, s. W. Helck, Urkunden der 18. Dynastie, Übersetzung zu den Heften 17–22, Berlin 1984, S. 6 ff.; vgl. dens., in: Chronique d'Égypte 56 (1981) S. 241 ff.

[41] A. Burckhardt u.A., Urkunden der 18. Dynastie, Übersetzung zu den Heften 5–16, Berlin 1984, S. 208.

[42] Dazu H. Klengel, in: G. Wilhelm (Hrsg.), Akten des IV. Internationalen Kongresses für Hethitologie, (StBoT 25), Wiesbaden 2001, S. 255 ff.

[43] Zum folgenden vgl. zuletzt H. Klengel, Geschichte des hethitischen Reiches, Leiden–Boston–Köln 1999, S. 135 ff. Diese Darstellung der Ereignisse bietet jeweils auch die Quellenhinweise für die hethitischen Aktionen südlich des Taurus in der Folgezeit.

[44] H. G. Güterbock, JCS 10 (1956) S. 41 ff., 75 ff. und 107 ff.

[45] Vgl. die Bearbeitung der Briefe durch W. L. Moran, The Amarna Letters, Baltimore – London 1992; ältere deutsche Bearbeitung durch J. A. Knudtzon, Die El-Amarna-Tafeln (Vorderasiat. Bibliothek II/1), Leipzig 1915. Zur Diplomatie der Amarna-Zeit vgl. auch die Beiträge in R. Cohen – R. Westbrook (eds.), Amarna Diplomacy. The Beginnings of International Relations, Baltimore–London 2000.

[46] Dazu vor allem M. Liverani, in: O. Carruba – M. Liverani – C. Zaccagnini (eds.), Studi orientalistici in ricordo di Franco Pintore (Studia Mediterranea 4), Pavia 1983, S. 93 ff.

[47] Vgl. den Überblick über die Geschichte dieses mittelsyrischen Fürstentums bei H. Klengel, Geschichte Syriens im 2. Jahrtausend v. u. Z., Teil 2: Mittel- und Südsyrien, Berlin 1969, S. 178–325 sowie H. Klengel, Syria 3000 to 300 B.C., Berlin 1992, S. 160 ff.

[48] Bearbeitung des Vertrages bei E. F. Weidner, Politische Dokumente aus Kleinasien, Leipzig 1923, S. 70 ff., sowie G. Beckman, Hittite Diplomatic Texts, Atlanta ²1999, S. 36 ff.

[49] Dazu zuletzt H. Klengel, in: G. Wilhelm (Hrsg.), Akten des IV. Internationalen Kongresses für Hethitologie (SBoT 45), Wiesbaden 2001, S. 255 ff., vgl. ferner D. B. Redford, Egypt, Canaan, and Israel in Ancient Times, Princeton 1992, S. 192 ff.

[50] Vgl. dazu jetzt die Zusammenstellung aller hethitischen Staatsverträge mit (engl.) Übersetzung bei G. Beckman, Hittite Diplomatic Texts, Atlanta ²1999 (mit Verweisen auf die früheren Bearbeitungen).

[51] Vgl. dazu zuletzt H. Klengel, in: Th. Richter – D. Prechel – J. Klinger (Hrsg.), Kulturgeschichten (Fs V. Haas), Saarbrücken 2001, S. 191 ff.

[52] Letzte vollständige Übersetzung bei W. L. Moran, The Amarna Letters, Baltimore – London 1992; zur historischen Bewertung s. die Beiträge in R. Cohen – R. Westbrook (Hrsg.), Amarna Diplomacy. The Beginnings of International Relations, Baltimore – London 2000.

[53] E. Edel, ÄHK (1994) Nr. 1 ; vgl. dazu ÄHK II (1994) S. 25.

[54] EA 4:4–14, vgl. dazu R. Westbrook, Babylonian Diplomacy in the Amarna Letters: JAOS 120 (2000) S. 377 ff., insbesondere S. 380.

[55] H. G. Güterbock, JCS 10 (1956) S. 94 ff.

[56] H. G. Güterbock, JCS 10 (1956) S. 97 f. – Bemerkenswert ist, daß zwischen Hattuscha und Hatti gewechselt wird, in beiden Fällen aber der Hethiterstaat gemeint wird. Der Name der Hauptstadt bzw. Königsresidenz konnte also auch das Staatswesen bezeichnen, wie das auch heute noch oft geschieht.

[57] Vgl. dazu den Überblick über die religiös-kultische Rolle von Halab bei H. Klengel, in: G. Wilhelm (Hrsg.), Die orientalische Stadt (CDOG 1), Saarbrücken 1977, S. 359 ff. Zum Wettergott-Tempel des frühen 1. Jahrtausends auf der Zitadelle von Halab/Aleppo, der dort vielleicht schon einen bronzezeitlichen Vorgänger hatte, s. jetzt K. Kohlmayer, Der Tempel des Wettergottes von Aleppo, Münster 2000.

[58] Th. P. J. van den Hout, ZA 84 (1994) S. 60 ff.

[59] Vgl. dazu auch K. A. Kitchen, in: J. M. Sasson (ed.), Civilizations of the Ancient Near East, New York 1995, S. 764.

[60] Sog. zweites Pestgebet des Murschili II., s. A. Götze, in: Kleinasiatische Forschungen I, Weimar 1930, S. 211.

[61] Vgl. etwa M. Gabolde, D'Akhenaton à Toutankhamon. Lyon – Paris 1998, S. 287 ff., demzufolge ‚Zannanza' als Semenchkare djeserkheperu den ägyptischen Thron bestiegen habe,

während dann Meritaton noch einige Jahre allein herrschte. Dabei wird davon ausgegangen, daß es Meritaton, die Tochter-Gemahlin des Amenophis IV./Echnaton gewesen sei, die den Brief nach Hatti sandte und danach den hethitischen Prinzen ehelichte. Allgemein wird jetzt jedoch Anches-en-Amon, Witwe des Tutanchamon, als Schreiberin des Briefes an Schuppiluliuma angenommen, da nur zur Zeit des Todes Tutanchamons kein männlicher Nachkomme der Königsfamilie vorhanden war; s. dazu J. von Beckerath, Chronologie des pharaonischen Ägypten. Die Zeitbestimmung der ägyptischen Geschichte von der Vorzeit bis 332 v. Chr. (Münchner Ägyptologische Studien, Bd. 46), Mainz 1997, S. 115 mit Anm. 523.

[62] Chr. Leitz, Tagewählerei, Wiesbaden 1994, S. 134 f. und 207.

[63] Vgl. dazu zusammenfassend H. Klengel, in: Michael. Fs M. Heltzer (ed. Y. Avishur and R. Deutsch), Tel Aviv – Jaffa 1999, S. 187 ff.

[64] F. Malbran-Labat, in: P. Bordreuil (Hg), Une bibliothèque au sud de la ville (RSOug 7), Paris (1991) S. 57 f. (Nr. 25).

[65] H. Goedicke, „The Canaanite Illness" (SAK 11, Fs W. Helck), 91–109, vgl. H. von Deines – H. Grapow – W. Westendorf, Grundriß der Medizin der alten Ägypter, Berlin 1958, S. 258 („Asiaten-Krankheit").

[66] A. Götze, Kleinasiatische Forschungen I (1930) S. 207, vgl. zur Zahl 20 ebenda S. 165 und 237, wobei diese Zahlenangabe nicht unbedingt wörtlich genommen werden muß.

[67] KUB XXXI 121 (CTH 379), s. dazu D. Sürenhagen, Paritätische Staatsverträge aus hethitischer Sicht, Pavia 1985.

[68] D. Sürenhagen, ebenda, S. 11 ff.

[69] G. Beckman, Hittite Diplomatic Texts, Atlanta ²1999, S. 59 ff.; vgl. zur Situation G. F. Del Monte, Fs E. Bresciani (Pisa 1985) S. 161 ff. und C. Zaccagnini, Fs Pugliese Carratelli, Florenz 1988, S. 297 f.

[70] G. Beckman, Hittite Diplomatic Texts, Atlanta ²1999, S. 64 ff.

[71] J. von Beckerath, Chronologie des Pharaonischen Ägypten, Mainz 1997, S. 115 f.

[72] A. und A. Brack, Das Grab des Haremhab, Mainz 1980, Taf. 49 a–b.

[73] W. Helck, Urkunden der 18. Dynastie, Übersetzung zu den Heften 17–22, Berlin 1984, S. 391 f. Inwieweit die Erwähnung eines „Hethiterfeldes" in diesem Zusammenhang als Hinweis auf die Existenz einer Kriegsgefangenensiedlung verstanden werden darf, die seit der Zeit des Schuppiluliuma in Ägypten bestanden habe (ebd. 402 Anm. 4), ist unsicher.

[74] D. B. Redford, BASOR 211 (1973) 36 ff. Eine topographische Liste des Haremhab nennt u. a. auch die Stadt Qadesch., s. J. Simons, Handbook for the Study of EgyptianTopographical Lists Relating to Western Asia, Leiden 1937, XII a 10, c 14.

[75] Vgl. dazu H. Klengel, in: Th. Richter – D. Prechel – J. Klinger (Hrsg.), Kulturgeschichten (Fs V. Haas), Saarbrücken 2001, S. 191 ff.

[76] Zu seiner Grabanlage s. A. und A. Brack, Das Grab des Haremhab, Mainz 1980, vgl. auch N. Reeves – R. H. Wilkinson, Das Tal der Könige, Augsburg 2000, S. 130–133.

[77] J. von Beckerath, Chronologie des pharonischen Ägypten, Mainz 1997, S. 117.

[78] Die Mumie Ramses' I. wurde zunächst im ‚Tal der Könige' bestattet und später wohl nach Deir el-Bahari überführt, wo ein Sarg mit seinen Namenskartuschen entdeckt wurde. Die Mumie selbst ist jedoch nicht gefunden worden, und es wird sogar vermutet, daß sie von Grabräubern an zwei Damen verkauft worden sei, die sie dann ‚pietätvoll' dem Nil übergeben haben sollen, s. S. Ikram – A. Dodson, The Mummy in Ancient Egypt. Equipping the Dead for Eternity, London 1998, S. 325. Das bereits 1817 entdeckte Grab des Ramses I. im ‚Tal der Könige' enthielt jedenfalls noch einen – unvollendeten – Sarkophag aus rotem Granit, aber nicht mehr die Mumie; die Mumie des Königs ist wohl schon vor dem Ende des Neuen Reiches entfernt worden. Vgl. auch N. Reeves – R. H. Wilkinson, Das Tal der Könige, Augsburg 2000, S. 134 ff.

[79] M. Bietak, Avaris. The Capital of the Hyksos, London 1996, S. 9 ff.

[80] Vgl. A. J. Spalinger, JARCE 16 (1979) S. 29 ff. Demnach gab es Kämpfe mit nomadischen Gruppen (Schasu) in Palästina und im Libanon, wobei bereits im 1. Regierungsjahr die Grenze des mittelsyrischen Amurru erreicht wurde. Weitere militärische Unternehmungen

des Sethos I. während seiner Regierungsjahre 3, 5 und 7 spielten sich ebenfalls bei Amurru ab.

[81] Vgl. dazu seine Reliefs, die Kampfhandlungen in Asien darstellen; dazu L. Kákosy, The Battle Reliefs of King Sety I (Oriental Institute Publications 107), Chicago 1986.

[82] M. Pézard, Syria 3 (1922) S. 108 f.; zur Inschrift der heute im Museum von Aleppo befindlichen Stele s. KRITA I S. 19 ff. sowie zu ihrer Darstellung P. J. Brand, The Monuments of Seti I. Epigraphic, Historical and Art Historical Analysis, Leiden–Boston–Köln 2000, S. 120.

[83] So N. Grimal, A History of Ancient Egypt, Oxford-Cambridge/Mass. 1992, S. 247.

[84] Vgl. dazu N. Reeves – R. H. Wilkinson, Das Tal der Könige, Augsburg 2000, S. 137–139, vgl. E. Hornung, Das Grab Sethos' I., Zürich–München 1991.

[85] S. Ikram – A. Dodson, The Mummy in Ancient Egypt. Equipping the Dead for Eternity, London 1998, S. 325.

[86] Zu diesem wie auch den anderen Daten vgl. wiederum J. von Beckerath, Chronologie des pharaonischen Ägypten, Mainz 1997, S. 104.

[87] Vgl. dazu zusammenfassend H.-J. Buchholz, Ugarit, Zypern und Ägäis. Kulturbeziehungen im 2. Jahrtausend v. Chr., Münster 1999.

[88] G. Beckman, Hittite Diplomatic Texts, Atlanta ²1999, S. 64 ff.

[89] Vgl. dazu A. D. Rodrigo, SSEA Journal 18 (1988) S. 99 ff. sowie jetzt KRITA II (1996) S. 1 f. ferner Chr. Müller-Hazenbos, Das Altertum 44 (1998) S. 105 ff.

[90] J. Assmann, Ägypten. Eine Sinngeschichte, München–Wien 1996, S. 285 ff. Kartenskizzen zum Schlachtverlauf vgl. bei N. Grimal, A History of Ancient Egypt, Oxford – Cambridge 1992, S. 254, ferner in KRITA II (1996) Taf.-Abb. 3–10.

[91] Vgl. dazu etwa W. Mayer und Ronald Mayer-Opificius, UF 26 (1994) S. 321 ff.

[92] KRITA II (1996) S. 2 ff., vgl. ferner Th. van der Waeg, Die Textüberlieferung Ramses' II. zur Qadesch-Schlacht. Analyse und Struktur, Hildesheimer Ägyptologische Beiträge 1984.

[93] Hinweis auf diese angestrebte Öffentlichkeit bei D. Sürenhagen, Paritätische Staatsverträge aus hethitischer Sicht (Studia Mediterranea 5), Pavia 1985, S. 76.

[94] KBo IX 96 (CTH 590), s. J. de Roos, Hettitische Geloften, Diss. Amsterdam 1984, II 286 ff. und III 424 ff. Amurru wird in Z. 7 ff. dabei als Hauptgegner genannt.

[95] G. Beckman, Hittite Diplomatic Texts, ²1999, S. 100 ff.

[96] KRITA II (1999) S. 50 ff.

[97] KRITA II (1999) S. 14 ff., vgl. dazu jetzt auch H. Klengel, in: Th. Richter – D. Prechel – J. Klinger (Hrsg.), Kulturgeschichten (Fs V. Haas), Saarbrücken 2001, S. 195.

[98] Zur Lage vgl. A. Kuschke, in: Archäologischer Survey in der nördlichen Biqa', Herbst 1972, Wiesbaden 1976, S. 113 ff. (mit Karte).

[99] Zur geographischen Situation vgl. die Karte bei A. Kuschke, in: Lexikon der Ägyptologie 5 (1984) S. 34, zu den Standorten der Armeen vgl. N. Grimal, A History of Ancient Egypt, Oxford – Cambridge/Mass. 1992, S. 254 sowie KRITA II (1999) Karten 3–11.

[100] Vgl. J. Assmann, Ägypten. Eine Sinngeschichte, München–Wien 1996, S. 285 ff.

[101] KRITA II (1996) S. 92.

[102] KRITA II (1996) S. 2 ff.

[103] N. Grimal, A History of Ancient Egypt, Oxford – Cambridge/Mass. 1992, S. 256: „Ramesses retreated after achieving what he described as a victory, which was actually nothing of the sort: he had simply managed to rescue his army".

[104] Vgl. dazu G. Beckman, Hittite Diplomatic Texts, Atlanta ²1999, S. 100 ff. (Benteschina-Vertrag); zu einer möglichen Wiedereinsetzung des Benteschina in Amurru bereits durch Muwattallis Nachfolger Murschili III./Urchi-Teschub s. V. Parker, AoF 26 (1999) S. 285 f.

[105] KRITA II (1996) S. 92.

[106] D. Wildung, ZÄS 99 (1973) S. 33 ff.

[107] KRITA II (1996) S. 82 ff. – Dapur ist bislang nicht sicher identifiziert, ist aber wohl im Orontes-Tal unweit der alten Stadt Tunip zu suchen; vgl. dazu bereits H. Klengel, Geschichte Syriens im 2. Jahrtausend v. u. Z., 3, Berlin 1970, S. 40 sowie zuletzt in K. van Lerberghe – A. Schoors (eds), Immigration and Emigration within the Ancient Near East (Fs. E. Lipinski), Leuven 1995, S. 125 ff.

[108] K. Bittel, in: Studien zur Religion und Kultur Kleinasiens (Fs Dörner), Leiden 1978, S. 178 ff., insbes. S. 182.

[109] F. Starke, Ausbildung und Training von Streitwagenpferden (StBoT 41), Wiesbaden 1995, S. 125.

[110] Harschamna, wohl im südöstlichen Anatolien zu lokalisieren, erscheint in Texten aus Mari als Ort, in dem die Zucht von weißen Pferden eine Rolle spielte; über Karkamisch wurden sie dann auch gehandelt, s. etwa ARM 26: 533 und vgl. dazu schon G. Dossin, RA 35 (1938) S. 120.

[111] F. Starke, Ausbildung und Training von Streitwagenpferden (vgl. oben Anm. 109).

[112] H. von Deines, MIO 1 (1953) S. 3 ff.; vgl. auch S. Rommelaere, Les chevaux du Nouvel Empire Égyptien, Brüssel 1991.

[113] H. von Deines, MIO 1 (1953) S. 6 f.

[114] H. Klengel, MDOG 132 (2000) S. 247.

[115] E. Ebeling, Bruchstücke einer mittelassyrischen Vorschriftensammlung für die Akklimatisierung und das Training von Wagenpferden, Berlin 1951.

[116] H. Otten, Die Apologie Hattusilis III. Das Bild der Überlieferung (StBoT 24)., Wiesbaden 1981 (im folgenden abgekürzt: Apologie); vgl. dazu F. Imparati, in: Th. P. J. van den Hout – J. de Roos (ed.), Studio historiae ardens (Fs Ph. H. J. Houwink ten Cate), Leiden 1995, S. 143 ff.

[117] Vgl. dazu zuletzt A. Archi, NABU 2000/1, S. 17 f. („vor den König bestellen").

[118] Zur Problematik dieser Verlegung der großköniglichen Residenz vgl. jetzt I. Singer, in: Th. Richter – D. Prechel – J. Klinger (Hrsg.), Kulturgeschichten (Fs V. Haas), Saarbrücken 2001, S. 395 ff. Hattuscha wurde bis zur Rückverlegung der großköniglichen Residenz durch Murschili III. von einem hohen Beamten verwaltet.

[119] A. M. Dinçol – J. Yakar – B. Dinçol – A. Taffet, Anatolica 26 (2000) S. 1 ff.

[120] Apologie (s. Anm. 110) S. 17.

[121] Ebenda S. 21.

[122] Ebenda S. 23.

[123] Ebenda S. 25.

[124] KBo VI 29+, s. A. Götze, MVAG 29 (1925) S. 50 f.

[125] V. Parker, AoF 26 (1999) S. 285. Anders (Einsetzung durch Hattuschili III.) I. Singer, in Sh. Izre'el, Amurru Akkadian: A Linguistic Study, II, Atlanta 1991, S. 168.

[126] KRITA II (1996) S. 26 f.; Kommentar s. KRITA II (1999) S. 55 ff., 60 und 60 ff. Demnach soll Ramses in seinem 8. Regierungsjahr Amurru erreicht haben, im 10. Jahr den Nahr el-Kelb nördlich Beirut, im 18. Jahr Beth-Schan in Palästina. Zweifel, daß nach dem Jahr 15 noch militärische Unternehmungen des Ramses in Asien stattfanden, äußerte A. J. Spalinger, JEA 66 (1980) S. 96 Anm. 56.

[127] KRITA II (1996) S. 93.

[128] Apologie S. 27.

[129] Vgl. dazu auch A. Archi, SMEA 14 (1971) S. 209.

[130] H. Otten, Die Bronzetafel aus Boğazköy. Ein Staatsvertrag Tutḫalijas IV., Wiesbaden 1988.

[131] Zur Entdeckung s. P. Neve, ArchAnz 1987, S. 405 ff.

[132] Vgl. zum Folgenden Ph. H. J. Houwink ten Cate, Fs H. G. Güterbock 1974, S. 123 ff.

[133] E. Edel, Der Vertrag zwischen Ramses II. von Ägypten und Hattusili III. von Hatti (WVDOG 95), Berlin 1997, S. 17 (diese Bearbeitung wird auch im folgenden zugrunde gelegt). Vgl. ferner E. Edel, in: O. Kaiser (Hrsg.), Texte aus der Umwelt des Alten Testaments, Bd. 1 Lief. 2: Staatsverträge, Gütersloh 1983, S. 135 ff.

[134] Vgl. dazu H. Klengel, AoF 16 (1989) S. 185 ff. sowie Th. P. J. van den Hout, RlA IX/3–4 (1999) S. 231 f. Nerikkaili wurde von Hattuschili III. dann mit der Tochter des Amurru-Fürsten Benteschina verheiratet – s. den Vertrag in G. Beckman, Hittite Diplomatic Texts, Atlanta ²1999, S. 100 ff. – um dieses wichtige mittelsyrische Fürstentum enger der hethitischen Krone zu verbinden.

[135] H. Klengel, in: G. Wilhelm (Hrsg.), Akten des IV. Internationalen Kongresses für Hethitologie (StBoT 25), Wiesbaden 2001, S. 255 ff.; vgl. ders., in: Th. Richter – D. Prechel – J. Klinger (Hrsg.), Kulturgeschichten (Fs V. Haas), Saarbrücken 2001, S. 191 ff.

[136] Vgl. J. Nougayrol, PRU IV (1956) S. 105 f.

[137] ÄHK I (1994) 30, 42–44, 46–48, 57.

[138] H. Otten, Die Bronzetafel aus Boğazköy. Ein Staatsvertrag Tutḫalijas IV (Studien zu den Boğazköy-Texten, Beih. 1), Wiesbaden 1988, S. 1.

[139] H. Klengel, in: Th. P. J. van den Hout – J. de Roos (Hrsg.), Studio Historiae Ardens (Fs Ph. H. J. Houwink ten Cate), Leiden 1995, S. 159 ff.

[140] Nach dem Ulmi-Teschub-Vertrag (KBo 4.10 Rs.21 ff.): „Was ich dem Ulmi-Teschub … gegeben habe und welche Grenzen ich ihm festgesetzt habe, das habe ich auf einer eisernen Tafel eingeschlagen (*ḫazzijanun*); s. H. Otten, Die Bronzetafel. (s. Anm. 130) S. 54; vgl. G. Beckman, Hittite Diplomatic Texts [2]1999, S. 109 ff.

[141] Vgl. zu dieser Fragestellung die Dissertation von S. Alaura, Il deposito di testi dell'edificio E di Büyükkale a Boğazköy-Ḫattuša, Berlin 1996/97.

[142] E. Neu – H. Otten – Chr. Rüster, Keilschrifttexte aus Boghazköy 42, Mainz 2001, Vorwort.

[143] A. F. Rainey und Z. Cochavi Rainey, in: S. Israelit-Groll, Fs M. Lichtheim II (1990) S. 796 ff.; vgl. dazu auch A. Spalinger, in: Studien zur altägyptischen Kultur 9 (1981) S. 299 ff.

[144] Vgl. dazu G. Beckman, ZA NF 89 (1999) 149–152.

[145] Beispiele bei P. Neve, Hattuscha. Stadt der Götter und Tempel, Mainz [2]1996, S. 33 und 60 f.

[146] Th. Beran, Die hethitische Glyptik von Boğazköy (WVDOG 76), Berlin 1964, ging davon aus, daß man ein bronzenes Siegel verwendete.

[147] Dem Metallrestaurator des Vorderasiatischen Museums Berlin, Herrn G. Jendritzki, danke ich für die Möglichkeit, mich mit ihm hinsichtlich dieser Problematik zu beraten. Vgl. zur Problematik jetzt auch F. A. K. Breyer, in: Discussions in Egyptology 46 (2000) S. 13 ff.

[148] E. Edel verweist in seiner Bearbeitung in WVDOG 95 (1997) auf S. 103 darauf hin, daß es sich auch um die Anbringung der beiden Siegel nicht auf Vorder- und Rückseite der Tafel handeln könnte, sondern um eine Anbringung auf der rechten und linken Seite. Vgl. auch den Kommentar in KRITA II (1999) S. 144 f.

[149] Vgl. dazu (= Rückseite) K. A. Kitchen, OLZ 93 (1998) S. 629.

[150] Vgl. dazu H. Otten, Zu einigen Neufunden hethitischer Königssiegel, Mainz/Stuttgart 1993, S. 28 ff. Es handelt sich dabei allerdings bislang nicht um eine „Umarmungsszene", wie sie aber nach dem Hinweis im Ramses-Vertrag ebenfalls existiert haben dürfte (s. unten).

[151] Im Felsheiligtum Yazilikaya bei Boghazköy/Hattuscha hat sich in Kammer B der Sohn des Hattuschili und der Puduchepa, Tutchalija IV., in einem großen Feldrelief in der „Umarmung" seines Schutzgottes Scharruma darstellen lassen; s. K. Bittel, Das Felsheiligtum von Yazilikaya, Berlin 1975, S. 161 ff., Relief 81.

[152] Vgl. dazu Th. P. J. van den Hout, BiOr 52 (1995) S. 545 ff., ferner P. Neve, Ḫattuša, Stadt der Götter und Tempel, Mainz [2]1996, S. 6:" So weist vieles darauf hin, daß in der Spätzeit des Großreiches der vormals erst nach seinem Tode vergöttlichte König nun, dem Beispiel mesopotamischer und ägyptischer Herrscher folgend, die göttliche Würde bereits zu seinen Lebzeiten beanspruchte". Für Hattuschili III. dürfte dieser Anspruch vor allem durch den Ägyptervertrag gestützt worden sein; er war nun „Bruder" eines Monarchen, welcher selbst ein Gott war; vgl. zu dieser Göttlichkeit des Pharao D. Wildung, ZÄS 99 (1973) S. 33 ff.

[153] KRITA II (1999) S. 140.

[154] Die Hersteller dieser hieroglyphischen Fassung auf Papyrus werden dabei vielleicht eine Tontafel mit jeweils zwei Kolumnen auf der Vorder- und Rückseite zur Hand gehabt haben; für die Beschreibung der Siegel mußte jedoch wohl eine Einsichtnahme der Silbertafel erfolgen; vgl. E. Edel, Vertrag, S. 88.

[155] Vgl. dazu A. J. Spalinger, SAK 9 (1981) S. 299 ff., sowie K. A. Kitchen, OLZ 93 (1998) Sp. 627 ff. sowie KRITA II (1999) S. 139 f. („loan translation from Akkadian").

[156] Die Wiedergabe des Vertragstextes folgt E. Edel. Vgl. zum Text auch die englischen Übersetzungen in KRITA II (1996) S. 79 ff. sowie G. Beckman, Hittite Diplomatic Texts, Atlanta [2]1999, S. 96 ff.

[157] KRITA II (1996) S. 7 ff.

[158] Vgl. schon dazu A. H. Gardiner, JEA 6 (1920) S. 179 ff. – Der Text entspricht auch in seiner Gliederung in Präambel, historischer Prolog, vertragliche Vereinbarungen, göttliche Zeugen, Fluch- und Segensformeln dem Muster hethitischer Staatsverträge.

[159] Vgl. Klengel, in: Th. Richter – D. Prechel – J. Klinger (Hrsg.), Kulturgeschichten (Fs V. Haas), Saarbrücken 2001, S. 191 ff.

[160] Vgl. G. Beckman, ZA 89 (1999) S. 151.

[161] Vgl. dazu A. Spalinger, SAK 9 (1981) S. 322 und KRITA II (1999) S. 142.

[162] Vgl. N. Grimal, History of Ancient Egypt, Oxford–Cambridge 1992, S. 247.

[163] Auch T. Bryce, The Kingdom of the Hittites, Oxford 1998, S. 304 ff. weist hier auf die Expansion der Assyrer in hethitisch beanspruchtes Territorium in Obermesopotamien als einen Grund für Hattuschilis besonderem Interesse an einem Friedensvertrag mit Ägypten hin, stellt aber persönliche, aus dessen Werdegang resultierende Überlegungen in den Vordergrund.

[164] Vgl. zur Problematik F. Goma'a, Chaemwese. Sohn Ramses' II. und Hoherpriester von Memphis (Ägypt. Abhandlungen 27), Wiesbaden 1973. Listen der Prinzen und Prinzessinnen bei KRITA II (1996) S. 559 ff. und 597 ff. – E. Edel, ÄHK II, S. 175, rechnet mit 30 + x Töchtern. Zuletzt dazu M. M. Fisher, The sons of Ramesses II, Wiesbaden 2001.

[165] K. Weeks, Ramses II. Das Totenhaus der Söhne, München 1999. Vgl. auch N. Reeves – R. H. Wilkinson, Das Tal der Könige, Augsburg 2000, S. 144 ff.

[166] E. Edel ergänzt in Paragraph 13 aus historischen Erwägungen eine Nennung des Grenzlandes Amurru als einen möglichen Zufluchtsort. Der Amurru-Fürst war dann gehalten, den Flüchtling an seinen Herrn, den hethitischen Großkönig, auszuliefern.

[167] Der Vertragsabschluß war für Ramses vielleicht sogar Anlaß, in seinem 21. Regierungsjahr seine Königstitulatur zu verändern; s. K. A. Kitchen, in: F. W. Reineke (Hrsg.), First International Congresss of Egyptology, Berlin 1979, S. 383 ff.

[168] H. Otten, Die Bronzetafel aus Boğazköy. Ein Staatsvertrag Tuthalijas IV., Wiesbaden 1988, S. 28 f.

[169] A. Müller-Karpe, zuletzt MDOG 133 (2001) S. 225 ff. (Grabung 2000).

[170] Vgl. dazu L. Kákosy, in: Lexikon der Ägyptologie 2 (1977) S. 111 ff. sowie jetzt D. B. Redford, The Oxford Encyclopedia of Ancient Egypt, Oxford 2001, S. 88 f.

[171] Vgl. auch das neue Brieffragment Bo 92/129 bei E. Edel, ZA 86 (1996) S. 114 ff.

[172] Vgl. dazu H. Klengel, Istanbuler Mitteilungen 43 (Fs P. Neve, 1993) S. 511 ff.

[173] Zu den „Parallelbriefpaaren", wie sie vor allem von Hattuschili und seiner Gemahlin mit dem gleichen Boten nach Ägypten gesandt wurden, vgl. E. Edel, ÄHK II (1994) S. 19, ferner F. Quack, WO 27 (1996) S. 151.

[174] Vertrag des Tutchalija II. von Hatti mit Schunaschura von Kizzuwatna, s. Beckman, Hittite Diplomatic Texts, Atlanta ²1999, S. 24.

[175] C. Zaccagnini, Lo scambio dei doni nel Vicino Oriente durante i secoli XV – XIII, Rom 1973.

[176] R. D. Barnett – J. Černý, JEA 33 (1947) S. 94.

[177] D. h. wohl, ein Gewand bestimmten Zuschnitts oder besonderer Webart; über sein Aussehen läßt sich bislang keine Aussage machen.

[178] Tuja, die Mutter des Ramses, nennt den Hattuschili allerdings nicht „mein Sohn", sondern „meinen Bruder", während die hethitischen Prinzen bzw. Prinzessinnen als „Söhne" bzw. „Töchter" bezeichnet werden; s. dazu E. Edel, ÄHK II (1994) S. 62.

[179] Vgl. zu den beiden Königinnen auch H. Müller-Karpe, Frauen des 13. Jahrhunderts v. Chr., Mainz 1985, S. 12 ff.

[180] Vgl. dazu H. Goedicke, Nofretari – The Documentation of her Tomb, in: G. Thausing – H. Goedicke, Nefertari, Graz 1971, S. 31 ff., ferner die Beiträge von J. Willeitner, Das Grab der Nefertari im Tal der Königinnen und seine Wiederherstellung: Antike Welt Sondernummer 1994, S. 89 ff. Im gleichen Heft finden sich noch mehrere Darstellungen desselben Autors zu Person und Rolle der Nefertari.

[181] Wiedergabe nach H. Müller-Karpe, Frauen des 13. Jahrhunderts v. Chr., Mainz 1985, S. 33; vgl. KRITA II (1996) S. 505 f.

[182] J. Willeitner, in: Antike Welt, Sondernummer 1994, S. 48.

[183] Vgl. dazu H. Otten, Puduḫepa. Eine hethitische Königin in ihren Textzeugnissen. Mainz – Wiesbaden 1975; vgl. zu dieser Königin auch T. Bryce, The Kingdom of the Hittites, Oxford 1998, S. 315 ff. Für einen größeren Leserkreis gedacht: H. Müller-Karpe, Frauen des 13. Jahrhunderts v. Chr., Mainz 1985, S. 56 ff.

[184] Vgl. V. Haas, Geschichte der hethitischen Religion, Leiden – New York – Köln 1994, S. 386.

[185] H. Otten, Die Apologie Hattusilis III. Das Bild der Überlieferung (StBoT 24), Wiesbaden 1981, S. 5 (hier auch nur: Apologie).

[186] Apologie S. 17.

[187] Apologie S. 17.

[188] Dazu J. Siegelová, Hethitische Verwaltungspraxis im Lichte der Wirtschafts- und Inventardokumente, I–III, Prag 1986, sowie S. Košak, Hittite Inventory Texts (Texte der Hethiter 10), Heidelberg 1982.

[189] Liebe sagen. Lyrik aus dem ägyptischen Altertum, herausgegeben von H. Kischkewitz, Leipzig 1976, S. 28.

[190] Z. Cochavi-Rainey and Chr. Lilyquist, Royal Gifts in the Late Bronze Age. Fourteenth to Thirteenth Centuries B.C.E. Selected Texts Recording Gifts to Royal Personages, Beer-Sheva 13 (1999).

[191] N. Grimal, A History of Ancient Egypt, Oxford-Cambridge/Mass. 1992, S. 257.

[192] Vgl. dazu den Beitrag ‚Ramsesstadt': M. Bietak, Lexikon der Ägyptologie, Bd. V, Wiesbaden 1984, Sp. 128 ff., zur Lage s. ferner KRITA II (1999) Taf. 21.

[193] Vgl. dazu R. Klemm und D. D. Klemm, MDAIK 50 (1994) S. 29 ff.

[194] Dazu jetzt die Grabungsberichte von M. Bietak und E. B. Pusch sowie vorläufig zusammenfassend E. B. Pusch in K. A. Kitchen (ed.), The Oxford Encyclopedia of Ancient Egypt, III, Oxford 2001, S. 48 ff., ferner den vorläufig letzten Grabungsbericht in der Reihe „Ägypten und Levante", XI (2001) S. 27 ff., verfaßt von M. Bietak, J. Dorner und P. Jánosi. Zur Topographie vgl. insbesondere J. Dorner, ebenda Bd. IX (1999) S. 77 ff. – Eine aus Piramesse stammende Stele befindet sich heute im Pelizaeus-Museum Hildesheim, s. B. Schmitz, Antike Welt 1/2002, S. 107 mit Abb. 12 (s. hier Abb. 51).

[195] Vgl. dazu H.-W. Fischer-Elfert, Lexikon der Ägyptologie 6 (1986) Sp. 906 ff.

[196] Vgl. dazu insbesondere K. Bittel, Hattuscha. Hauptstadt der Hethiter, Köln 1991, sowie P. Neve, Ḫattuša. Stadt der Götter und Tempel, Mainz 1996, insbes. S. 7 ff. Letzter topographischer Plan bei J. Seeher, ArchAnz 1999 Heft 3, S. 340 (Tafel).

[197] Vgl. zur hethiterzeitlichen Naturausstattung der Umgebung von Hattuscha die Untersuchungen von W. Dörfler – R. Neef – R. Pasternak, MDOG 132 (2000) S. 367 ff.

[198] Vgl. J. Seeher, ArchAnz 2000, Heft 3, S. 355 ff.

[199] H. Otten, Baghdader Mitteilungen 3 (1964) S. 91 ff. Vgl. K. Bittel, Hattuscha (1991) S. 66 ff.

[200] K. Bittel, Hattuscha (s. Anm. 185) S. 87–132. Vgl. dazu jetzt den Hattuscha-Führer von J. Seeher, der 1999 auch in deutscher Sprache in Istanbul erschien und die neuesten Forschungsergebnisse berücksichtigt.

[201] P. Neve, Die Oberstadt von Hattuscha. Die Bauwerke, I: Die Bebauung im zentralen Tempelviertel, Berlin 1999.

[202] O. Pedersén, Archives and Libraries in the Ancient Near East, Bethesda 1998, S. 44 ff.

[203] Vgl. Ph. H. J. ten Cate, AoF 23 (1996) S. 40 ff.

[204] EA 3 und 4, s. W. L. Moran, a. O. S. 7 ff.

[205] EA 11, s. W. L. Moran, a. O. S. 21 ff.

[206] Vgl. die Bearbeitung bei A. Hagenbuchner, Die Korrespondenz der Hethiter, 2, Heidelberg 1989, S. 293 (Nr. 204).

[207] KBo 1.10 + KUB 3.72, s. A. Hagenbuchner, Korrespondenz (s.o.) S. 281 ff. sowie G. Beckman, Hittite Diplomatic Texts, Atlanta ²1999, S. 138 ff. Zur Datierung in die Zeit zwischen der Inthronisation des Kadaschman-Enlil II. und dem Ramses-Vertrag s. C. Zaccagnini, in: Studi Pugliese Carratelli, Florenz 1988, S. 298.

[208] KUB 28.88, vgl. Ph. H. J. Houwink ten Cate, AoF 23 (1996) S. 44.

[209] KUB 21.38, vgl. ten Cate, ebenda.

[210] A. Harrak, Assyria and Hanigalbat, Hildesheim usw. 1987, insbesondere (mit Karten)

S. 61 ff. (betr. die Zeit des Adad-nirari I.) und S. 132 ff. (Salmanassar I.). Zur assyrisch-hethitischen Korrespondenz in ihrer zeitlichen Abfolge vgl. W. Wouters, 34. International Assyriology Congress Istanbul 1987, Türk Tarih Kurumu 1998, S. 273.

[211] Texte bei A. K. Grayson, Assyrian Rulers of the Third and Second Millennia BC (to 1115 BC), Toronto 1987, S. 131 und 136.

[212] Ebenda S. 183 f.

[213] Vgl. dazu T. Bryce, The Kingdom of the Hittites, Oxford 1998, S. 304 ff. sowie H. Klengel, Geschichte des hethitischen Reiches, Leiden–Boston–Köln 1999, S. 266 ff.

[214] VBoT 1, s. dazu L. Rost, MIO 4 (1956) S. 334 ff.

[215] Vgl. dazu etwa die Briefe ÄHK 92–94.

[216] KUB 15.3 Rs.5'–9', vgl. dazu E. Edel, MDOG 92 (1960) S. 20 sowie J. de Roos, Hettitische Geloften, Dissertation Amsterdam 1984, S. 337 f.

[217] So auch M. Liverani, Or 59 (1990) S. 207 ff.

[218] B. Kemp, ZÄS 15 (1978) S. 122 ff.

[219] A. H. Gardiner, Ramesside Administrative Documents, Oxford 1948, 23,1–6.

[220] Urkunden IV 1738, s. W. Helck, Urkunden der 18. Dynastie. Übersetzung zu den Heften 17–22, Berlin 1984, S. 234. – Dem Amarna-Brief (EA) 17 zufolge soll auch eine Dienerin geschickt worden sein, die aus der „Beute des Hatti-Landes" stammte.

[221] Nach Auskunft einiger Amarna-Briefe (EA 55, 193, 324 und 325, s. E. Edel, ÄHK II, 1994, S. 225) wurden an durchmarschierende oder stationierte Truppen Speise, Rauschtrank, Öl, Getreide, Rinder, Schafe sowie Honig und – wohl für die Übernachtung – auch Stroh ausgegeben.

[222] E. von Schuler, Die Kaschkäer. Ein Beitrag zur Ethnographie des alten Kleinasien, Berlin 1965.

[223] Vgl. dazu C. Kühne, Die Chronologie der internationalen Korrespondenz von el-Amarna, Neukirchen-Vluyn 1973, S. 36 Anm. 174, der die Nennung einer Zahl von 3000 Mann Eskorte für die babylonische Prinzessin, die zur ‚Amarna-Zeit' aus Mesopotamien nach Ägypten gesandt wurde, als „verdächtig hoch" bezeichnete. Auch die im Text der Hochzeitsstele gemachten Zahlengaben sind wegen ihrer propagandistischen Absicht mit Vorbehalt aufzunehmen. Zur Vorsicht bei der Verwendung dieser Inschrift als historische Quelle mahnte schon F. Pintore, Il matrimonio interdinastico nel Vicino Oriente durante i secoli XV–XIII, Rom 1978, S. 33 ff.

[224] P. Vernus, Essai sur la conscience de l'histoire dans l'Égypte pharaonique, Paris 1995, 139.

[225] M. Liverani, Or 59 (1990) S. 207 ff.

[226] KRITA II (1996) S. 87; vgl. auch den Kommentar in KRITA II, Notes and Comments, Oxford 1999, A. 146 ff. – Wiedergabe der Szene auch bei H. Klengel, Geschichte des hethitischen Reiches, Leiden usw. 1999, Abb. 44 nach R. Lepsius, Denkmäler aus Ägypten und Äthiopien, Tafelband III, Berlin 1849, Nr. 196.

[227] Insgesamt sind dem Ereignis der Hochzeit mit der hethitischen Prinzesssin 4 Stelen – in Abu-Simbel, Amara, Akscha und Elephantine – gewidmet worden; aus Karnak ist zudem noch eine verkürzte Version des Textes erhalten. Die Absicht des Pharao, aus diesem Ereignis weiteres Prestige zu gewinnen, wird auch dadurch deutlich.

[228] KRITA II (1996) 86 ff.

[229] Vgl. dazu H. Klengel, AoF 1 (1974) S. 165 ff.

[230] K. Bittel, in: Fs H. G. Güterbock, Chicago 1986, S. 41.

[231] Vgl. J. Willeitner, Antike Welt, Sondernummer 1994, S. 33: „Horus (d.i. der Pharao) sieht die Schönheit des Re". Oder auch:„Die, die den (Horus-)Falken (d. h. den Pharao) erblickt, den sichtbaren Glanz des (Sonnengottes) Re?" Vgl. auch Chr. Desroches Noblecourt, Ramses, Bergisch-Gladbach 1997, S. 374: „Die Horus sieht als Verkörperung von Re".

[232] E. B. Pusch, in: S. Schoske (Hrsg.), Ägypten und Altes Testament 10, Hamburg 1989, S. 249 ff.; vgl. ders., in: Ägypten und Levante 1 (1990) S. 104 Abb. 12a und Taf. VII, ferner dazu K. A. Kitchen (ed.), Oxford Encyclopedia of Ancient Egypt, III, Oxford 2001, S. 49.

[233] R. Parkinson – L. Schofield, in: W. V. Davies – L. Schofield (Hrsg.), Egypt, the Aegean and the Levant. Interconnections in the Second Millennium B.C., London 1995, S. 125 ff.

[234] Vgl. dazu auch den Brief des Ramses an Hattuschili, in dem Ramses sich selbst als Thronfolger in Hattuscha anbietet; der entsprechende Passus in Z. 9' ist allerdings ergänzt (ÄHK 108).

[235] Diese Titulatur meint soviel wie: „Der zur Binse und Biene Gehörige, Herr der Beiden Länder", d. h. von Ober- und Unterägypten; vgl. E. Edel, ÄHK II (1994) S. 257 ff.

[236] So auch T. Bryce, The Kingdom of the Hittites, Oxford 1998, S. 315.

[237] K. A. Kitchen – G. A. Gaballa, ZÄS 96 (1969) S. 17 ff. sowie KRITA II (1996) S. 110 ff.

[238] Vgl. J. Willeitner, Antike Welt, Sonderheft 1994, S. 33.

[239] So auch T. Bryce, The Kingdom of the Hittites, Oxford 1998, S. 315.

[240] A. K. Grayson, Assyrian Rulers of the Third and Second Millennia B.C., Toronto 1987, S. 275.

[241] E. Edel, ÄHK II (1994) S. 247, vgl. L. Habachi, BIFAO 80 (1980) S. 13 ff.

[242] Vgl. E. Edel, Ägyptische Ärzte und ägyptische Medizin am hethitischen Königshof. Neue Funde von Keilschriftbriefen Ramses' II. aus Boghazköy, Opladen 1976.

[243] Zur altägyptischen Medizin s. vor allem das bereits oben zitierte Werk H. von Deines – H. Grapow – W. Westendorf, Grundriß der Medizin der alten Ägypter, insbesondere Band IV/1, Berlin 1958.

[244] S. Alaura, in: Studi i testi II (Eothen 10, 1999) S. 7 ff. – Zu den Augenkrankeiten allgemein s. J.-C. Fincke, Augenleiden nach keilschriftlichen Quellen. Untersuchungen zur altorientalischen Medizin, Würzburg 2000.

[245] ÄHK 71 und 72.

[246] H. Klengel, in: G. Wilhelm (Hrsg.), Akten des IV. Internationalen Kongresses für Hethitologie (StBoT 25), Wiesbaden 2001, S. 155 ff. sowie ders., in: Th. Richter – D. Prechel – J. Klinger (Hrsg.), Kulturgeschichten (Fs V. Haas), Saarbrücken 2001, S. 191 ff.

[247] H. Klengel, AoF 1 (1974) S. 165 ff.; H. A. Hoffner, Alimenta Hethaeorum. Food Production in Hittite Asia Minor (AOS 55), New Haven 1974, S. 85 ff.; A. Ünal, Türk Tarih Kurumu – Belleten XLI/163 (1977) S. 447 ff. Auch ein massenhaftes Auftreten von Ungeziefer hätte die Ursache sein können, doch ist eine solche Plage für die Endzeit Hattis bisher nicht bezeugt.

[248] I. Singer, in: E. D. Oren (ed.), The Sea Peoples and Their World, Philadelphia 2000, S. 21 ff.

[249] S. Lackenbacher, in: P. Bordreuil (éd.), Une bibliothèque au sud de la ville (RSOug VII), Paris 1991, S. 84 ff. (Nr. 40, sog. Urtenu-Archiv).

[250] Vgl. zum Aussehen ägyptischer Transportschiffe B. Landström, Ships of the Pharaohs. 4000 Years of Egyptian Shipbuilding, London 1970 (mit zahlreichen Rekonstruktionen).

[251] Vgl. dazu H. Klengel, AoF 1 (1974) S. 167 f.

[252] Vgl. dazu weiter unten sowie J. Osing, ÄAT 5 (1983) S. 347 ff. sowie F. J. Yurko, JARCE 23 (1986) S. 189 ff.

[253] Vgl. dazu I. Singer, in: E. D. Oren (ed.), The Sea Peoples and Their World: A Reassessment, Philadelphia 2000, S. 21 ff., ferner H. Klengel, Geschichte des hethitischen Reiches, Leiden – Boston – Köln 1999, S. 309 ff.

[254] F. Malbran-Labat, in: P. Bordreuil, Une bibliothèque au sud de la ville (RSOug VII) Paris 1991, S. 28 ff. Nrn. 6 und 7.

[255] KRITA II (1996), S. 227.

[256] S. Lackenbacher, in: M. Yon – M. Sznycer – P. Bordreuil (eds.), Le pays d'Ougarit autour de 1200 av. J.-C. (RSOug XI), Paris 1995, S. 77 ff. Vgl. zum Folgenden jetzt vor allem I. Singer, in E. D. Oren (ed.), The Sea Peoples and Their World, Philadelphia 2000, S. 21 ff.

[257] Cl. F.-A. Schaeffer, Ugaritica III, Paris 1956, S. 169 ff.

[258] Vgl. ebenda.

[259] D. Pardee – P. Bordreuil, in: Anchor Bible Dictionary 6, New York 1992, S. 711 sowie I. Singer, in: E. D. Oren (ed.), The Sea Peoples and Their World: A Reassessment, Philadelphia 2000, S. 22.

[260] P. Bordreuil, Une bibliothèque au sud de la ville (RSOug VII), Paris 1991, Texte Nr. 6 und 7.

[261] Die Tafel der Synchronismen bei I. Singer, in: W. G. E. Watson – N. Wyatt (eds.), Handbook of Ugaritic Studies, Leiden–Boston–Köln 1999, bei S. 173, verwendet eine um etwa ein Jahrzehnt verkürzte „mittlere" Chronologie.

[262] S. Lackenbacher, RA 76 (1982) S. 141 ff. und dies., in: P. Bordreuil (éd.), Une bibliothèque au

sud de la ville (RSOug VII), Paris 1991, S. 90 ff., Nr. 46, s. dazu I. Singer, ZA 75 (1985) S. 100 ff.

[263] Daß die bereits erwähnte Nennung von „hethitischen" Kriegsgefangenen in einer Inschrift des Tukulti-Ninurta I. – vgl. dazu auch H. D. Galter, JCS 40 (1988) S. 217 ff. – mit der Nichrija-Schlacht in Verbindung zu bringen ist, wäre naheliegend, ist aber noch nicht gesichert.

[264] Vgl. H. Klengel, Geschichte des hethitischen Reiches, Leiden–Boston–Köln 1999, S. 300 ff.

[265] Dazu zuletzt H.-G. Buchholz, Ugarit, Zypern und Ägäis. Kulturbeziehungen im zweiten Jahrtausend v. Chr. (AOAT Bd. 261), Münster 1999.

[266] Vgl. auch H.-G. Buchholz, ebenda S. 728, ferner W. A. Ward – M. Sharp Joukowsky, The Crisis Years: The 12th Century B.C., Dubuque 1992.

[267] L. Habachi, BIFAO 80 (1980) S. 13 ff., vgl. E. Edel, ÄHK II (1994) S. 247.

[268] Vgl. dazu M. Görg, Die Beziehungen zwischen dem alten Israel und Ägypten, Darmstadt 1997, S. 39 ff. sowie ders., Fs E. Hornung (ÄAT 5), S. 232.

[269] H. Otten, MDOG 94 (1963) S. 7 f.

[270] Inschrift auf der sog. Südburg in Hattuscha, s. J. D. Hawkins, The Hieroglyphic Inscription of the Sacred Pool Complex at Hattusa (Südburg), Wiesbaden 1995.

[271] H. G. Güterbock, JNES 26 (1967) S. 73 ff. Oder auf dem nahen Festland zu suchen?

[272] Ebenda S. 10 ff.

[273] Cl. F.-A. Schaeffer, Ugaritica VII (1978) S. 399, vgl. die bei H. Klengel, Geschichte des hethitischen Reiches, Leiden–Boston–Köln 1999, S. 303 genannte Literatur, ferner G. A. Lehmann, UF 11 (1979) S. 481 ff. sowie E. Edel, Bonner Notizen 23 (1984) S. 7 f.

[274] Ch. Virolleaud, PRU V (1965) Nr. 60.

[275] M. Yon, in: W. A. Ward – M. Sharp Joukowsky, The Crisis Years: The 12th Century B.C., Dubuque 1992, S. 111 ff. Vgl. dazu I. Singer, in: W. G. E. Watson – N. Wyatt (eds.), Handbook of Ugaritic Studies, Leiden–Boston–Köln 1999, S. 706 ff.

[276] I. Singer, ZA 75 (1985) S. 100 ff.

[277] I. Singer, in: E. D. Oren (ed.), The Sea Peoples and Their World: A Reassessment, Philadelphia 2000, S. 27.

[278] Vgl. dazu auch D. Sürenhagen, in: U. Magen – M. Rashad (Hrsg.), Vom Euphrat zum Halys. Thomas Beran zu Ehren, Münster 1996, S. 283 ff.

[279] Vgl. dazu J. Osing, in: Lexikon der Ägyptologie III (1980) Sp. 1015–1033.

[280] E. Hornung, in: M. Görg (Hrsg.), Fontes atque pontes (Fs. H. Brunner), Wiesbaden 1983, S. 224–233.

[281] Vgl. die Zusammenstellung bei H. Engel, Biblica 60 (1979) S. 373 ff. und zuletzt A. F. Rainey, IEJ 51 (2001) S. 57 ff.

[282] D. Arnaud, SMEA 30 (1992) S. 181 Anm. 6. Bay war königlicher Schreiber Sethos' II. gewesen und stieg zur Zeit des Siptah zum Kanzler auf; er schrieb den Brief an den Ugarit-König wohl in dieser Eigenschaft. Das dürfte die Zerstörung Ugarits etwa in die Zeit um 1190 datieren lassen. Das Grab des Bay ist im Tal der Könige entdeckt worden, vgl. dazu H. Altenmüller, SAK 21 (1994) S. 1 ff. sowie N. Reeves – R. H. Wilkinson, Das Tal der Könige, Augsburg 2000, S. 154.

[283] Vgl. W. F. Edgerton–J.A.Wilson, Historical Records of Ramses III., Chicago 1936, S. 535.

Verzeichnis der Abkürzungen

ÄAT   Ägypten und Altes Testament, Wiesbaden
ÄHK   Nummer eines Textes in E. Edel, Die ägyptisch-hethitische Korrespondenz aus
       Boghazköi in babylonischer und hethitischer Sprache, I–II, Opladen 1994
ÄM   Ägyptisches Museum und Papyrussammlung Berlin
AJA   American Journal of Archaeology, Boston/Concord/Princeton
AoF   Altorientalische Forschungen, Berlin
ArchAnz Archäologischer Anzeiger, Berlin
ARM   Archives Royales de Mari, Paris
BASOR Bulletin of the American Schools of Oriental Research, South Hadley/New
       Haven
BIFAO Bulletin de l'Institut Français d'Archéologie Orientale, Kairo
BiOr   Bibliotheca Orientalis, Leiden
Bo   Nummer von Boghazköy-Texten
CDOG   Colloquien der Deutschen Orient-Gesellschaft, Saarbrücken
CTH   E. Laroche, Catalogue des Textes Hittites, Paris 1971 (Suppl. 1072)
EA   Bezeichnung von Briefen aus el-Amarna nach J. A. Knudtzon, Die el-Amarna-
       Tafeln (Vorderasiatische Bibliothek II, 1.2), Leipzig 1915. Vgl. jetzt W. L. Mo-
       ran, The Amarna Letters, Baltimore – London 1992
Fs   Festschrift
IEJ   Israel Exploration Journal, Jerusalem
JAOS   Journal of the American Oriental Society, Boston/New Haven
JARCE Journal of the American Research Center in Egypt, Cambridge/Mass.
JCS   Journal of Cuneiform Studies, New Haven
JEA   The Journal of Egyptian Archaeology, London
JNES   Journal of Near Eastern Studies, Chicago
KBo   Keilschrifttexte aus Boghazköi, Berlin
KUB   Keilschrifturkunden aus Boghazköi, Leipzig/Berlin
KRITA K. A. Kitchen, Ramesside Inscriptions, historical and biographical. Translated
       and Annotated, Cambridge/Mass. 1996 und 1999
MDAIK Mitteilungen des Deutschen Archäologischen Instituts, Abteilung Kairo,
       Wiesbaden/Mainz
MDOG   Mitteilungen der Deutschen Orient-Gesellschaft, Berlin
MIO   Mitteilungen des Instituts für Orientforschung, Berlin
MVAG   Mitteilungen der Vorderasiatisch-ägyptischen Gesellschaft, Berlin/Leipzig
OLZ   Orientalistische Literaturzeitung, Leipzig/Berlin
NABU   Nouvelles Assyriologiques Brèves et Utilitaires, Paris
PRU   Le Palais Royal d'Ugarit, Paris
RA   Revue d'Assyriologie et d'Archéologie orientale, Paris
RHA   Revue Hittite et Asianique, Paris
RITA s. KRITA
RlA   Reallexikon der Assyriologie und Vorderasiatischen Archäologie, Berlin/New
       York
RSOug Ras Shamra-Ougarit, Paris
SAK   Studien zur altägyptischen Kultur, Hamburg
SMEA   Studi Micenei ed Egeo-Anatolici, Rom
SSEA   The Society for the Study of Egyptian Antiquities, Journal, Toronto
StBoT Studien zu den Boghazköy-Texten, Wiesbaden
UF   Ugarit-Forschungen, Kevelaer/Neukirchen-Vluyn

VAM   Vorderasiatisches Museum Berlin
WO   Die Welt des Orients, Stuttgart/Göttingen
WVDOG   Wissenschaftliche Veröffentlichungen der Deutschen Orient-Gesellschaft,
         Leipzig/Berlin
ZA   Zeitschrift für Assyriologie, Leipzig/Berlin
ZÄS   Zeitschrift für Ägyptische Sprache und Altertumskunde, Leipzig/Berlin

Abbildungsnachweis

Asmus, R.: Vorsatz vorn, 1a. b
Berlin, ÄM: 32
Berlin, VAM: 21, 39, 55, 60, 70
Bittel, K. Hattuscha (1991) Abb. 62: 59
Bittel, K. Die Hethiter (1976) S. 121: 58
Bittel, K. Yazilikaya (1975) Abb. 81: 72
Breasted, J. H. Medinet Habu I/II (1930): 77, 78
Damaskus, Nationalmuseum: 73
Grimal, N. History of Ancient Egypt (1992) fig. 15: 33
Edel, E. WVDOG 95 (1997) Taf. 68: 42, 43
Edel, E. Korrespondenz (1994) Taf. 42: 45
Haas, V. : 4, 8, 16, 44, 49
Kairo, Arch.Museum: 3, 20, 23, 27
Klengel, H. : 2, 7, 11, 12, 17, 18, 22, 25, 29, 30, 31, 33, 56, 57, 61–65, 75, 76
Kuentz, M. Ch. Bataille de Qadesh (1928) Taf. 35: 34
Landström, B. Ships of the Pharaohs (1970) Nr. 401: 74
Lepsius, C. R. Denkmäler III (1849) 196: 67
Matthiae, P., Missione Arch. Italiana in Siria: 10, 13
Neve, P. : 9, 37, 38, 40, 41, 53, 54, 71
Neve, P. Arch. Anz. 1994 S. 290: 52
Paris, Louvre, Photo RMN – H. Lewandowski: 28
Pedersen, R. K. Copyright © 2000 Institute of Nautical Archaeology: 6
Pézard, M. Syria 3 (1922): 30
Porada, E. AJA 88 (1984) S. 486: 5
Reineke, W. F.: 48
Rüster, P.: 5
Salvini, M., Privatsammlung: 19
Schmitz, B., Antike Welt 1/2002, S. 121: 58
Staatliche Museen, Berlin: 56
Stock, H. MDOG 94 (1963) S. 75: 15
Willeitner, Antike Welt, Nefertari (1994): 46, 66, 68
Wreszinski, W. Atlas II (1923–36): 24, 35, 36

Register

	ANATOLIEN	SYRIEN	MESOPOTAMIEN		ÄGYPTEN
—2000			BABYLON ISIN-LARSA-ZEIT	ASSUR Irischum I.	MITTLERES REICH 12. DYNASTIE Amenemhet I. Sesostris I.
1950	Altassyrische Handels-niederlassungen				
	Kültepe-Kanisch II		ALTBABYL. ZEIT	Ikunum Scharrukin	Amenemhet II.
1900	Hinweise auf Anwesenheit indoeuropäischer Gruppen in Anatolien	Frühe Könige von Ugarit	Sumuabum Sumula'el Sabium		Sesostris II. Sesostris III.
1850			Apil-Sin		Amenemhet III.
			Sin-muballiṭ		
1800	Kültepe-Kanisch Ib	Halab/ JAMCHAD letzte Blüte von Ebla	Hammurapi — Schamschi-Adad I. —	Ischme-Dagan	Amenemhet IV. 1. ZWISCHENZEIT 13. DYNASTIE
1750	Pitchana und Anitta Zerstörung Hattuschas		Samsuiluna	weitere Fürsten	
			Abi'eschuch		14. DYNASTIE
1700			Ammiditana		
	ÄLTERES REICH				
1650	Hattuschili I. Hattuscha Residenz Syrienfeldzug		Ammisaduqa		2. ZWISCHENZEIT 15. DYN. (Hyksos) 16./17. DYNASTIE
			Samsuditana		
1600	Murschili I. Eroberung von Halab und Babylon Hantili Zidanta I.		KASSITENZEIT Agum II.		
1550	Ammuna				NEUES REICH 18. DYNASTIE Ahmose
	Huzzija I. Telipinu Taḫurwaili?		Burnaburiasch I.		Amenophis I.
1500					

	ANATOLIEN	SYRIEN	MESOPOTAMIEN	ÄGYPTEN
1500	Alluwamna Hantili II. Zidanta II. *(Abfolge unsicher)* Huzzija II.	Idrimi MITTANI- Alalach/ STAAT Mukisch Parattarna Sauschtatar		Thutmosis I. Thutmosis II. Hatschepsut Thutmosis III.
1450	Tutchalija I.	zeitweilige hethit. Kontrolle		Amenophis II.
1400	Arnuwanda I. Tutchalija II. Tutchalija III.(?) GROSSREICHSZEIT		MITTELASSYR. Tuschratta — STAAT	Thutmosis IV. Amenophis III.
1350	Schuppululiuma I. Arnuwanda II. Murschili II.	Schuppululiuma erobert Nordsyrien, setzt Söhne in Halab und Karkamisch ein	Assur-uballit I. Adad-nirari I.	AmenophisIV./ Tutanchamon Aja Haremhab
1300	Muwattalli II. Qadesch-Schlacht Murschili III./Urchi Teschub Hattuschili III. Friede mit Ramses II.	Heth. Syrien von Karkamisch aus kontrolliert	Salmanassar I.	19. DYNASTIE Ramses I. Sethos I. Ramses II.
1250	Tutchalija IV. Arnuwanda III. Schuppululiuma II.		Tukulti-Ninurta I.	Merenptah Sethos II. Siptah Tausret
1200	Ende des heth. Reiches	„Seevölker" im östl. Mittelmeer		
	Heth. Dynastie in Tarchuntascha	Heth. Dynastie in Karkamisch		20. DYNASTIE Ramses III.
1150	Krise der politischen und sozialen Systeme in Vorderasien Herausbildung von 'späthethitischen' Fürstentümern			
nach 1100			Tiglat-pilesar I.	
		883–859: Assurnasirpal II. von Assyrien Feldzüge in Syrien 744–727: Tiglatpilesar III. von Assyrien Feldzüge in Syrien		21. DYNASTIE 3. ZWISCHENZEIT 22. DYNASTIE

PHILIPP VON ZABERN

Kulturgeschichte der antiken Welt

Band 60: *lieferbar*
Geoffrey Thorndike Martin
Auf der Suche nach dem
verlorenen Grab
Neue Ausgrabungen verschollener
und unbekannter Grabanlagen
in Memphis
283 Seiten mit 128 Abbildungen,
16 Tafeln mit 27 Farbabbildungen

Band 61: *lieferbar*
Paul Zanker
Pompeji
Stadtbild und Wohngeschmack
238 Seiten mit 113 Schwarzweißabbildungen, 16 Farbtafeln mit
22 Abbildungen

Band 62: *vergriffen*
Alfred Stückelberger
Bild und Wort · Das illustrierte
Fachbuch in der antiken
Naturwissenschaft, Medizin und
Technik
139 Seiten mit 61 Abbildungen,
37 Farb- und 2 Schwarzweißtafeln

Band 63: *vergriffen*
Karl Jaroš
Wurzeln des Glaubens
Zur Entwicklung der Gottes-
vorstellung bei Juden, Christen
und Muslimen
277 Seiten mit 54 Schwarzweiß-
und 2 Farbabbildungen

Band 64: *lieferbar*
Rainer Hannig
Die Sprache der Pharaonen
Großes Handwörterbuch
Ägyptisch – Deutsch
(2800 bis 950 v. Chr.)
LIX, 1414 Seiten, 21 Karten
3. Auflage

Band 65: *lieferbar*
Conrad Stibbe
Das andere Sparta
316 Seiten mit 143 Abbildungen,
16 Farbtafeln

Band 66: *lieferbar*
Bernard Andreae
»Am Birnbaum«
Gärten und Parks im antiken Rom, in
den Vesuvstädten und in Ostia
148 Seiten mit 32 Abbildungen,
32 Farbtafeln

Band 67: *lieferbar*
Orhan Bingöl
Malerei und Mosaik der Antike
in der Türkei
147 Seiten mit 96 Abbildungen,
31 Farbtafeln mit 59 Abbildungen

Band 68: *vergriffen*
Nikolaus Himmelmann
Minima Archaeologica
298 Seiten mit 149 Abbildungen

Band 69: *lieferbar*
Karol Myśliwiec
Herr Beider Länder
288 Seiten mit 22 Strichzeichnungen,
87 Schwarzweißabbildungen und
15 Tafeln mit 24 Farbabbildungen

Band 70: *lieferbar*
Dietrich Sahrhage
Fischfang und Fischkult im alten
Ägypten
174 Seiten mit 77 Schwarzweißabbildungen; 21 Tafeln mit 37 Farbabbildungen

Band 71: *lieferbar*
Karl Jaroš
Esther · Geschichte und Legende
125 Seiten mit 7 Abbildungen,
7 Farbtafeln

Band 72: *lieferbar*
Rainer Hannig und Petra Vomberg
Wortschatz der Pharaonen nach
Sachgruppen
Kulturhandbuch Ägyptens
XII, 1029 Seiten

Band 73: *lieferbar*
Wolfgang Schiering
Minoische Töpferkunst
Die bemalten Tongefäße der Insel
des Minos
VIII, 253 Seiten mit 73 Abbildun-
gen, 8 Farb- und 80 Schwarzweiß-
tafeln

Band 74: *lieferbar*
Thomas G. Schattner (Hrsg.)
Archäologischer Wegweiser
durch Portugal
236 Seiten mit 5 Karten und
204 Abbildungen; 19 Farbtafeln

Band 75: *lieferbar*
Marcus Junkelmann
Panis Militaris · Die Ernährung
des römischen Soldaten oder der
Grundstoff der Macht
254 Seiten mit 10 Farb- und
84 Schwarzweißabbildungen,
18 Tafeln mit 33 Farbabbildungen

Band 76: *lieferbar*
Christoph Müller
Ikarus fliegt weiter – Ursprung und
Rezeption geflügelter Worte und
Sprachbilder
XIX, 232 Seiten mit 73 Abbildungen;
8 Farbtafeln

Band 77: *lieferbar*
Bernard Andreae
Schönheit des Realismus
Auftraggeber, Schöpfer, Betrachter
hellenistischer Plastik
336 Seiten mit 353 Abbildungen

Band 78: *lieferbar*
Karl Schefold
Der religiöse Gehalt der antiken
Kunst und die Offenbarung
Unter Mitarbeit von
Mirjam T. Jenny
580 Seiten mit 106 Abbildungen

Band 79: *lieferbar*
Anton Bammer
Die Rückkehr des Klassischen in
die Levante · Neuzeitliche
Architektur und Minderheiten
278 Seiten mit 107 Schwarzweißabbildungen; 8 Farbtafeln

Band 80: *lieferbar*
John Boardman
Griechische Plastik
Die spätklassische Zeit und die
Plastik in Kolonien und
Sammlungen
319 Seiten mit 377 Abbildungen

Band 81: *lieferbar*
Maria Alföldi
Bild und Bildersprache der
römischen Kaiser
Beispiele und Analysen
304 Seiten mit 260 Schwarzweißabbildungen

Band 82: *lieferbar*
Angelika Dierichs
Von der Götter Geburt und der
Frauen Niederkunft
XII, 324 Seiten mit 144 Schwarz-
weißabbildungen; 16 Farbtafeln

Band 83: *lieferbar*
Wolfgang Zwickel
Der salomonische Tempel
212 Seiten mit 81 Schwarzweißabbildungen; 16 Farbtafeln mit
25 Abbildungen

Band 84: *lieferbar*
B. S. J. Isserlin
Das Volk der Bibel
Von den Anfängen bis zum
Babylonischen Exil
VII, 327 Seiten mit 78 Schwarz-
weißabbildungen; 8 Farb- und
33 Schwarzweißtafeln

Band 85: *lieferbar*
*Peter Betthausen und Max Kunze
(Hrsg.)*
Jacob Burckhardt und die Antike
180 Seiten

Band 86: *lieferbar*
Rainer Hannig
Die Sprache der Pharaonen.
Großes Handwörterbuch
Deutsch – Ägyptisch
(2800–950 v. Chr.)
XXII, 1753 Seiten

Band 87: *lieferbar*
Matthias Steinhart
Eckhard Wirbelauer
Aus der Heimat des Odysseus
Reisende, Grabungen und
Funde auf Ithaka und Kephallenia
bis zum ausgehenden 19. Jahrhundert
336 Seiten mit 146 Schwarzweißabbildungen und eine Faltkarte;
16 Farbtafeln

Band 88: *lieferbar*
*Bernhard Kytzler, Lutz Redemund,
Nikolaus Eberl*
Unser tägliches Griechisch
Lexikon des altgriechischen
Spracherbes
XLIII, 1209 Seiten

Band 90: *lieferbar*
Klaus Bartels
Wie die Murmeltiere murmeln
lernten
77 neue Wortgeschichten
174 Seiten

Band 91: *lieferbar*
Nicholas Reeves
Echnaton
Ägyptens falscher Prophet
238 Seiten mit 116 Schwarzweißabbildungen; 16 Farbtafeln mit
20 Abbildungen

Band 92: *lieferbar*
Felix Müller
Götter, Gaben, Rituale
Religion der Frühgeschichte
Europas
VII, 243 Seiten mit 79 Farb- und
99 Schwarzweißabbildungen

Band 93: *lieferbar*
Karl Jaroš
In Sachen Pontius Pilatus
144 Seiten mit 27 Abbildungen
und 2 Tabellen

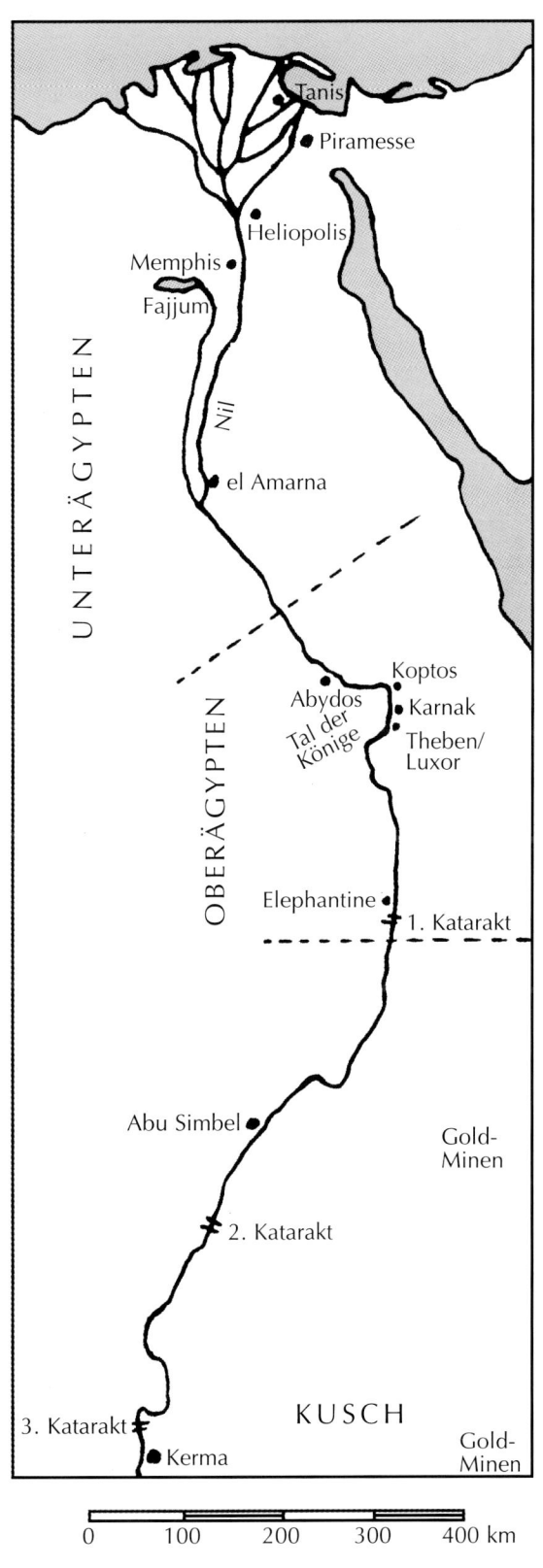

Tanis
● Piramesse

● Heliopolis

Memphis ●

Fajjum

Nil

● el Amarna

UNTERÄGYPTEN

OBERÄGYPTEN

Koptos ●
Abydos ● ● Karnak
Tal der Könige Theben/
  Luxor

Elephantine ●
╪ 1. Katarakt

Abu Simbel ●

Gold-
Minen

╪ 2. Katarakt

KUSCH

3. Katarakt ╪
  ● Kerma

Gold-
Minen

0   100   200   300   400 km